A. BAIN

L'ESPRIT
ET
LE CORPS

BIBLIOTHÈQUE SCIENTIFIQUE INTERNATIONALE

BIBLIOTHÈQUE
SCIENTIFIQUE INTERNATIONALE

PUBLIÉE SOUS LA DIRECTION

DE M. ÉM. ALGLAVE

IV

BIBLIOTHÈQUE SCIENTIFIQUE INTERNATIONALE

Volumes in-8° reliés en toile anglaise. — Prix : 6 fr.
Avec reliure d'amateur, tr. sup. dorée, dos et coins en veau. — 10 fr.

VOLUMES PARUS.

J. Tyndall. LES GLACIERS ET LES TRANSFORMATIONS DE L'EAU, suivis d'une étude de M. *Helmholtz* sur le même sujet, avec 8 planches tirées à part et figures dans le texte. 3e édition............ 6 fr.
W. Bagehot. LOIS SCIENTIFIQUES DU DÉVELOPPEMENT DES NATIONS, 3e édition... 6 fr.
J. Marey. LA MACHINE ANIMALE, locomotion terrestre et aérienne. Avec 117 figures dans le texte. 2e édition............... 6 fr.
A. Bain. L'ESPRIT ET LE CORPS considérés au point de vue de leurs relations, avec figures. 4e édition....................... 6 fr.
Pettigrew. LA LOCOMOTION CHEZ LES ANIMAUX. Avec 130 fig... 6 fr.
Herbert Spencer. INTRODUCTION A LA SCIENCE SOCIALE. 5e édit. 6 fr.
Oscard Schmidt. DESCENDANCE ET DARWINISME. Avec fig. 3e édit. 6 fr.
H. Maudsley. LE CRIME ET LA FOLIE. 4e édition............... 6 fr.
P.-J. Van Beneden. LES COMMENSAUX ET LES PARASITES dans le règne animal. Avec 83 figures dans le texte. 2e édition...... 6 fr.
Balfour Stewart. LA CONSERVATION DE L'ÉNERGIE, suivie d'une étude sur LA NATURE DE LA FORCE, par *P. de Saint-Robert*. 3e édit. 6 fr.
Draper. LES CONFLITS DE LA SCIENCE ET DE LA RELIGION. 6e édit. 6 fr.
Léon Dumont. THÉORIE SCIENTIFIQUE DE LA SENSIBILITÉ. 2e édit. 6 fr.
Schutzenberger. LES FERMENTATIONS. Avec 28 fig. 3e édit.... 6 fr.
Whitney. LA VIE DU LANGAGE. 3e édit...................... 6 fr.
Cooke et Berkeley. LES CHAMPIGNONS. Avec 110 figures. 2e édit. 6 fr.
Bernstein. LES SENS, avec 91 figures dans le texte. 2e édition. 6 fr.
Berthelot. LA SYNTHÈSE CHIMIQUE. 3e édit................. 6 fr.
Vogel. LA PHOTOGRAPHIE ET LA CHIMIE DE LA LUMIÈRE, avec 95 figures dans le texte et un frontispice tiré en photoglyptie. 2e édit. 6 fr.
Luys. LE CERVEAU ET SES FONCTIONS, avec figures. 4e édit. 6 fr.
W. Stanley Jevons. LA MONNAIE ET LE MÉCANISME DE L'ÉCHANGE. 2e édit. 6 fr.
Fuchs. LES VOLCANS ET LES TREMBLEMENTS DE TERRE, avec 36 figures dans le texte et une carte en couleurs. 2e édition........ 6 fr.
Général Brialmont. LA DÉFENSE DES ÉTATS ET LES CAMPS RETRANCHÉS, avec figures et deux planches hors texte. 2e édition.. 6 fr.
A. de Quatrefages. L'ESPÈCE HUMAINE. 5e édition............ 6 fr.
Blaserna et Helmholtz. LE SON ET LA MUSIQUE, avec 50 figures dans le texte. 2e édition.................................... 6 fr.
Rosenthal. LES MUSCLES ET LES NERFS. 1 vol. in-8 avec 75 figures dans le texte. 2e édition................................. 6 fr.
Brucke et Helmholtz. PRINCIPES SCIENTIFIQUES DES BEAUX-ARTS, suivis de l'OPTIQUE ET LA PEINTURE. 1 vol. avec 39 fig. 2e édit....... 6 fr.
Wurtz. LA THÉORIE ATOMIQUE. 1 vol. in-8, avec une planche hors texte. 3e édition.. 6 fr.
Secchi. LES ÉTOILES. 2 vol. in-8 avec 63 figures dans le texte et 17 planches en noir et en couleurs, tirées hors texte....... 12 fr.
N. Joly. L'HOMME AVANT LES MÉTAUX. Avec 150 fig. 2e éd. 6 fr.
A. Bain. LA SCIENCE DE L'ÉDUCATION. 1 vol. in-8. 2e éd...... 6 fr.
Thurston. HISTOIRE DE LA MACHINE A VAPEUR. 2 vol. in-8 précédés d'une Introduction par *M. Hirsch*, avec 140 figures dans le texte et 16 planches hors texte................................ 12 fr.
Hartmann. LES PEUPLES DE L'AFRIQUE. 1 vol. in-8 avec 93 figures dans le texte... 6 fr.
Herbert Spencer. LES BASES DE LA MORALE dans la théorie de l'évolution, 1 vol. in-8....................................... 6 fr.

AUTRES OUVRAGES DE M. ALEX. BAIN

TRADUITS EN FRANÇAIS

LA SCIENCE DE L'ÉDUCATION. 1 vol. in-8, 2e édit............. 6 fr.
LA LOGIQUE INDUCTIVE ET DÉDUCTIVE, traduit de l'anglais par M. Compayré. 2 vol.. 20 fr.
DES SENS ET DE L'INTELLIGENCE. 1 vol. traduit de l'anglais par M. Cazelles.. 10 fr.
LES ÉMOTIONS ET LA VOLONTÉ. 1 fort vol. ....(Sous presse.)

Coulommiers. — Imp. PAUL BRODARD.

L'ESPRIT ET LE CORPS

CONSIDÉRÉS AU POINT DE VUE DE LEURS RELATIONS

SUIVIS D'ÉTUDES SUR

LES ERREURS GÉNÉRALEMENT RÉPANDUES
AU SUJET DE L'ESPRIT

PAR

Alex. BAIN

Professeur à l'Université d'Aberdeen (Écosse)

QUATRIÈME ÉDITION

PARIS

LIBRAIRIE GERMER BAILLIERE ET Cie

108, BOULEVARD SAINT-GERMAIN, 108

Au coin de la rue Hautefeuille.

—

1880

Tous droits réservés.

L'ESPRIT ET LE CORPS

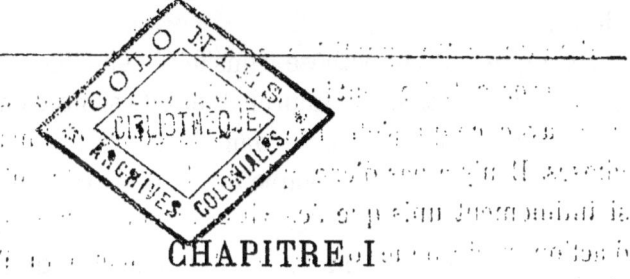

CHAPITRE I

EXPOSÉ DE LA QUESTION

Quel rapport existe-t-il entre l'esprit et la matière cérébrale, blanche ou grise? L'étude des fibres et des cellules nerveuses peut-elle nous révéler quelques-uns des faits qui se rapportent à l'esprit de l'homme, quelques-unes des lois auxquelles il est soumis? — Telles sont les questions que bien des gens font d'un air railleur.

Quelle que soit l'intention dans laquelle on les fait, ces questions sont fort sérieuses en elles-mêmes, et touchent à de grands problèmes.

On pourrait y faire plusieurs réponses bien différentes :

En premier lieu, tout en admettant l'inséparabilité de l'esprit et du corps dans cette vie, on peut cependant leur supposer des modes d'existence entièrement distincts, chacun d'eux étant entièrement indépendant de l'autre. Comme conséquence, chacun devrait être l'objet d'une étude spéciale et indépendante. Dans cette hypothèse, l'étude de la substance cérébrale pourrait être intéressante au point de vue de la Physiologie et à celui de ses applications à la Médecine et à la Chirurgie ; mais elle sortirait complètement du domaine de la métaphysique.

Bien que cette hypothèse, considérée en elle-même, ne soit pas essentiellement improbable, elle semble peu d'accord avec ce qui s'observe dans le cours ordinaire des choses. Il n'y a pas d'exemple de deux agents qui soient si intimement unis que l'esprit et le corps, sans exercer d'action réciproque ou sans se modifier l'un l'autre. Néanmoins, l'union de la partie immatérielle avec la partie matérielle de l'homme est un cas tout à fait particulier, pour ne pas dire unique ; et nous ne sommes pas en droit de prononcer à priori sur la manière dont ces deux agents se comportent l'un vis-à-vis de l'autre.

En second lieu, certaines fonctions de l'esprit, d'un ordre *inférieur*, pourraient dépendre en partie de l'organisation matérielle, tandis que les fonctions supérieures pourraient être d'une nature purement spirituelle, et qui ne serait en aucune façon régie par des conditions physiques. Ainsi, pour les impressions que nous recevons du monde extérieur, nous avons besoin des organes des sens ; nous dépendons de l'organisation et de l'action de l'œil, de l'oreille, de l'organe du toucher, et ainsi de suite ; et cependant les actions plus profondes que nous nommons mémoire, raison, imagination, peuvent être des actions purement spirituelles, supérieures à toutes les actions matérielles, et distinctes de ces actions. S'il en était ainsi, celui qui veut étudier l'esprit ferait bien d'étudier le mécanisme des sens; mais, pour le but qu'il se propose, il serait inutile d'aller plus loin.

En troisième lieu, il se peut que l'esprit et le corps soient complètement dans un état de relation et de dépendance intimes, de sorte que chaque acte de l'esprit détermine dans le corps un changement correspondant; et, en même temps, il se peut que ces deux genres d'action soient assez différents pour que l'un ne jette aucune lumière sur l'autre. Peut-être est-il impossible de constater, de l'un ou de l'autre côté, l'existence de quelques grandes lois; ou, peut-être encore, ces lois sont-elles exprimées en termes si différents que nous ne pouvons établir aucun rapprochement entre les deux sujets. Nous savons qu'un sentiment de plaisir et un courant nerveux se produisent en même temps; mais nous pouvons supposer que cette coïncidence ne signifie rien, ne nous indique rien. Il y a avantage à rattacher l'idée de plaisir à celle d'un repas, d'un concert ou d'un jour de congé; mais la mention des courants nerveux ne nous apprend rien de pratique, et n'ajoute rien à notre connaissance des lois du plaisir.

Quatrièmement, tout en admettant comme possible qu'une connaissance complète du cerveau contribue à nous faire connaître l'esprit, on pourrait nier que les connaissances acquises jusqu'à ce jour, ou celles auxquelles nous semblons sur le point d'arriver, aient aucune valeur à ce point de vue. Alors il serait superflu et sans résultat de faire intervenir la physiologie dans l'état actuel de nos connaissances.

Enfin, on peut soutenir que la connaissance de ce qui

se passe dans le corps nous a déjà fait mieux connaître ce qui se passe dans l'esprit, et que les progrès dans cette voie deviendront de plus en plus sensibles à mesure que nous continuerons nos recherches.

Laquelle de ces hypothèses représente la vérité? c'est ce que l'on ne saurait décider qu'après avoir examiné l'état véritable de la question. Sur un sujet si particulier et si difficile, la seule conjecture admissible à priori serait que les deux natures distinctes ne peuvent subsister dans leur état actuel d'union intime, et rester cependant tout à fait indifférentes l'une à l'autre; qu'on doit reconnaître qu'elles ont une action commune d'un genre quelconque; que la marche de l'une doit souvent être l'indice de la marche de l'autre.

On m'objectera peut-être que la forme de la question à laquelle je viens d'essayer de répondre, est purement oratoire, et, jusqu'à un certain point, déloyale. Si la matière cérébrale était la seule substance à laquelle on pût attribuer des fonctions mentales, tout ce que nous savons sur cet organe pourrait ne pas être d'un grand secours pour établir les lois de l'union entre l'esprit et le corps. Mais il n'en est pas ainsi. L'organisme tout entier est, quoique à des degrés différents, en union intime avec les fonctions mentales. Borner nos études à la substance nerveuse, serait présenter cette union sous un faux jour; et la connaissance de cette substance, quelque complète qu'elle pût être, ne suffirait pas pour arriver à la solution du problème. Quand un enfant s'est coupé le doigt, il nous suffit de regarder la blessure pour deviner les sentiments de l'enfant; si nous voyons un visage souriant, nous sommes renseignés jusqu'à un certain point sur la disposition d'esprit de celui auquel il appartient.

On peut croire que nous devons être encore bien loin de comprendre un organe aussi délicat et aussi compliqué que le cerveau. Si nous étions tenus de nous contenter de ce que peut nous apprendre l'examen cadavérique, nous arriverions probablement à des résultats assez médiocres. Mais une autre voie nous est ouverte. Nous pouvons attaquer d'abord les ouvrages avancés, les organes des sens et du mouvement avec lesquels le système nerveux est en communication ; nous pouvons en étudier les opérations pendant la vie, aussi bien qu'en examiner la structure intime ; nous pouvons, dans nos expériences, faire varier toutes les circonstances de leur action ; nous pouvons voir comment ils agissent sur le cerveau, et comment le cerveau réagit sur eux. Toutes ces connaissances peuvent devenir pour nous comme la clef des secrets de la structure anatomique ; elles nous permettront sans doute de contraindre les cellules et les fibres à nous révéler le but et l'usage auxquels elles sont destinées.

CHAPITRE II

UNION DE L'ESPRIT ET DU CORPS

Nous commencerons par citer quelques-uns des faits qui montrent que l'union de l'esprit et du corps n'est pas accidentelle ou partielle, mais générale et complète

D'abord, on a constaté à toutes les époques et dans tous les pays que les sentiments ont une expression ou un langage naturels. Et les signes extérieurs qui caractérisent les différents genres d'émotions sont si constants, que nous les regardons comme faisant partie des émotions elles-mêmes.

Le sourire de la joie, la contraction des traits sous l'influence de la douleur, l'œil fixe de l'étonnement, le tremblement de la peur, l'accent et le regard de la tendresse, le froncement de sourcils d'un homme en colère, — tous ces signes semblent associés d'une manière inséparable aux sentiments qu'ils indiquent. Si un sentiment se produit sans le signe qui l'accompagne d'ordinaire, nous en expliquons l'absence soit par un effort de la volonté qui en empêche la manifestation, soit par la faiblesse des sentiments, un certain degré d'intensité étant nécessaire pour agir sur nos organes [1].

C'est sur cette relation uniforme entre les sentiments et leur expression corporelle, que se fonde notre connaissance de l'esprit et du caractère de nos semblables. Quand une personne est contente ou affligée, qu'elle aime ou qu'elle est irritée, nous nous en apercevons sur-le-champ, à moins qu'elle ne veuille dissimuler, et même nous pouvons, dans un cas donné, apprécier l'intensité du sentiment qui l'anime.

Pour bien des motifs différents, les signes extérieurs de toute émotion nous inspirent un intérêt profond. L'aspect des objets inanimés n'attire pas aussi vivement notre attention que celui de nos semblables; et, en réalité, quand nous voulons que les objets naturels excitent l'intérêt le plus vif, nous usons d'artifice en leur attribuant les mêmes sentiments qu'à l'homme. Le soleil et la lune, les vents et les fleurs sont moins intéressants à nos yeux quand nous

1. Voici sur ce sujet quelques observations fort justes de M. Darwin : La plupart de nos émotions (il aurait dû dire toutes) sont unies d'une manière si intime à leur expression, qu'elles existent à peine si le corps reste inerte. Par exemple, un homme peut savoir que sa vie est dans le plus grand danger, et peut avoir un grand désir de la sauver; et cependant il pourra peut-être dire, comme le fit Louis XVI entouré d'une multitude furieuse : « Ai-je peur? sentez mon pouls. » De même, il se peut qu'un homme ait une haine violente contre un autre homme; mais on ne peut dire qu'il est en fureur que quand cette haine agit sur son corps. (*Expression*, p. 239.)

C'est dans le même sens que le Dr Maudsley dit : — « L'action spéciale des muscles n'est pas seulement le signe de la passion; elle en est vraiment une partie essentielle. Si, au moment où les traits expriment une passion, nous essayons d'en faire naître une différente dans l'esprit, nous n'y réussirons pas (*Body and Mind*, p. 30.)

les considérons comme de simples agents physiques, que quand nous leur attribuons les motifs et les intentions, les affections et les antipathies de l'être humain.

Chez les nations civilisées, les arts se sont emparés et ont profité de l'intérêt qu'excitent la figure humaine et ses diverses attitudes, ainsi que le jeu des traits, considérés comme indications des émotions intérieures. Pour le peintre, le sculpteur et le poëte, chaque sentiment a ses signes particuliers, par lesquels il se manifeste. Et ce ne sont pas seulement les formes les plus grossières des sentiments qui ont ainsi leurs interprètes matériels : aux yeux de l'artiste, les émotions humaines les plus élevées, les plus nobles et les plus saintes ont chacune leur attitude et leur physionomie bien marquées et inséparables. Dans les conceptions des artistes du moyen âge, surtout, les attributs les plus divins de l'âme immatérielle avaient leur contre-partie dans le corps matériel : les martyrs, les saints, la sainte Vierge, le Sauveur lui-même, manifestaient leur nature glorieuse par les mouvements sympathiques de leur corps mortel. Le témoignage du genre humain est unanime sur ce point : de tous nos sentiments, de toutes nos émotions, il n'en est aucun qui ait une existence spirituelle indépendante ; tous sont incarnés dans notre substance matérielle.

Ce fait significatif et patent a presque toujours été oublié dans les nombreuses discussions sur l'âme immatérielle. Évident pour le vulgaire, étudié avec le plus grand soin par le sculpteur, le peintre et le poète, ce fait a été négligé et par les métaphysiciens et par les théologiens, lorsqu'ils ont voulu déterminer les limites entre l'esprit et le corps.

Une seconde classe de preuves du lien intime qui existe entre l'esprit et le corps, nous est fournie par les effets que produisent sur l'esprit les changements du corps, et sur le corps les changements de l'esprit.

Et, quand il s'agit de ce groupe de faits, nous n'éprouvons d'autre embarras que celui de leur grand nombre. Commençons par quelques exemples ordinaires et bien reconnus; nous parlerons ensuite des grandes généralisations auxquelles sont arrivés les physiologistes.

Pour prouver l'influence exercée par les changements du corps sur l'état de l'esprit, nous pouvons rappeler l'effet que produisent sur nos sentiments et notre humeur la faim, la réplétion, l'état de l'estomac, la fatigue ou le repos, la pureté ou l'impureté de l'air, le froid ou la chaleur, les stimulants et les remèdes, les souffrances corporelles, la maladie, le sommeil, la vieillesse. Ces influences ne portent pas seulement sur les formes les plus grossières du sentiment; elles ne se manifestent pas seulement par des effets familiers, tels que l'exubérance de parole produite par un bon dîner; elles s'étendent aussi aux émotions les plus élevées de l'âme, à l'amour, à la colère, au sentiment du beau et à la sensibilité. « La santé maintient l'athée dans les ténèbres. » Les souffrances du corps amènent souvent un changement complet dans le moral.

Dans la vie de tous les jours, la routine du corps est la contre-partie de celle de l'esprit. Un homme bien portant, en s'éveillant le matin, est plein d'entrain et d'énergie; le déjeuner vient encore confirmer et augmenter ces bonnes dispositions. Les facultés et la puissance de son esprit sont alors à leur plus haut point; elles baissent peu à peu à mesure que s'épuise l'effet nutritif des aliments, mais peuvent se relever encore par l'absorption de nouveaux aliments et une courte suspension du travail. Vers la fin du jour, la lassitude se manifeste, puis s'évanouit dans le profond anéantissement d'un sommeil réparateur.

Comme ce sont les facultés intellectuelles qui semblent le moins soumises aux effets des actions physiques, je vais citer quelques faits qui prouvent qu'en réalité elles ne sont pas exemptes de la règle générale. La mémoire augmente ou diminue selon l'état du corps ; elle est forte quand le corps est dispos, et faible quand nous sommes fatigués ou épuisés. Sir Henry Holland rapporte qu'il lui arriva une fois de descendre, le même jour, dans deux mines profondes des montagnes du Hartz, et de passer plusieurs heures dans chacune d'elles. Dans la seconde de ces mines, il se trouva tellement épuisé d'inanition et de fatigue, qu'il perdit complétement la mémoire : il lui était impossible de se rappeler un seul mot d'allemand. Quand il eut pris un peu de vin et de nourriture, la mémoire lui revint. On sait que, chez quatre-vingt-dix-neuf personnes sur cent, la vieillesse affaiblit singulièrement la mémoire.

Dans le délire de la fièvre, le sens de l'ouïe acquiert quelquefois une sensibilité extrême. On a remarqué qu'un des symptômes précurseurs des maladies du cerveau est une délicatesse exagérée du sens de la vue; ce symptôme permet au médecin de diagnostiquer une congestion, laquelle sera peut-être suivie d'épanchement.

Si l'on croit que nos pensées sont à peu près sans influence sur nos organes, on fera bien de méditer les faits suivants. Quand nous marchons, ou que nous sommes occupés à quelque travail du corps, si une idée intéressante vient frapper notre esprit ou nous est communiquée par une autre personne, nous nous arrêtons brusquement, et nous restons immobiles jusqu'à ce que notre émotion se soit dissipée. De plus, la réflexion détermine ordinairement certaines attitudes du corps — attitudes que les artistes ont adoptées comme l'expression extérieure de la pensée, — et aussi certains mouvements ; et si quelque chose vient troubler ces attitudes ou ces mouvements, le cours de la pensée se trouve suspendu ou détourné. Pourquoi le sommeil suspendrait-il toute pensée, sauf l'incohérence des rêves (lesquels n'existent pas dans le sommeil absolu), si un certain état des facultés corporelles n'était indispensable aux fonctions intellectuelles ?

On a beaucoup insisté sur certaines exceptions apparentes à ces règles générales. Sous l'influence de la faiblesse, de l'abstinence, de la fatigue, de la maladie et de la vieillesse, il arrive quelquefois que certaines personnes manifestent une exaltation et une énergie mentales peu ordinaires, et une grande puissance intellectuelle. Les vies des martyrs et des héros sont remplies d'exemples de cette force exceptionnelle. Si on prétend conclure de là que l'esprit, quoiqu'il dépende du corps sous beaucoup de rapports, est cependant, jusqu'à un certain point, indépendant et capable de se suffire à lui-même, nous demanderons alors pourquoi ce fait ne se produit que dans quelques cas très-rares. Cette supposition nous semble aussi partiale et aussi capricieuse que l'immortalité platonique, laquelle n'était accordée qu'aux philosophes. Néanmoins, si l'on veut envisager d'une manière complète les rapports de l'esprit et du corps, il faut tenir compte de ces exceptions remarquables, et nous y reviendrons dans la suite.

L'influence qu'exercent sur le corps les changements de l'esprit, est appuyée de preuves non moins solides. Les émotions brusques troublent les fonctions du corps. La peur paralyse la digestion. Un découragement profond affaiblit tous les organes. Un grand travail d'esprit, trop prolongé, détermine des maladies organiques. D'un autre côté, des circonstances extérieures heureuses sont favorables à la santé et à la longévité.

Dans les personnifications dont sont remplies nos poésies primitives, les différentes passions sont représentées par les traces que leur action prolongée produit sur le corps. Dans le poème intitulé *Induction*, voici comment Sackville décrit la Terreur :

« Ensuite nous vîmes la Terreur toute tremblante, frissonnant, et avançant au hasard un pied hésitant ; la langue glacée et l'œil hagard, elle examinait tout autour d'elle, pâle et morte de peur [1]. »

Et le Malheur :

« Son visage était maigre et tout décharné ; ses mains aussi étaient consumées jusqu'aux os [2]. »

Lorsque nous examinons attentivement les preuves des liens qui existent entre l'esprit et le corps, nous reconnais-

---

1. Next saw we dread all trembling, how he shook,
With foot uncertain proffer'd here and there :
Benumb'd of speech, and, with a ghastly look,
Search'd every place, all pale and dead for fear.

2. His face was lean, and some deal pined away,
And eke his hands consumed to the bone.

sons peu à peu que l'organe en rapport le plus intime avec 'esprit est le cerveau. On a voulu, à différentes époques, présenter d'autres organes comme servant de siége spécial à l'activité de l'esprit ; mais ces idées sont maintenant abandonnées. Cependant, bien que le cerveau soit par excellence l'organe de l'esprit, d'autres organes coopèrent avec lui, et plus particulièrement, les sens, les muscles et les grands viscères.

Nous étudierons plus loin la structure particulière du cerveau. Pour le moment, nous nous contenterons de dire que c'est un organe très-grand et très-compliqué ; il reçoit une grande quantité de sang, que l'on peut évaluer au cinquième de la circulation totale, circonstance qui indique une grande activité, de quelque côté qu'elle se porte d'ailleurs. Quant aux faits qui prouvent les rapports entre l'esprit et le cerveau, ils sont nombreux et irréfutables. Nous allons en citer quelques-uns, en les considérant aux deux points de vue déjà indiqués, c'est-à-dire que nous étudierons les changements du cerveau qui affectent l'esprit, et les changements de l'esprit qui affectent le cerveau.

Parmi les premiers, le cas le plus commun est celui d'un coup porté à la tête, dont l'effet est de suspendre momentanément la connaissance et la pensée ; s'il a été donné avec une certaine violence, il produit une altération permanente des facultés, comme une diminution de la mémoire, ou quelque autre forme de trouble intellectuel. Il peut aussi *guérir* un trouble intellectuel ; on cite des cas où un coup à la tête a guéri l'idiotisme.

Tous les abus et les accidents qui troublent les facultés intellectuelles, agissent sur la substance nerveuse. Ainsi, les stimulants agissent sur les nerfs. Il est bien des cas d'imbécillité que l'on peut clairement rapporter à des causes qui ont affecté la nutrition du cerveau.

Les observations soigneuses et approfondies des physiologistes ont démontré d'une manière irréfutable que l'ensemble du cerveau est indispensable à la pensée, au sentiment et à la volonté ; elles ont, en outre, déterminé les fonctions de ses différentes parties.

Passons maintenant aux changements intellectuels qui déterminent des changements dans le cerveau, ou qui s'y rattachent ; ici, nous disposons d'observations très-étendues. Par exemple, après une grande excitation ou un grand effort intellectuel, on voit toujours augmenter les produits qui viennent de l'appareil nerveux. Les phosphates alcalins que les reins séparent du sang, proviennent du cerveau et des nerfs ; or, la quantité de ces phosphates augmente après tout travail intellectuel pénible.

Autre exemple : parmi les causes de paralysie il faut compter les émotions violentes ; or, la paralysie est une maladie des nerfs ou des centres nerveux.

Mais de toutes les preuves, la plus décisive est celle qui se fonde sur la grande expérience que nous avons de la folie. Parmi les principales causes d'aliénation mentale, il faut compter les excès intellectuels, tels, par exemple, qu'un effort d'esprit énergique et prolongé ; ou un choc soudain, ordinairement causé par un désastre et un malheur, mais quelquefois aussi par la joie.

Le rapport entre l'altération du cerveau et l'aliénation mentale est un fait presque absolument démontré. Chez le plus grand nombre des aliénés, l'altération du cerveau est visible et prononcée. Je citerai à l'appui de ce que j'avance une brochure des docteurs J. B. Tuke et Rutherford, intitulée : « Des altérations morbides observées sur les cerveaux de trente aliénés. » Les cerveaux ainsi étudiés étaient ceux de malades qui avaient succombé les uns après les autres, et qui n'avaient nullement été choisis comme offrant quelque particularité remarquable. Les formes de maladie représentées étaient la paralysie générale, la démence avec paralysie, la démence chronique, la folie épileptique. Dans tous les cas, on peut constater, sous une forme ou une autre, une différence bien marquée entre l'état des cerveaux de ces aliénés et l'état normal d'un cerveau sain. Les auteurs énumèrent neuf espèces d'altérations morbides, révélées par l'étude microscopique. L'existence d'un cas ne présentant aucune altération visible ne serait pas une exception concluante, puisqu'il peut y avoir des altérations de substance qui échappent à la vue. Nous croyons d'ailleurs que, dans tous les cas d'aliénation mentale prononcée, on peut constater une maladie du cerveau bien marquée.

Il est encore une classe de faits bien instructifs ; je veux parler de ceux qui montrent le rapport qui existe entre l'action intellectuelle et la quantité et la qualité du *sang* que reçoit le cerveau. Aucun organe n'est actif s'il ne reçoit du sang. Les besoins du cerveau à cet égard correspondent à l'étendue et à l'énergie de ses fonctions. Quand la circulation est insuffisante, les manifestations intellectuelles sont proportionnellement faibles. Dans le sommeil, la quantité de sang artériel que reçoit le cerveau est toujours moins abondante. Une déplétion générale affaiblit toutes les fonctions en général, y compris celles de l'esprit. D'un autre côté, quand la circulation cérébrale s'accélère, les sentiments deviennent plus forts, les pensées plus rapides, la volonté plus énergique ; une vive excitation de l'esprit est toujours accompagnée d'un mouvement inusité du sang, qui se manifeste souvent au dehors par le battement des vaisseaux. Dans le délire, la circulation atteint une vitesse extraordinaire.

Il faut que le sang ait une certaine *qualité*, qui dépend de la présence de certains éléments et de l'absence de certains autres. Une nourriture saine est la première condition de l'activité des nerfs et de l'esprit ; l'inanition, une mauvaise digestion sont défavorables à l'exercice des fonctions de l'esprit. Il se peut, en outre, que le sang soit abondant et riche en substances nutritives, et que cependant l'organe de l'esprit manque d'énergie, par suite d'un excès de travail de quelques autres organes, tels par exemple que les muscles ; avec de grands efforts musculaires, il est très-difficile de se livrer à un travail d'esprit. De plus, certaines substances appelées stimulantes, sont considérées comme fournissant au sang un élément qui détermine spécialement les changements nerveux; tels sont l'alcool, le tabac, le thé, l'opium, etc.

Parmi les substances dont la présence serait nuisible au sang, il faut compter celles qui portent le nom de poisons, et les impuretés du corps lui-même, que plusieurs grands viscères travaillent à éliminer. Les principales de ces impuretés sont l'acide carbonique et l'urée ; l'accumulation de l'une ou de l'autre de ces substances dans le sang amène l'abattement d'esprit, la perte de connais sance, et enfin la mort. Ainsi l'énergie intellectuelle ne dépend pas moins de la vigueur des organes de purification — poumons, foie, intestins, reins, peau — que de la présence de substances nutritives provenant des aliments.

CHAPITRE III

DU RAPPORT ENTRE L'ESPRIT ET LE CORPS, ENVISAGÉ COMME CORRESPONDANCE OU VARIATION SIMULTANÉE.

Le rapport de dépendance qui unit un phénomène à un autre, est ordinairement indiqué par deux classes de faits : — d'abord, par l'existence de la cause suivie de l'existence de l'effet; et en second lieu, par l'absence de la cause, suivie de l'absence de l'effet : c'est ainsi que nous prouvons que le feu est la cause de la fumée, ou que l'oxygène amène la putréfaction et la désorganisation. Des deux méthodes c'est la seconde, celle par laquelle on démontre que l'absence de la cause est suivie de l'absence de l'effet, qui est la plus probante : la conservation des viandes à l'abri du contact de l'air est la meilleure preuve que l'air, ou un de ses éléments, est la cause de la putréfaction. Le fait est encore plus convaincant si l'on peut, en faisant brusquement disparaître une cause présumée, produire sur-le-champ la suspension de l'effet.

Mais il y a des cas où nous ne pouvons faire l'expérience

de supprimer la cause agissante. Nous ne pouvons quitter la terre que nous habitons. Nous ne pouvons supprimer la lune, afin de voir quels sont les phénomènes qu'elle détermine sur la terre ; nous ne pouvons, en suspendant brusquement l'attraction lunaire, démontrer que les marées dépendent en grande partie de son influence.

Dans les cas de ce genre, il faut avoir recours à une troisième méthode, qui vient heureusement résoudre la difficulté, et fournir la preuve que nous cherchons. Si l'action dont il s'agit, et qu'il est impossible de supprimer, passe par des gradations que l'on puisse mesurer, nous pourrons voir si l'effet présumé subit des variations correspondantes ; si nous arrivons à constater un accord rigoureux entre l'intensité de la cause et celle de l'effet, nous aurons là une présomption qui pourra acquérir la valeur d'une preuve directe du rapport présumé. C'est ainsi que l'on démontre que les marées sont dues à l'action combinée de la lune et du soleil, que l'état gazeux et l'état liquide des corps sont dus à la chaleur, etc.

Dans une question telle que celle des rapports entre l'esprit et le corps, on ne saurait avoir recours à la méthode puissante de la suppression de la cause. On ne peut pas prendre l'homme, cet être double, et mettre d'un côté son corps et de l'autre son esprit. On ne peut supprimer l'esprit pour voir si le corps disparaîtra aussi. Si on supprime le corps, on trouve, il est vrai, que l'esprit a disparu ; mais cette expérience n'est pas concluante, parce qu'en supprimant le corps nous supprimons les indications de l'esprit, c'est-à-dire les manifestations corporelles ; — c'est la même chose que si, dans l'étude du magnétisme, nous voulions supprimer l'aiguille aimantée et les autres corps dans lesquels il se manifeste.

On ne peut non plus appliquer au principal organe de l'esprit, au cerveau, la méthode de suppression. Sans doute, la suppression du cerveau éteint les manifestations de l'esprit; mais elle éteint en outre la vie du corps, excepté dans les organismes les moins élevés. L'ablation partielle du cerveau donne des résultats importants, et de ceux-ci nous pouvons conclure ce qui arriverait si l'on enlevait le cerveau tout entier. C'est là le plus près que nous puissions arriver.

Mais la méthode de concordance ou de correspondance peut s'appliquer d'une manière complète. Nous pouvons comparer les gradations du cerveau et du système nerveux dans toute la série animale, et voir si des gradations analogues existent dans les facultés de l'esprit.

Il y a longtemps déjà que les phrénologistes ont appelé l'attention sur le rapport qui existe entre la grosseur du cerveau et le développement intellectuel de l'homme. On a souvent opposé les grosses têtes des hommes qui se sont distingués par de grandes facultés intellectuelles, ou par l'énergie de leur caractère, aux petites têtes des idiots. La règle n'est pas rigoureusement vraie dans tous les cas; un homme stupide a quelquefois un cerveau plus développé qu'un homme de talent. Mais ce ne sont là que des exceptions isolées à une règle générale. La statistique prouve, quand elle est assez étendue, qu'une grande supériorité d'esprit est accompagnée d'un développement du cerveau qui dépasse la moyenne ordinaire.

LE SYSTÈME NERVEUX ET L'INTELLIGENCE

La liste suivante contient les poids des cerveaux de quelques hommes illustres :

Cuvier	1,828 grammes.
Dr Abercrombie	1,786 —
Daniel Webster	1,516 —
Lord Campbell	1,516 —
De Morgan	1,495 —
Gauss	1,491 —

Chez les Européens, le poids moyen d'un cerveau d'homme est de 1403 gr.; celui d'un cerveau de femme, de 1247 gr. (Quain, *Anatomie*, 7ᵉ éd., p. 571.)

Chez les idiots, on a trouvé des cerveaux du poids de 765 gr., 730 gr., 637 gr., 560 gr., 517 gr., 425 gr., 368 gr. et 241 gr. D'après le Dʳ Thurnam (*Journal of Mental Science*, année 1866), les cerveaux des aliénés pèsent $2\frac{1}{2}$ pour cent de moins que la moyenne des cerveaux sains.

L'accord entre le développement du système nerveux et celui des facultés de l'esprit, dans toute la série animale, est suffisamment démontré pour notre argumentation générale. Cet accord n'est pas rigoureux, parce que le système nerveux préside encore à d'autres fonctions que les fonctions purement intellectuelles. Pour mettre les muscles en mouvement, il faut une grande quantité de force nerveuse et les animaux dont les muscles sont grands et actifs ont un développement proportionnel du cerveau. Aussi n'est-ce pas l'homme qui a le cerveau le plus gros, mais bien l'éléphant, et, après lui, la baleine, dont la masse énorme exige une dépense proportionnelle d'action musculaire. Le cerveau de l'éléphant pèse de

4 à 5 kilog. On dit qu'un cerveau de baleine pèse de 2,500 à 4000 gr. Une baleine de 22 mètres de long avait un cerveau du poids de 3,500 gr. ; le Dr Struthers a trouvé pour le poids du cerveau d'une jeune baleine de 4 mètres 40 de long, 1,700 gr. ; et pour celui d'une baleine à défense ou licorne de mer, de 5 mètres de long, 1779 gr.

Mais la force nerveuse ne sert pas seulement à produire le mouvement des muscles ; il s'en dépense encore une quantité considérable pour accomplir ou favoriser les différents actes de la vie organique, la digestion, la respiration, la circulation, etc. La meilleure preuve que l'on en puisse donner, est le ralentissement considérable de ces diverses fonctions toutes les fois que la force nerveuse est absorbée par quelque grand effort de l'esprit ou des muscles.

On a constaté que les hommes de grande taille ont, en général, un cerveau plus volumineux que les petits hommes.

Si nous comparons l'accroissement de la masse du cerveau à celui de la puissance intellectuelle, nous serons frappés de la faiblesse du premier accroissement par rapport au second. Le cerveau d'un homme ordinaire pèse, en moyenne, 1360 gr. ; celui d'un homme supérieur atteint rarement le poids de 1828 gr., trouvé pour le cerveau de Cuvier. Or, la différence entre la puissance intellectuelle de Cuvier et celle d'un homme ordinaire, dépasse beaucoup celle des deux nombres que nous venons d'indiquer. Pour ne parler que de la mémoire, qui est la base de l'intelligence, un homme ordinaire ne pourrait retenir le tiers, le quart, ou peut-être même le dixième des faits accumulés dans l'esprit d'un Cuvier. En comparant les animaux avec les hommes, on arriverait à la même conclusion. Il n'y aurait pas d'exagération à dire que, tandis que le volume du cerveau croît en progression arithmétique, les facultés intellectuelles croissent en progression géométrique.

Un rapport encore plus important et plus significatif est celui que présente le mode d'action du système nerveux. Malgré la différence radicale qui existe entre la nature de l'action du corps et de celle de l'esprit, nous sommes surpris de voir le rapprochement intime qui existe entre certaines circonstances de la première et les circonstances semblables de la seconde. Pour nous faire mieux comprendre, nous allons rapidement esquisser le plan ou le mécanisme du système nerveux.

La meilleure manière d'aborder l'étude du système nerveux, est, assurément, de commencer par les apparences extérieures. Tout le monde sait que nous avons des organes des sens et des organes de mouvement; et, qui plus est, chacun de nous pourrait raconter beaucoup de faits particuliers sur chacune de ces catégories. Or, l'étude de ces détails familiers nous fait découvrir quelques-unes des dispositions les plus cachées du système nerveux.

Les organes des sens, au nombre de cinq selon la manière ordinaire de compter, sont tous plus ou moins exposés à la vue. L'organe du toucher est l'enveloppe tout entière du corps, la peau. Les autres organes sont limités à certains points du corps. On appelle organe d'un sens une partie du corps exposée à certains agents, et qui, sous l'influence de ces agents, donne naissance à certaines impressions de l'esprit. Chacun des sens est approprié à une certaine classe d'influences : le toucher, aux contacts matériels; l'ouïe, aux pressions de l'air; le goût, aux substances liquides ou en dissolution, qui ont certaines propriétés chimiques; l'odorat, aux effluves gazeuses de même nature; la vue, aux rayons du soleil ou des autres corps lumineux.

Les organes mobiles sont toutes les parties du corps : la tête, le visage, les yeux, la bouche, la gorge, le cou, le dos, les bras, les jambes, etc. Chacune de ces parties passe par un très-grand nombre de changements de posture, d'alternations, de combinaisons, et ces changements sont plus ou moins rapides, plus ou moins continus. Les mouvements sont presque tous visibles à l'œil. Les agents moteurs sont cachés à la vue, mais il est facile de les mettre en évidence par la dissection. La chair rouge, appelée tissu musculaire, est une substance fibreuse, divisée en masses séparées que l'on nomme muscles; ces masses ont des formes et des grandeurs très-différentes, mais toutes ont une propriété commune qui est la contractilité, c'est-à-dire la faculté de se contracter d'une manière énergique. Les deux extrémités d'un muscle sont attachées à des os ou à d'autres parties, de sorte qu'en se contractant il rapproche l'un de l'autre les deux points d'attache, et détermine ainsi les mouvements que nous voyons. Un muscle fort large qui passe sur la tempe, et dont une des extrémités est attachée au crâne, et l'autre à la mâchoire inférieure, ferme cette mâchoire, en se contractant, lorsque nous voulons mordre; ce mouvement de fermeture s'exécute avec une certaine énergie, qui dépend de la grosseur du muscle, et d'autres circonstances encore. Les grands muscles de la partie antérieure de la cuisse sont disposés de manière à redresser la jambe lorsqu'elle est pliée au genou. Les mouvements si variés de la main de l'homme exigent un nombre correspondant de muscles. Le corps humain contient de quatre à cinq cents muscles.

Considérons maintenant les rapports mutuels de ces deux séries d'organes, organes des sens et organes du mouvement. Pour déterminer une sensation, il faut que quelque chose vienne agir sur un organe de sens; et, pour déterminer un mouvement, il faut que quelque chose vienne agir sur un organe de mouvement ou muscle. Les organes des deux espèces sont, par eux-mêmes, inertes ou quiescents. Ce qui vient stimuler les organes des sens est généralement visible; c'est un corps solide qui touche la peau, un morceau mis dans la bouche, un parfum que l'on approche des narines, et ainsi de suite. Les stimulants des organes moteurs sont moins visibles : ils viennent de l'intérieur.

Nous sommes familiarisés avec un grand nombre de circonstances dans lesquelles le stimulant d'un sens semble être également le stimulant d'un mouvement. Une lumière qui apparaît brusquement, nous fait retourner pour la regarder. Un morceau placé sur la langue détermine tous les mouvements de la mastication. Examinons les faits plus attentivement. Ma main est au repos, appuyée sur la table; un objet quelconque, comme une mouche ou une plume, vient la toucher légèrement; une activité subite se manifeste dans certains muscles, et la main s'écarte. Supposons un instant que ces deux faits soient une cause et un effet éloignés; que le léger contact soit la cause, et que le mouvement soit l'effet; que pouvons-nous admettre comme anneaux *intermédiaires ?* A moins qu'il n'y ait là une action absolument exceptionnelle, il doit y avoir une voie de communication entre la peau de la main et le groupe des muscles de l'épaule, du bras, et de l'avant-bras, qui se réunissent pour écarter la main. Si nous supposons que dix muscles agissent ensemble, il faut qu'il y ait un fil de communication partant d'un point quelconque de la peau de la main et se ramifiant de manière à aller à ces dix muscles. Si le même fait se produisait pour le pied, la partie mise en mouvement serait la jambe, ce qui prouve l'existence de lignes de communication entre la peau du pied ou de la jambe et les muscles de la hanche, de la cuisse et de la jambe, muscles dont un certain groupe agit à la fois pour produire un effet unique, celui du mouvement du pied.

Supposons maintenant que ce ne soit plus un léger contact qui se produise, mais que la main soit pincée avec force au même endroit. L'exemple précédent vient de nous démontrer l'existence de lignes de communication entre la peau de la main et un groupe de muscles de l'épaule et du bras, de sorte que nous nous attendons à une manifestation semblable, peut-être plus violente. Sur ce dernier point nous ne nous sommes pas trompés : le même groupe de muscles semble s'éveiller et agir avec plus d'énergie; le mouvement de la main est bien plus vif. Mais ce n'est pas tout. Les mouvements du bras sont accompagnés de beaucoup d'autres : l'autre bras, les jambes, le corps et le visage y prennent part, sans compter les mouvements cachés qu'indique la voix, laquelle laisse échapper un cri ou une exclamation. Nous voyons qu'une partie quelconque de la peau de la main est en rapport avec peut-être deux cents muscles; et, ce qu'il y a de remarquable, c'est qu'un léger contact ne provoque pas les mouvements du cercle le plus éloigné. Quoi qu'il en soit, voilà un fait qui démontre l'existence de communications excessivement nombreuses et compliquées entre un point donné de la peau et les organes moteurs. La complication augmente si nous poursuivons ces réflexions sur les faits ordinaires. Nous constatons qu'en pinçant de même une partie quelconque de la peau, aux mains, aux bras, aux jambes, sur le dos, nous produirons des effets semblables; de sorte que chaque partie de l'enveloppe du corps a ses lignes de communication avec un très-grand nombre de muscles. Nous allons plus loin, et, si nous faisons des expériences analogues sur les autres sens, nous obtenons des effets analogues : une légère excitation détermine des mouvements limités; une excitation énergique donne, au contraire, des mouvements étendus, dont le caractère général est absolument le même que celui des mouvements que provoque le pincement de la peau. Une grande amertume, une mauvaise odeur, des sons criards et discordants, une flamme intense provoquent, chacun séparément, des mouvements des membres, du corps, du visage et de la voix. Chacun des sens se trouve en communication aussi complète avec les organes du mouvement.

Les effets de la stimulation d'un sens ne se bornent pas à un saut ou à une attitude due à un groupe de muscles particulier; très-souvent il se produit une longue suite de mouvements et d'attitudes. Ceci augmente encore la complication. La vivacité de la sensation suffit pour provoquer d'abord un mouvement, puis un second et un troisième, ce qui indique l'existence d'une nouvelle série de lignes de communication; je veux parler de lignes par lesquelles les organes moteurs communiquent entre eux. Le bras fléchit, puis il se redresse ; les mâchoires se rapprochent, puis exécutent le mouvement latéral qui sert à broyer les aliments. Or, des mouvements continus ne peuvent se produire sans qu'il y ait une communication définie entre chaque mouvement et celui qui lui succède; la marche et le vol ne sont possibles que grâce à une disposition qui lie chaque mouvement à celui qui doit le suivre régulièrement.

Il est inutile d'examiner, en ce moment, plus à fond ce système de communications compliquées entre les organes des sens et ceux du mouvement, ainsi que les communications des différentes séries d'organes moteurs entre elles, pour lesquelles il faut des centaines ou des milliers de lignes. En effet, l'existence de ces lignes n'est encore pour nous qu'à l'état d'hypothèse : en voyant qu'un effet est régulièrement suivi d'un autre, sur un point assez éloigné, nous supposons qu'il doit exister quelque moyen de transmettre une action ou une force du premier point au second. Ce n'est que l'examen de l'intérieur du corps qui nous fait connaître l'intermédiaire employé. Cet examen nous montre une série de fils argentins, de cordes de différentes grosseurs, dont les ramifications vont de certains centres à toutes les parties du corps, surfaces sensitives ou muscles. Ce sont les *nerfs*. Les centres à partir desquels ils se ramifient, se composent d'une grosse masse continue, formée principalement de la même substance argentine qui occupe le crâne sous forme de masse arrondie, et qui se prolonge dans la colonne vertébrale en longue tige aplatie, d'environ douze millimètres de largeur. La masse qui remplit le crâne est le cerveau ; la tige qui remplit la colonne vertébrale s'appelle moelle épinière. Les innombrables communications dont nous parlions tout à l'heure s'effectuent au moyen des nerfs et de ces masses centrales.

Les centres sont presque entièrement composés de la même substance que les filaments nerveux ; mais ils contiennent encore une autre substance. Cette seconde substance présente à l'œil un aspect différent, une teinte grisâtre, comme on le voit en incisant une partie quelconque du cerveau ou de la moelle épinière d'un homme ou d'un animal. Cette différence bien visible nous permet de suivre la distribution et de reconnaître les proportions des deux espèces de substance. Dans le cerveau de l'homme et des animaux supérieurs, la surface nous présente des élévations et des sillons fort curieux que l'on appelle convolutions, dirigés en différents sens ; cette surface inégale se compose d'une mince couche uniforme de matière grise, tandis que la masse intérieure se compose principalement de substance nerveuse blanche.

Les propriétés de ces deux espèces de substance ont été étudiées avec le plus grand soin, et l'on a constaté ou conjecturé avec plus ou moins de succès le rôle de chacune d'elles.

A l'aide du microscope, on voit que la substance blanche, dont les fils nerveux sont formés en totalité, et les centres en grande partie, se compose de fibres ou fils très-minces : chaque nerf visible n'est qu'un faisceau de ces fils. La substance grise est un mélange de ces fibres et de certains corps particuliers, connus sous le nom de *cellules, vésicules* ou *corpuscules* ; ce sont de petits corps solides, ronds, piriformes ou irréguliers, avec des prolongements par lesquels ils se rattachent aux nerfs. Ces deux éléments, fibres et cellules, avec les membranes qui les enveloppent, des vaisseaux sanguins et du tissu cellulaire, composent et les centres et les ramifications du système nerveux.

Le premier trait significatif des deux éléments nerveux, ce sont leurs dimensions : tous deux sont d'une petitesse extrême. La grande masse de la substance nerveuse est une agrégation d'un très-grand nombre de fibres et de corpuscules très-petits. L'épaisseur des fibres varie de $\frac{1}{60}$ à $\frac{1}{480}$ de millimètre; la moyenne est de $\frac{1}{240}$ de millimètre. Il y a deux sortes de fibres ; les principales, nommées fibres blanches ou tubulaires, semblent composées chacune, 1° d'une membrane extérieure dépourvue de structure ; 2° d'une couche intérieure de matière graisseuse, qui sert d'enveloppe à la partie suivante ; 3° enfin d'un cylindre central, formé non d'une substance graisseuse, mais d'une substance albumineuse (matière azotée ou protéine). C'est à cet axe central qu'appartient la véritable fonction des fibres, et, aux deux extrémités des nerfs, on le trouve seul, dépouillé de ses deux enveloppes; son épaisseur n'est pas plus de $\frac{1}{4000}$ de millimètre.

Les *cellules* ou *corpuscules* affectent différentes formes; ils sont ronds, ovales, piriformes, se prolongent en forme de queue ou présentent des rayons ou des pointes comme une étoile. Ils se composent d'une matière pulpeuse, avec un corps ou noyau arrondi et excentrique, qui contient un ou plusieurs noyaux plus petits, entourés de granules colorés. Leur diamètre varie de $\frac{1}{12}$ à $\frac{1}{120}$ de millimètre. La masse totale de la substance grise étant très inférieure à celle de la substance blanche, et de plus les corpuscules ayant un diamètre plus considérable, il s'ensuit que le nombre de ceux-ci que présente une section transversale est moindre que le nombre des fibres; mais néanmoins, comme ces corpuscules se trouvent en longueur, en largeur et en hauteur, tandis que les nerfs n'occupent que deux de ces dimensions, il en résulte que le total numérique des premiers dépasse de beaucoup celui des fibres nerveuses ramifiées, quoiqu'il ne soit pas aussi grand que le nombre total des réunions fibreuses.

On voit ici, fig. 1, la cellule représentée sous ses principales formes.

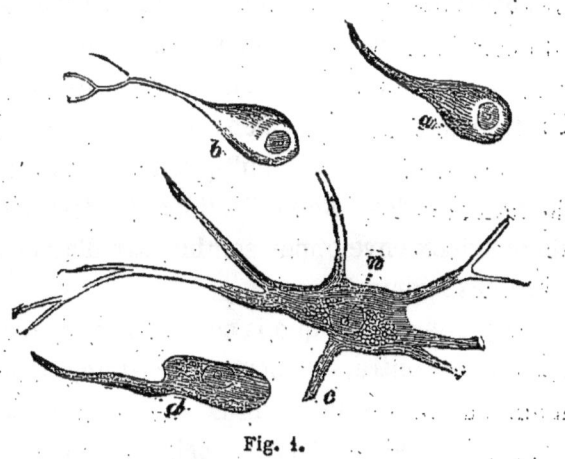

Fig. 1.

Nous pouvons maintenant nous faire une idée de l'immense *multiplicité* des éléments nerveux dans le cerveau et les nerfs. On a cherché à calculer le nombre de fibres qui composent certains nerfs. Le troisième nerf cérébral (nerf moteur ordinaire de l'œil) contient probablement quinze mille fibres. Dans les nerfs sensitifs, les fibres sont plus petites ; le grand nerf de la vue, le nerf optique, doit en contenir un très-grand nombre, probablement pas moins de cent mille, et peut-être beaucoup plus. C'est par centaines de millions qu'il faut compter les fibres qui composent la substance blanche du cerveau.

Cette énorme multiplicité des éléments nerveux indépendants semble répondre aux exigences du nombre énorme de communications qui sont indispensables aux actions ordinaires des êtres humains, comme nous l'avons déjà montré par quelques exemples.

L'arrangement des éléments nerveux nous fournit quelques faits significatifs. Notons, en premier lieu, que les fibres nerveuses s'étendent des centres nerveux aux extrémités du corps sans présenter une interruption, et sans se réunir ou se fondre entre elles, de sorte que chacune d'elles transmet infailliblement son message particulier. S'il n'en était ainsi, leur multiplicité n'assurerait nullement la variété des communications. La destination principale des deux enveloppes semble être d'assurer l'isolement de l'axe central.

Remarquons ensuite que la communication d'une partie du corps à une autre, — comme par exemple, de la peau de la main aux muscles du bras, — ne s'effectue pas directement d'un point à l'autre, mais bien en passant par un centre nerveux. Toute fibre nerveuse partant de la surface du corps, ou de l'œil, ou de l'oreille, se rend d'abord à la moelle épinière ou à quelque partie du cerveau; et toute action exercée sur les mouvements par la stimulation de ces fibres, part de quelque centre nerveux. De même que, dans la distribution des lettres par la poste, il n'y a pas communication directe d'une rue à l'autre, mais que chaque lettre est d'abord portée au bureau central, de même la transmission d'une action d'un membre du corps à un autre se fait exclusivement à travers un centre, ou, à peu d'exceptions près, à travers quelque partie de la substance nerveuse contenue dans la tête et dans l'épine dorsale. Chaque communication est centralisée, ce qui a pour résultat à la fois d'économiser les appareils conducteurs, et d'éviter les conflits de message.

Quand nous disons que les nerfs aboutissent tous aux centres nerveux, nous voulons parler de la substance *grise*, c'est-à dire de la réunion des fibres et des corpuscules. Tout nerf aboutit à un corpuscule, et du même corpuscule partent une ou plusieurs fibres, lesquelles retournent directement au corps, ou se rendent à d'autres corpuscules, d'où partent de nouvelles fibres, avec la même alternative. Le plus grand nombre des fibres du cerveau et de la moelle épinière unissent les corpuscules entre eux ; un petit nombre seulement vont aboutir aux muscles, et servent à communiquer avec les organes moteurs.

Ainsi, les corpuscules servent d'intermédiaires entre les nerfs qui vont de la circonférence au centre, et ceux qui vont du centre à la circonférence; et, par suite, ils font communiquer entre elles les parties extérieures du corps. C'est en eux que s'organise ce système de correspondance compliquée, grâce auquel toute influence exercée sur une partie, peut exciter une ondulation d'effets dans bien d'autres parties. Les corpuscules sont les croisements, les points d'embranchement où chaque partie peut multiplier ses rapports avec toutes les autres. Il n'y a pas un seul muscle du corps que ne puisse atteindre, directement ou indirectement, une pression exercée sur le bout de l'index. Cette communication par ramification s'effectue par l'intermédiaire des cellules ou corpuscules, tout comme, grâce aux bureaux de poste et aux routes, une lettre partie d'un village quelconque de l'Europe, arrive rapidement à tout autre village.

Un troisième point qu'il est important de considérer dans l'étude des éléments nerveux, fibres et corpuscules, c'est leur substance matérielle, leur composition ou leur qualité. Le cœur ou axe central des fibres se compose de particules de substance albumineuse. Les corpuscules aussi se composent de la même substance, unie à des granules de matières graisseuses. La substance des deux éléments nerveux est éminemment instable, c'est-à-dire qu'elle est très-accessible aux influences extérieures de toute espèce; mais cependant ce sont les corpuscules qui sont considérés comme les plus susceptibles de changement. Nous ne pouvons avoir qu'une idée confuse de la nature exacte du changement qui s'effectue dans l'un ou dans l'autre de ces éléments ; c'est un changement qui, une fois commencé, se propage sur toute la ligne des communications ouvertes ; et c'est un changement qui ne trouve une certaine limite que dans l'altération de la structure du nerf. Le retour à la structure normale est dû au sang qui circule avec abondance au milieu des fibres nerveuses, mais avec plus d'abondance encore dans la substance grise qui contient les corpuscules ; on a calculé (Herbert Spencer) que, dans la substance grise ou substance à corpuscules, il circule cinq fois autant de sang que dans la substance blanche ou fibreuse. Ce sont ces changements du tissu nerveux encore imparfaitement compris, qui constituent ce que l'on appelle la force nerveuse. C'est un agent doué des propriétés les plus diverses : action mécanique, calorifique, chimique ; et toutes ces actions sont dues à l'altération moléculaire de la substance nerveuse, le complément de ce changement étant un afflux de sang proportionné à la force dégagée.

Revenons maintenant à la recherche des relations et de l'accord entre les actions de l'esprit et les changements du corps. Nous venons d'indiquer une grande relation que nous nous proposons de discuter plus en détail dans la suite : c'est, d'une part, la variété et la multiplicité des actions de l'esprit, et de l'autre, la multiplicité des éléments nerveux. Si notre système nerveux se composait, au plus, d'un millier de fibres élémentaires, et d'un millier de corpuscules, il serait, pour ainsi dire, impossible de montrer comment, en les combinant, il arrive à produire toute la variété des manifestations extérieures de nos sentiments et de nos pensées. Mais quelque grands que soient le nombre et la variété des états de l'esprit, le système nerveux, par son étendue et la multiplicité prodigieuse de ses éléments, présente un appareil qui est loin de sembler insuffisant.

Cette proportion entre le nombre des éléments et la complication des fonctions, se montre avec avantage dans les organes des sens. Le nerf optique est le plus grand des nerfs destinés à un sens spécial ; ses ramifications dans la rétine sont nombreuses et très-rapprochées. Dans cette partie, les fibres sont accompagnées de corpuscules nerveux, afin d'augmenter la sensibilité et de faire sentir même un léger choc.

Tandis que, pour les sens plus intellectuels, la vue, l'ouïe et le toucher, les nerfs ont chacun leur enveloppe protectrice et isolante, qui correspond à la distinction et à la séparation des parties qui ont reçu l'impression, pour l'odorat au contraire, les nerfs forment un écheveau de fibres sans enveloppe isolante, qui correspond à la fusion de l'impression odorante en un tout, sans distinction de parties (Spencer).

M. Spencer a montré que, pour augmenter la délicatesse de la vue et de l'ouïe, lorsque le choc reçu à la surface est très-faible, il existe « des multiplicateurs d'excitation », ou des moyens d'exagérer l'intensité du choc. Ainsi, dans l'œil, la rétine se compose de fibrilles élémentaires sans enveloppe protectrice, et de corpuscules nerveux, dont la substance est plus instable que celle des fibres. Dans l'oreille, les petits granules sableux (otolites) et les verges, augmentent par leur mouvement l'action exercée sur le nerf auditif.

Le pigmentum noir de l'œil, qui, vu à travers la pupille, offre l'aspect d'une ombre brun foncé, est indispensable à la vision parfaite, car il sert à donner plus de force à l'action de la lumière. Le Dr William Ogle a signalé le fait de la présence du pigmentum dans les régions olfactives, et il attribue à ce fait une délicatesse plus grande de l'odorat. D'après le Dr Ogle, si les nègres ont l'odorat plus développé, c'est à leur grande abondance de pigmentum qu'ils le doivent. Les albinos et les animaux blancs n'ont ni la vue ni l'odorat aussi délicats que les êtres de couleur foncée. Dans le labyrinthe membraneux de l'oreille aussi, on trouve un pigmentum noir. (De l'anosmie, par le Dr William Ogle, *Medico-Chirurgical Transactions*, vol. LIII.)

Les faits de ce genre montrent jusqu'à quel point l'esprit peut subir l'influence de la structure des organes matériels. La présence d'un peu plus de pigmentum dans l'organe d'un sens peut, en augmentant la délicatesse de ce sens, déterminer les préférences, les goûts et les occupations d'un animal; ou, en d'autres termes, toute sa destinée. Chez l'homme, le fait d'une délicatesse extrême d'un ou deux sens principaux peut modifier tout le caractère, intellectuel et moral. La différence entre une nature sensuelle et une nature méditative pourrait, à la rigueur, provenir de l'appareil extérieur des organes des sens, à part même les qualités du cerveau. Dans ce cas, le système nerveux obéirait aux sens spéciaux au lieu de les diriger.

Voyons maintenant les rapports entre l'esprit et le corps, au point de vue de leur mode d'action. Malgré l'extrême différence qui existe entre l'activité du corps et celle de l'esprit, nous pouvons cependant trouver entre eux des points de ressemblance. Le premier de ces points de ressemblance porte sur *le temps*.

Par une série d'expériences à la fois très-ingénieuses et très-concluantes, on a reconnu que la vitesse de transmission de la force nerveuse est d'environ quatre-vingt-dix pieds par seconde[1]. Cette mesure s'applique au passage par les fils nerveux, et ne comprend pas le temps qu'il faut pour traverser la substance grise des centres, avec leur masse de corpuscules. Or, le temps nécessaire à un cercle d'action complet, en commençant par une stimulation des sens, et en finissant par certains mouvements, dépend en partie du temps que la force nerveuse met à parcourir les nerfs, et en partie de celui qu'il lui faut pour traverser les centres, où elle passe par un grand nombre de corpuscules. On a cherché à évaluer la durée de cette dernière opération, durée que la nature même des circonstances doit rendre assez variable; en effet, l'étendue de la masse centrale qu'il s'agit de traverser peut varier, et de plus, il se peut qu'il y ait rencontre de courants contraires. Le cas où le retard intérieur est le moindre, est celui de ce que l'on nomme *action réflexe*, dans lequel un mouvement répond à une stimulation, sans l'intervention de la volonté ; tel est, par exemple, le mouvement involontaire que fait une personne dont on pince la main. En opérant sur des grenouilles, Helmholtz a constaté que l'action réflexe exige de $\frac{1}{30}$ à $\frac{1}{10}$ de seconde; or, la longueur totale des fils nerveux à parcourir ne pouvait être que de quelques centimètres, et pour parcourir cette longueur de fil nerveux continu, il faudrait à peine $\frac{1}{700}$ de seconde.

Le temps que demandent une sensation et la volition qui en résulte, a été mesuré dans des cas où il n'y avait aucun conflit d'impulsion. On peut le faire en constatant le temps

1. Voyez dans la *Revue des cours scientifiques*, 1re série, tomes III et IV, l'histoire des diverses déterminations de cette vitesse, par Du Bois-Reymond, Helmholtz et Marey.

qui s'écoule entre la sensation d'un signal et la réponse qu'y fait la main. On compare deux cas différents ; dans le premier, la personne sur laquelle on fait l'expérience est avertie d'avance, elle sait où elle doit être touchée et quelle partie du corps elle doit mouvoir, de sorte que son attention se porte sur les points indiqués. Dans le second cas, le sujet soumis à l'expérience ne sait ni quel point sera frappé, ni quelle partie il devra mouvoir ; il faut donc qu'il fasse acte de jugement ou de réflexion, et la différence de temps, dans ce cas, est d'environ $\frac{1}{14}$ de seconde. Deux personnes sont séparées par un écran ; la première doit prononcer une syllabe, et la seconde doit la répéter aussi vite que possible. Si la syllabe a été convenue d'avance, la répétition de cette syllabe demande de $\frac{1}{6}$ à $\frac{1}{4}$ de seconde ; si elle n'a pas été convenue d'avance, le temps se trouve augmenté de $\frac{1}{12}$ de seconde.

M. Du Bois-Reymond suppose le cas d'une baleine, de 30 mètres de long, qui serait frappée à la queue avec un harpon ; il faudrait une seconde pour que l'impression du coup arrivât au cerveau ; une fraction de seconde, soit un dixième, pour qu'elle traversât le cerveau ; une seconde encore pour le retour de l'impulsion motrice, de sorte que l'embarcation des assaillants aurait un peu plus de deux secondes pour échapper au danger.

Ainsi nous établissons d'un côté par des preuves physiologiques que la force nerveuse exige un certain temps ; et de l'autre, par des preuves intellectuelles, qu'il faut un temps équivalent pour la sensation, la pensée et la volition. La vitesse de notre pensée ne peut jamais surpasser la vitesse matérielle de la force nerveuse. Il est rare que la rapidité de notre pensée puisse égaler celle du mouvement matériel de la force nerveuse, parce que nous avons le plus souvent à peser des considérations opposées ; en d'autres termes, des courants contraires d'influence nerveuse arrivent à la fois, et se contre-balancent l'un l'autre pendant un temps plus ou moins long. Les expériences que nous venons de citer indiquent le minimum de temps d'une décision de l'esprit.

Signalons encore comme rapport de temps l'intervalle nécessaire pour produire un sentiment ou une émotion. L'action d'un stimulant quelconque exige un intervalle appréciable pour qu'un sentiment appréciable soit produit, — pour que nous ayons distinctement conscience d'un sentiment. Pour qu'une substance sucrée nous donne la sensation du goût sucré, il faut un certain temps après le premier contact avec le nerf. Et ceci est d'accord avec nos conclusions légitimes sur la nature de la force nerveux : les changements moléculaires des centres nerveux, qui accompagnent les sensations, prennent un temps appréciable. De plus, une sensation ne disparaît pas aussitôt que disparaît l'objet qui l'a produite ; de même, l'activité moléculaire provoquée dans les centres ne cesse point dès que cesse l'excitation nerveuse.

Ce que nous savons des forces moléculaires nous permet de conclure, sans crainte de nous tromper, que les changements moléculaires qui se produisent dans les nerfs et les centres nerveux, y déterminent une altération, qui atteint bientôt une limite, à partir de laquelle les nerfs ne peuvent plus subir d'autres changements, jusqu'à ce que le repos et l'assimilation les ramènent à leur état primitif. Or l'expérience que nous avons de ce qui se passe en nous,

nous offre la contre-partie exacte de ce phénomène ; c'est à sa naissance que chacune de nos sensations ou de nos émotions a le plus de vivacité ; au bout de quelque temps, elle s'affaiblit, puis finit par s'épuiser tellement que, si le stimulant persiste, il ne produit plus aucun effet. Les exceptions apparentes, et les différences de degré ne font que confirmer la règle. Une des conditions nécessaires pour qu'une sensation se prolonge, c'est qu'auparavant elle ait été longtemps suspendue ; pendant cette inaction prolongée, les nerfs et les centres ont repris une vigueur plus qu'ordinaire, grâce à un afflux constant de nourriture sans aucune dépense de force.

Nous savons tous que, sous l'influence des agents extérieurs, tels que la chaleur et la nourriture, la sensation s'accroît en même temps que le stimulant, jusqu'à ce que nous arrivions au point où l'action change de caractère, un excès de chaleur détruisant les tissus, et un excès de nourriture empêchant la digestion. Il existe, quoique nous ne puissions le déterminer avec une rigueur mathématique, un *équivalent sensationnel* de chaleur, de nourriture, d'exercice des muscles, de son, de lumière ; il y a un changement de sensation bien défini, un accroissement uniforme de plaisir ou de souffrance, qui correspond à un accroissement de température de 10°, 20° ou 30°. De même pour chaque genre d'influence : il y a un équivalent sensationnel pour l'alcool, les odeurs, la musique, la vue.

C'est ce rapport défini entre les agents extérieurs et les sensations humaines, qui fait que l'on peut discuter les intérêts humains au point de vue objectif, le seul qui nous soit accessible. Nous ne pouvons lire dans l'esprit de nos semblables; nous présumons simplement que les mêmes agents doivent agir sur tous à peu près de la même façon. C'est ainsi que nous mesurons la fortune et le bonheur des hommes d'après la quantité numérique de certains agents, tels que l'argent, et d'après l'absence ou la petite quantité de certains autres, tels que les causes de douleur, et celles qui nuisent à la vitalité. Et si cette appréciation est un peu grossière, cela ne vient pas de ce que l'équivalent sensationnel est mal défini, mais bien plutôt des complications de l'être humain, et surtout de la limite étroite qui sépare l'un de l'autre le degré salutaire et le degré nuisible de tous les stimulants.

Le terme le plus simple par lequel nous puissions désigner un état de l'esprit, est celui de *choc*; ce mot s'applique également bien au corps et à l'esprit. Une stimulation brusque de l'œil, de l'oreille, de la peau, du nez, reçoit le nom de choc, si on la considère simplement au point de vue extérieur ou physique; elle s'appelle encore choc, au point de vue de l'esprit, non parce que la perception de l'esprit ressemble à un objet matériel agissant sur une surface sensible, comme le bruit d'une sonnette, mais parce qu'il y a passage rapide du repos à l'excitation; en cela il y a analogie exacte entre les phénomènes du corps et ceux de l'esprit, si distincts sous tous les autres rapports.

Nos différents genres de sensation montrent plus d'un rapport curieux entre le corps et l'esprit. Nous allons choisir quelques-uns des rapports les plus saillants. Considérons d'abord ce que nous apprend l'expérience ordinaire des maladies qu'accompagnent généralement des symptômes intellectuels. Il y a des tissus qui, faute de nerfs, sont très-peu sensibles; tels sont les os, les ongles, les cheveux, etc.; et il existe entre eux, à cet égard, une gradation qui dépend de l'étendue de leurs rapports avec le cerveau. D'un autre côté, dans tous les cas où il y a trouble, direct ou indirect, du cerveau, le médecin cherche dans l'esprit des symptômes définis correspondant à ce trouble. L'état de l'esprit est indiqué par celui du cerveau. Nous citerons comme exemple les symptômes que présente l'esprit dans la fièvre typhoïde, symptômes que résume l'expression « d'accablement fébrile. » « La faculté de penser et celle de se mouvoir ne s'exercent qu'avec peine. Le visage offre l'expression de l'hébêtement; le malade est lourd, distrait, embarrassé; il ressemble à un homme abruti par la boisson, etc. » En un mot, l'esprit est complétement à la merci de l'état du corps; il n'y a aucune trace d'un agent séparé, indépendant, spirituel, se suffisant à lui-même et s'élevant au-dessus de toutes les fluctuations de l'enveloppe matérielle. Le médecin admet qu'à chaque changement intellectuel correspond un changement physique; dans ces limites, il est matérialiste.

Un autre rapport intéressant entre le corps et l'esprit consiste dans la distinction bien marquée, pour les impressions de tous les sens, entre la sensation aiguë et la sensation *volumineuse* ou massive. Une aiguille qui pique vivement le doigt, un charbon qui brûle, produisent des sensations aiguës; le contact des vêtements qui couvrent le corps entier, ou celui d'un bain chaud donne une sensation de volume ou de masse. On peut observer qu'une sensation aiguë est due à une stimulation intense sur une petite surface; une sensation massive, à une stimulation plus douce sur une surface étendue. Le même contraste s'observe pour tous les sens. La flamme du gaz donne une sensation aiguë; la lumière diffuse, un sentiment de masse. Une note haute, sur le flageolet, est aiguë ; une note basse sur le violoncelle ou l'orgue, est massive. La mer, le tonnerre, les clameurs d'une multitude sont volumineux ou massifs, comme s'étendant à une vaste surface. Le goût est aigu; le sentiment de la digestion est massif. C'est ainsi que la manière dont les phénomènes se présentent extérieurement suffit pour déterminer une des différences les plus notables entre nos sensations.

CHAPITRE IV

UNION DE L'ESPRIT ET DU CORPS. —
SES LOIS GÉNÉRALES.

Nous allons maintenant exposer les lois les plus générales de l'union de l'esprit et du corps. Le sujet est difficile, et bien loin d'être arrivé à maturité; cependant on en sait assez déjà pour satisfaire la curiosité et donner d'utiles enseignements.

Nous avons déjà vu certaines raisons de croire que, chaque fois que l'esprit reçoit un choc, perçoit une sensation ou passe d'un état à un autre, ce mouvement doit être accompagné d'un choc nerveux; et que l'intensité plus ou moins grande de l'un détermine également celle de l'autre. Voilà ce que nous savons de plus général au sujet de l'union de l'esprit et du corps. C'est déjà un point fort important à établir, mais cependant c'est encore trop vague pour nous satisfaire.

Il est maintenant généralement admis que l'esprit a

trois aspects distincts, trois fonctions différentes : le SENTIMENT, qui comprend l'émotion; la VOLONTÉ ou volition, et la PENSÉE ou intelligence. Il y a là trinité dans l'unité. Ces fonctions se manifestent d'une manière toute caractéristique, et cependant elles ont entre elles une telle dépendance qu'aucune d'elles ne pourrait subsister seule ; supprimez le sentiment, et il n'y a plus ni volonté ni intelligence; au contraire, quand le sentiment se manifeste dans toute sa plénitude, il porte avec lui les germes des deux autres. Aussi, quoique en exposant les rapports du corps et de l'esprit, nous considérions les trois facultés séparées, nous devons nous attendre à les voir toutes trois obéir à certaines lois générales.

LES SENTIMENTS.

Nous connaissons tous le plaisir et la douleur, et nous sommes habitués à des états d'excitation qui sont neutres ou indifférents. Quand nous opposons le sentiment à la volonté et à la pensée, la meilleure manière de le caractériser est de le représenter par le plaisir et la douleur; ceux-ci ne sont jamais confondus avec la pensée, et, quoiqu'ils mettent la volonté en jeu, ils ne constituent pas la volonté. Mais il y a bien des occasions dans lesquelles nous sommes excités ou réveillés, dans lesquelles nous sentons quelque chose qui n'est ni un plaisir, ni une douleur, et dans lesquelles il ne s'agit, à proprement parler, ni de volonté ni de pensée. Tel est le choc de la surprise; telles sont aussi les émotions qui accompagnent souvent la cessation de l'état de plaisir et de douleur proprement dits. Quand nous avons eu peur, et que cet état pénible a cessé, il subsiste un état de sentiment que l'on peut appeler neutre. Or, il y a des lois communes aux sentiments en général, et des lois particulières aux plaisirs et aux douleurs.

Immédiatement après le principe vague, que chaque chose de l'esprit est accompagnée d'un choc nerveux correspondant, vient la loi qui assigne une contre-partie physique à l'attribut de l'esprit le plus fondamental et le plus général, et que l'on appelle ordinairement loi ou principe de relativité.

LOI DE RELATIVITÉ S'APPLIQUANT À LA FOIS AU SENTIMENT ET A LA PENSÉE

Il aut un changement d'impression pour nous donner conscience d'une action quelle qu'elle soit.

Examinons d'abord ce qui a rapport à l'esprit : — On a souvent observé qu'une action toujours la même, sur un quelconque de nos sens, si elle persiste, produit juste le même effet que l'absence de toute action. Nous n'avons pas conscience de la pression de l'atmosphère. Une température égale, comme celle dont jouissent les poissons dans les mers tropicales, ne produit sur l'esprit aucune impression ni de froid ni de chaleur. Le sentiment de la chaleur n'est pas un état de l'esprit absolu ou indépendant, qui subsiste par lui-même, mais bien le résultat de la cessation du froid; la sensation de la lumière suppose le passage de l'obscurité ou de l'ombre, ou d'un moindre degré de lumière à un autre plus grand. Pour nous servir d'un exemple familier, un horloger ne s'aperçoit pas du petit bruit persistant de ses horloges; mais si elles venaient toutes à s'arrêter brusquement, il s'apercevrait sur-le-champ du silence.

Nous serions surpris si une loi si universelle n'avait pas été fréquemment remarquée et exprimée dans la littérature. Elle a bien des fois été reconnue en termes plus ou moins définis. Une des expressions les plus nettes de cette loi a été donnée, il y a longtemps, par Hobbes, en ces termes : — « C'est presque (il aurait dû dire *tout à fait*) la même chose pour un homme de sentir toujours une seule et même chose, et de ne rien sentir du tout. »

Ce principe a été mieux reconnu encore lorsqu'il s'applique aux émotions. Presque tout le monde sait que, lorsque nous passons de la maladie à la santé, de la pauvreté à l'abondance, de l'ignorance à la connaissance, c'est le premier choc qui est le plus vif; et qu'à mesure que s'efface le souvenir de notre premier état, la vivacité avec laquelle nous jouissons du changement s'émousse aussi. Shakespeare nous parle de l'avare qui ne regarde que rarement son trésor, de peur « d'émousser la pointe délicate du plaisir rare; » il fait dire à Henri, ce prince si versatile :

« Si toute l'année n'était que jours de fête, — il serait aussi ennuyeux de s'amuser que de travailler [1]. »

Le loisir, la retraite et le repos ne sont agréables que par contraste avec les fatigues et les agitations qui les ont précédés. Le besoin constant de nouveauté et de change-

---

1. If all the year were playing holidays,
   To sport would be as tedious as to work.

ment, le désir incessant de richesses et de connaissances nouvelles, que nous pouvons constater autour de nous, attestent l'existence et la puissance de la loi de relativité dans tout ce qui contribue à nos jouissances. Cette loi neutralise jusqu'à un certain point une partie des avantages d'une fortune supérieure, et même le sentiment de cette supériorité; mais elle n'atteint pas l'autre partie, c'est-à-dire l'étendue, la variété et l'alternation des plaisirs.

Il n'entre pas dans le cadre de cet ouvrage de montrer comment le principe de relativité intervient dans tous les beaux-arts sous le nom de contraste; comment il exige, dans les sciences et dans toutes nos connaissances, que chaque idée, chaque proposition réelle ait son opposé également réel aussi : droit — courbe; mouvement — repos; esprit — matière étendue, ou espace étendu; comment, en un mot, la connaissance n'est jamais simple, mais toujours double ou à deux faces, quoique l'on ne parle pas toujours de ces deux faces. Nous devons nous contenter ici de ces exemples rapides du principe lui-même, pour nous occuper maintenant de sa contre-partie physique.

Voyons en second lieu comment ce principe s'applique au corps.

Le grand point ici est d'arriver à comprendre par quelle disposition de l'organisme une action continue cesse de produire la quantité et le genre d'action nerveuse nécessaire pour que nous en ayons conscience.

Il est un fait que nous avons déjà indiqué au sujet de l'action nerveuse : les fibres nerveuses et les corpuscules, soumis à une stimulation, subissent un changement qui épuise peu à peu leur puissance, et par suite duquel ils ont besoin d'un intervalle de repos. C'est pour cela que les premiers moments d'une sensation sont toujours les plus vifs, et produisent l'impression la plus forte. Cette condition est surtout indispensable aux impressions de plaisir : il faut que le système nerveux se refasse et reprenne des forces par la nourriture et le repos, et que dans aucune partie du corps il ne soit poussé jusqu'aux limites extrêmes de l'épuisement. La même règle s'applique à notre puissance active dans toutes ses branches, soit qu'il s'agisse de l'intelligence, de la volonté ou des émotions. Cette puissance est au maximum lorsque les nerfs rentrent en action après s'être, pour ainsi dire, renouvelés ; elle faiblit à mesure que nous approchons du point d'épuisement. Il y a certains faits exceptionnels que nous connaissons tous, tels que celui de s'échauffer à l'ouvrage : le maximum d'énergie se manifeste d'ordinaire quelque temps après que l'on a commencé, ce qui est un effet dû uniquement à l'afflux de sang plus énergique qui suit un certain exercice.

Ce fait a la plus grande importance pratique, et peut être rapproché de quelques autres faits dépendant de la loi de relativité ou de changement d'impression ; mais il ne suffit pas à rendre entièrement compte de cette loi. Il reste encore à expliquer deux circonstances.

La première est le rapport qui existe entre l'intensité de l'impression et *le degré de la transition*, comme lorsque l'on passe d'une température à une autre, ou d'un degré de lumière à un autre; c'est là le trait le mieux marqué et le plus caractéristique de la loi de relativité. Or, le degré de la transition est en rapport avec le degré de trouble des courants nerveux, soit qu'il y ait eu réveil des nerfs assoupis, ou changement d'un mouvement régulier auquel le système s'était accommodé.

Nous pouvons considérer de deux façons les circonstances physiques qui accompagnent l'absence d'impressions, laquelle constitue l'état opposé à l'activité de l'esprit. Ou la masse nerveuse dans son ensemble est en repos, c'est-à-dire qu'elle n'est agitée par aucun courant de force nerveuse, ce que l'on peut regarder comme ayant lieu dans son sommeil profond; ou bien il y a toujours des courants, mais ils ont une vitesse égale, fixe et invariable. Il existe des faits et des analogies en faveur des deux manières de voir. La manière de poser la condition physique indispensable à toute impression dépend de celle des deux hypothèses que nous adopterons.

Pour la première, il semblerait naturel de supposer que les nerfs passent de l'état de repos complet à un état d'activité ou d'excitation plus ou moins grande, selon la stimulation à laquelle ils sont soumis, et qu'il en résulte une impression proportionnée à cette cause; au contraire, l'affaiblissement du stimulant et l'épuisement des nerfs tendent à amener le repos et l'absence d'impression. S'il n'y avait pas de faits indiquant une conclusion différente, nous adopterions celle-ci comme étant le mieux d'accord avec toutes les analogies. Mais il existe des faits qui sont en contradiction avec cette manière de voir. Il est rare que le système nerveux puisse s'endormir complètement. Dans un sommeil profond, les actions réflexes persistent;

mais nous pouvons les négliger, parce que ce sont des mouvements inconscients. Cependant, même dans l'état de veille, quoique nous entretenions plus ou moins notre activité, et que nous soyons soumis à l'action de plusieurs sens, il arrive souvent que nous n'avons presque plus conscience ou de l'activité ou des sensations : il suffit pour produire ce résultat que les mouvements ou les sensations soient en ce moment monotones ou invariables. L'explication la plus plausible que l'on pourrait donner d'un fait si familier semblerait être qu'il existe *toujours* des courants de force nerveuse, mais que la conscience de ces courants disparaît, dès que leur intensité devient invariable. Un grand nombre des faits les mieux établis au sujet de l'organisme sont favorables à l'hypothèse de l'existence d'un faible courant nerveux dans tous les cas; il ressemblerait, par exemple, à la tension musculaire qui persiste dans le sommeil le plus profond.

Dans cette hypothèse, nous admettrions que, quand tous les courants du cerveau se font exactement équilibre, et qu'ils conservent la même intensité, — quand aucun d'eux ne commence, n'augmente et ne diminue — l'impression ou le sentiment est nul, l'esprit est au repos. Tout *trouble* apporté à cet état de choses réveille momentanément la conscience; un *second* trouble lui donne un autre choc, et ainsi de suite, la variété des causes d'excitation dans l'état de veille ne permettant jamais d'arriver à l'équilibre parfait. L'état réellement instable de l'esprit est d'accord avec cette supposition; le courant de nos impressions est plutôt une série d'ébullitions qu'un mouvement calme et soutenu. Le calme que nous éprouvons réellement vient d'une excitation faible ou modérée; dès

AFFAIBLISSEMENT DES SECONDES IMPRESSIONS

qu'il se produit une sensation assez vive, on voit se produire aussi avec une netteté bien frappante le caractère d'ébullition.

Dans l'état actuel de nos connaissances, nous ne devons pas risquer une décision formelle entre les deux hypothèses contraires. Il faut attendre quelque expérience décisive; peut-être, après tout, ni l'une ni l'autre n'expriment-elles l'état véritable de la question.

Nous venons de discuter seulement la loi de relativité, de changement ou de passage dans ses rapports avec la perception de l'esprit ou conscience. Mais dans les exemples réels du fait intellectuel que nous avons exprimé plus haut, il se trouve une autre circonstance dont nous n'avons pas fait mention jusqu'ici. Nous avons admis qu'une impression s'affaiblit après avoir duré un certain temps; mais en même temps nous semblions supposer qu'après une cessation ou une interruption suffisante elle peut se renouveler avec toute sa force.

Or, parmi les caractères des faits cités à propos de la relativité considérée au point de vue de l'esprit, un des plus remarquables est que jamais la *répétition* d'un grand choc ou d'une grande émotion, qu'il s'agisse de plaisir, de douleur, ou simplement d'excitation, n'égale complètement le premier effet, même lorsque les nerfs ont eu tout le temps de réparer les forces qu'ils avaient perdues. Toute impression qui se renouvelle perd invariablement une partie de sa force. Telle est l'expression de la *loi de nouveauté*, loi que nous connaissons tous par expérience.

Il est fort probable que nous n'avons là qu'une phase

nouvelle et plus compliquée de la *loi de transition*. Nous devons supposer que l'organisme s'accommode à toute situation nouvelle dans laquelle il se trouve; que, grâce à la faculté retentive, cette situation laisse une trace durable, et que, lors d'un choc nouveau, cette modification a pour effet de diminuer l'intervalle de transition, la différence entre l'impression du moment et les attitudes et les dispositions antérieures du système nerveux.

Il est inutile de pousser ces considérations au-delà des limites d'une conjecture générale. Tant que nous ne pourrons pas rendre compte d'une manière plus précise de l'action nerveuse au seul point de vue de la transition, et sans tenir compte des modifications persistantes, il ne faut pas que nous espérions expliquer les cas où les deux circonstances réunies viennent compliquer la question. Néanmoins les hypothèses que nous venons de présenter sur l'action physique offrent un certain degré de probabilité.

LOI DE DIFFUSION.

Quand une impression est accompagnée de sensation, les courants excités se répandent librement dans le cerveau, et déterminent une agitation générale des organes de mouvement, en même temps qu'ils agissent sur les viscères.

Au contraire, on dit ordinairement que les actions appelées réflexes, la respiration, la déglutition, etc., ne sont pas accompagnées de sensation; de plus, elles s'accomplissent dans un circuit ou canal limité.

Nous ne voulons pas dire que toutes les fibres et toutes

les cellules puissent être affectées au même instant, mais bien qu'il se produit une onde qui, en se propageant, suffit pour agiter tout le corps.

Nous avons vu d'une manière générale en quoi consiste l'action nerveuse. La stimulation d'une surface sensible affecte un nerf sensitif. De là, elle se propage jusqu'à un centre ou ganglion, où elle met en liberté une force encore plus énergique, laquelle arrive aux muscles par les nerfs moteurs. Le résultat final d'un choc nerveux est un mouvement des muscles. Mais, par suite des croisements nombreux dont se compose la masse des corpuscules, ou substance grise centrale, la stimulation sensitive arrive d'abord à un corpuscule, puis se répand successivement dans les autres, jusqu'à ce qu'elle en affecte un grand nombre, avant d'atteindre les nerfs moteurs ; et ceux-ci, une fois atteints, sont assez nombreux pour déterminer un cercle de mouvements fort étendu. Or, on constate que la conscience ou le sentiment augmente avec l'étendue de l'onde, ou le nombre de corpuscules centraux excités, et ainsi avec le nombre de mouvements extérieurs qui commencent en conséquence. La sensation n'est qu'à l'état naissant lorsqu'il s'agit d'une stimulation sensitive simple, c'est-à-dire qui ne parcourt qu'un groupe limité de corpuscules, et ne produit qu'un mouvement simple. Nous ne pouvons pas dire que, même dans ce cas, la conscience ou la sensation n'existe absolument pas ; mais elle commence à se manifester d'une manière décidée quand l'onde s'étend à droite et à gauche, par les croisements des corpuscules ; et elle s'accroît à mesure que cette onde s'étend. Nous admettons comme un fait fondamental que c'est avec l'action nerveuse que commencé la sensation. Nous ne pouvons tirer une ligne entre l'action nerveuse sans sensation et l'action nerveuse avec sensation ; nous ne pouvons qu'indiquer une échelle de degré. Cependant, à tous les points de vue, la division des actions nerveuses en actions inconscientes et actions conscientes rend plus claire la loi générale de la diffusion.

Les actions réflexes — la respiration, les mouvements des intestins, l'action du cœur, le clignement des yeux, etc., — sont produites, nous le savons, par l'intermédiaire de la moelle épinière et de son prolongement immédiat à la base du cerveau ; elles n'intéressent pas la masse cérébrale. Les mouvements qui répondent à chacune de ces actions sont limités à l'organe qui doit fonctionner : à la poitrine, pour la respiration ; aux intestins, pour le mouvement des aliments ; aux muscles du cœur, pour la circulation du sang. Ces actions ne sont accompagnées d'aucune sensation. De même, si nous touchons la main d'une personne endormie, nous voyons cette main s'agiter, ou le bras se retirer. C'est là un mouvement réflexe ; il vient des centres inférieurs, sans diffusion ou communication latérale, et il aboutit à un seul groupe particulier de muscles. Dans les cas de ce genre, nous l'avons déjà vu, la limitation est due à la faiblesse de la stimulation. Les voies pour arriver au cerveau sont ouvertes, mais l'action d'un très-faible contact ne suffit pas pour y lancer la force nerveuse. Cependant, le fait de la portée limitée est accompagné de l'inconscience : une réaction isolée témoigne du peu d'étendue de la zone de stimulation ; et ces réactions isolées sont accompagnées d'une sensation bien faible, si même il en existe aucune.

Comparons à cela ce qui se passe dans le cas d'un choc énergique, d'une douleur aiguë ; par exemple, lorsqu'on reçoit à la main un coup violent ou une blessure. Il se produit encore une action réflexe, qui donne naissance à des mouvements du bras ; mais ce n'est là qu'une faible partie de l'effet produit. Tous les membres entrent en mouvement ; les traits se contractent avec une expression bien connue ; la voix laisse échapper un cri perçant ; le corps tout entier s'agite. Les effets ne se bornent pas à de simples mouvements des muscles : le sang se porte au visage, et témoigne du trouble de la circulation ; la respiration s'accélère ou se ralentit ; une perte d'appétit momentanée prouve que les sécrétions gastriques sont altérées ; la peau se contracte ; et, chez la femme, le lait de la mère semble se transformer en fiel. Pour produire des effets si étendus et si divers, il faut assurément que l'influence du choc, les courants nerveux qu'il a déterminés, soient non-seulement très-intenses, mais encore étendus à tout le cerveau ; c'est là ce qui leur permet d'atteindre et de stimuler le système général des nerfs qui vont du centre à la circonférence.

J'ai choisi exprès un cas extrême, afin de présenter la loi dans toute sa force. Nous pourrions graduer les exemples, et faire voir que l'étendue de la diffusion varie en raison directe de la force de la sensation, aussi bien que l'intensité des manifestations qui résultent de cette diffusion. La proportion que l'on constate toujours entre ces deux phénomènes, est un des faits les mieux connus ; c'est même cette uniformité qui constitue le meilleur moyen que nous ayons de juger de la force des sentiments de nos semblables. Il serait facile aussi de prouver que les exceptions apparentes à la loi ne sont pas des exceptions véritables ; que, lorsque les sensations sont très-légères, ou que la stimulation est faible, l'onde qui se propage n'est pas assez forte pour déterminer une action visible des muscles ; que la volonté peut arrêter cette action ; qu'il en est de même de l'habitude ; que, si le système se trouve déjà sous l'influence d'une autre action assez énergique pour résister à une nouvelle diffusion, les impressions sont nulles, ce qui arrive aux soldats qui ne sentent pas les blessures pendant le combat.

Je ne veux pas insister sur ces exemples ; je rappellerai seulement la manière dont l'habitude agit pour émousser la sensation qui accompagne nos actions, afin de montrer que, partout où s'est exercée cette influence de l'habitude, l'onde qui se propage se trouve proportionnellement réduite et supprimée. Dans les premiers essais que nous faisons pour écrire, pour calculer, pour jouer d'un instrument, pour parler ; en un mot, dans tout travail qui exige une habileté matérielle, le sentiment intérieur que nous avons de la difficulté du travail, est représenté par le nombre des gestes maladroits et mal dirigés auxquels nous nous livrons. D'un autre côté lorsque nous sommes parvenus au plus haut degré de facilité et d'habitude, la conscience se réduit à presque rien ; et le calme général du corps prouve que la marche de la puissance motrice est désormais limitée à la seule voie indispensable aux mouvements exacts qu'il s'agit de produire. C'est là une sorte d'imitation acquise des mouvements réflexes primitifs dont nous avons parlé tout d'abord ;

l'analogie est si frappante qu'elle a fourni aux physiologistes l'expression de mouvements réflexes secondaires ou automatiques, pour désigner les mouvements habituels. Après un long exercice de ses fonctions, l'employé chargé de la manœuvre d'un signal ne subit guère l'action des nerfs que dans le seul fil de communication entre la figure qui se reflète dans l'œil et un certain mouvement de la main ; les courants collatéraux de l'onde primitive se sont éteints peu à peu, et la sensation qui les accompagnait s'est réduite à une trace presque imperceptible.

Nous pourrions invoquer la loi de diffusion pour confirmer l'hypothèse par laquelle nous avons expliqué le procédé d'adaptation à propos de la loi de relativité. Le fait de l'affaiblissement des impressions qui se répètent, dépend peut-être d'une diffusion moins étendue et plus faible. Or, notre étude du fondement physique de la conservation des impressions (voir chap. V), démontre la tendance qu'ont tous les états nerveux, lorsqu'ils se répètent, à réduire le champ de leur action, et à suivre des canaux spéciaux de communication avec les états qui peuvent leur succéder, substituant ainsi des impressions intellectuelles aux mouvements brusques d'émotion.

C'est en combinant les deux lois, celle de relativité et celle de diffusion, que nous arrivons à l'expression générale des conditions physiques de toute conscience ; ces conditions sont *un accroissement ou une variation des courants nerveux du cerveau, assez énergiques et assez étendus pour agir sur le système combiné des nerfs qui partent du cerveau (nerfs moteurs et nerfs des viscères).*

A toutes les variétés de sensation chez l'homme correspondent, très-probablement, des variétés de diffusion dans le cerveau, de même qu'à ces variétés de sensation correspondent, dans une proportion très-considérable, des variétés de manifestation extérieure. Les signes apparents ne forment qu'une faible partie de l'ensemble des effets produits sur les muscles et les viscères; bien des mouvements ne reçoivent qu'un commencement de stimulation, trop faible pour déterminer une action, sans parler des impulsions contraires qui arrêtent cette action; en outre, la plupart des changements qui se produisent dans les viscères échappent à l'observateur. La diffusion d'une onde de force nerveuse est inséparable de la sensation. Les mouvements et les gestes qui en résultent sont le langage universel de la sensation, et ont une constance vraiment remarquable au milieu de toutes les variations du caractère humain. J'ai déjà cité ces faits comme donnant la première preuve de l'union intime de l'esprit et du corps; ce sont des faits que peut saisir l'observation ordinaire, et dont cependant les partisans de la dissociation ou de l'indépendance de l'esprit et de la matière persistent à ne tenir aucun compte.

Les variétés d'expression des sentiments sont fort intéressantes à étudier au point de vue du sujet qui nous occupe; mais il suffira, pour le moment, de la distinction si grande et si caractéristique entre le plaisir et la douleur.

LOIS DU PLAISIR ET DE LA DOULEUR.

Le plaisir et la douleur ont certaines causes bien connues; ils ont aussi des différences bien caractérisées dans a manière dont ils s'expriment et se manifestent au dehors. Embrasser toutes ces différences dans une ou plusieurs des lois générales de l'accord de l'esprit et du corps, est un problème intéressant, bien qu'assez difficile. Le principe qui gouverne le sentiment en général, est soumis à des modifications fort grandes, selon que le sentiment présente le caractère du plaisir ou celui de la douleur.

Tout d'abord, il faut admettre que le plaisir et la douleur sont diamétralement opposés, comme le froid et la chaleur, le haut et le bas, le doit et l'avoir, le plus et le moins. Ce sont deux choses qui se détruisent, qui se neutralisent, comme le froid et le chaud. Par conséquent, les circonstances qui accompagnent l'un, doivent manquer ou même se trouver renversées quand il s'agit de l'autre; quel que soit le genre d'excitation nerveuse qui appartienne à la douleur, c'est l'opposé qui doit appartenir au plaisir. Ainsi, une seule explication doit les embrasser tous deux.

LOI DE CONSERVATION PERSONNELLE.

Plusieurs philosophes ont remarqué qu'il existe un rapport intime entre le plaisir et un haut degré de vitalité ou de vigueur de l'organisme, et, d'un autre côté, entre la souffrance et les causes qui diminuent la vitalité, c'est-à-dire la faiblesse et l'épuisement de l'organisme. Platon et Aristote, en considérant le plaisir, lui attribuent, entre autres qualités, une propriété réparatrice. Kant se sert de quelques expressions remarquables, dans le même sens; mais le reste du texte vient souvent en gâter l'effet:

— « Le plaisir, dit-il, est le sentiment du mouvement de la vie, et la souffrance, celui de son arrêt. » Un très-grand nombre des faits qui y ont rapport sont compris dans la formule suivante, que l'on peut appeler la loi de conservation personnelle :

Les sensations de plaisir se rattachent à un accroissement, et celles de souffrance à une diminution de quelques-unes des fonctions vitales, ou de toutes ces fonctions.

Ce principe s'applique à des phénomènes bien connus de tout le monde ; tels sont, par exemple, le plaisir que donne un exercice salutaire ; celui du repos après un travail pénible, et, au contraire, la souffrance de la fatigue ; le plaisir que l'on éprouve à prendre de la nourriture, et à respirer un air pur, et la souffrance que causent la faim, l'inanition ou l'asphyxie ; les plaisirs de la santé en général, et les souffrances des blessures et des maladies. Nous avons là un résumé rapide des faits principaux de la vie ordinaire, et des phénomènes du corps et de l'esprit que nous connaissons tous par expérience.

N'oublions pas cependant qu'il y a quelques exceptions assez importantes. Par exemple, le froid peut être pénible et néanmoins salutaire, comme dans le cas d'un bain froid, ou de l'action fortifiante d'un air un peu vif. Mais, en y regardant de plus près, on verra que cette exception confirme la règle, et en rend en même temps l'application mieux définie ; sans doute, le froid exerce momentanément une action dépressive sur un organe très-sensible, la peau, et peut-être aussi sur les organes de la digestion ; mais d'un autre côté, tant qu'il se maintient dans les limites raisonnables qui constituent un froid salutaire, il exalte, par la circulation capillaire, les poumons, le cœur, les muscles et les nerfs ; et la comparaison nous enseigne qu'au point de vue du *plaisir immédiat*, nous perdons plus en ralentissant les fonctions de la peau et de l'estomac, que nous ne gagnons en accroissant celles du cœur, des poumons, des muscles ou même des nerfs eux-mêmes.

Nous citerons encore comme exception très-remarquable l'absence de souffrance dans bien des maladies ; de même encore, le dépérissement qui amène la fin de la vie, peut être, dans certains cas, non-seulement exempt de souffrance, mais encore accompagné d'un grand bien-être. C'est cette circonstance que l'on cite très-souvent comme preuve du triomphe de l'esprit sur le corps.

Or, pour expliquer cette exception, il nous suffira de donner plus d'extension à ce que nous venons de dire à propos du froid. Le rapport entre le plaisir et la vitalité, celui entre la souffrance et la faiblesse ou la diminution des fonctions, n'existent pas au même degré pour tous les organes ; quelques-uns sont relativement insensibles ; ils peuvent dégénérer et dépérir, pour ainsi dire, sans que nous le sentions, tandis que, pour d'autres organes, le moindre trouble des fonctions amène une souffrance. La faiblesse des muscles ne cause de souffrance que si nous sommes obligés de faire des efforts qui excèdent nos forces ; de même aussi, l'affaiblissement du système nerveux peut rendre plus difficile l'exercice de la pensée, sans produire de malaise, pourvu que le repos complet nous soit permis. Au contraire, tout ce qui nuit à la nutrition, une indigestion par exemple, produit un malaise immédiat ; ce résultat est encore plus marqué s'il s'agit d'un arrêt partiel des organes de purification, tels que les intestins, le foie, la peau, les poumons ou les reins. Certaines formes de dégénérescence du cœur, des poumons, des reins et d'autres parties, ne troublent pas les fonctions ordinaires ; le mal consiste en ce qu'elles préparent les voies à une défaillance brusque et inattendue.

Les facultés du système nerveux sont diverses et quelquefois même opposées les unes aux autres. La faiblesse d'intelligence, le déclin de la mémoire, l'impuissance de penser, ne sont pas par eux-mêmes une souffrance. Il existe probablement une faculté particulière du système nerveux, de laquelle dépend le sentiment de plaisir, et il se peut que cette faculté ne décline pas quand l'intelligence baisse, ou qu'elle décline quand l'intelligence est encore pleine de force; et c'est là une fonction qui se manifeste à des degrés fort inégaux selon les individus.

L'effet que produit sur l'esprit la diminution de l'énergie des différentes fonctions organiques, s'explique en définitive par quelque altération du cerveau lui-même. Si nous pouvions supposer que toutes les fonctions du cerveau restent intactes, alors il pourrait y avoir trouble dans d'autres organes, sans que l'esprit s'en trouvât abattu. Rigoureusement parlant, ce cas est impossible. Seulement, il se peut quelquefois qu'il en soit presque ainsi, par exemple, lorsque le sang, dans l'état où il se trouve, arrive en excès au cerveau et le nourrit aux dépens du reste de l'organisme. Mais ce phénomène, qui peut se prolonger pendant quelque temps, ne saurait durer toujours. En pareil cas, il se produit une exaltation extraordinaire de l'action de l'esprit, qui va jusqu'à l'hilarité et même jusqu'à l'extase. Cet état peut être produit momentanément par l'action des narcotiques, sur une constitution affaiblie jusqu'à un certain point ; il se manifeste quelquefois aussi aux dernières heures de la vie. Il n'est pas rare de voir des malades, arrivés à la dernière période de la phthisie, conserver encore les plus vives espérances de guérison, ce qui prouve qu'au lieu d'éprouver quelque abattement d'esprit, ils sont au contraire dans une disposition d'esprit tout à fait riante. A ce sujet, le Dr Patrick Nicol fait observer (Medical Reports of West Riding Asylum pour 1872, p. 199) « que le sang qui produit les tubercules semble exercer sur le cerveau une action particulièrement nuisible, tendant à *exciter le délire ;* » dans les cas extrêmes, il détermine même la folie furieuse.

Le principe général du rapport entre le plaisir et l'accroissement de la puissance vitale, est encore confirmé par les manifestations extérieures qui se produisent sous l'influence du plaisir et de la douleur: animation, mouvement et vigueur dans le premier cas ; et, dans le second, abattement et défaillance.

La loi fondamentale de la sensation, d'après laquelle le mouvement est proportionné à l'intensité de la stimulation, subit de grandes modifications, suivant que la sensation est agréable ou douloureuse. L'intensité de la stimulation, considérée en elle-même, tend à déterminer l'intensité du mouvement; mais le caractère de plaisir, de souffrance ou de sensation indifférente, doit aussi entrer en ligne de compte. Les termes que l'on applique au plaisir expriment bien cette différence : les épithètes de vif, animé, gai, joyeux, riant, indiquent une activité inusitée; celles de triste, malheureux, misérable, abattu, affligé, découragé, présentent l'idée de la langueur, de l'abattement, de l'impuissance d'agir. C'est chez les jeunes gens surtout que l'on peut remarquer tout particulièrement l'union des sentiments de plaisir et de l'énergie du corps. L'étude des fonctions de l'organisme démontre d'une manière évidente que leur énergie augmente sous l'influence d'un sentiment de plaisir; la respiration s'accélère, le pouls devient plus plein, les fonctions digestives s'exaltent. Sous l'influence de l'abattement et de la douleur, c'est l'effet contraire qui se produit.

Citons comme exception apparente à cette loi la stimulation déterminée par une douleur vive, ainsi que les contorsions et les mouvements produits en général par la souffrance. Mais nous allons essayer de faire voir qu'il n'y a pas là une exception véritable.

Et d'abord, un grand nombre de chocs douloureux amènent purement et simplement l'abattement; ils n'ont pas même la prétention ou l'apparence d'exciter des mouvements énergiques. Un coup porté à la jambe détermine une prostration complète; en irritant une blessure à vif, on produit à peu près le même effet. Si l'on pince, que l'on comprime ou que l'on torture certaines parties du corps, on donne lieu à une souffrance interne qui enlève absolument toutes les forces. Le froid, lorsqu'il devient douloureux, à l'exception peut-être du contact d'une surface gelée peu étendue, lequel ressemble à une brûlure, a surtout une action dépressive; lorsqu'il réagit pour exalter les fonctions, il perd son caractère douloureux.

ACTION STIMULANTE D'UNE DOULEUR AIGUE

Les privations, les malheurs, la perte des objets de nos affections, la honte, le remords, sont accompagnés d'une prostration générale.

En second lieu, il est facile de faire voir que la stimulation violente des muscles que produisent les souffrances vives, est accompagnée d'un affaiblissement des fonctions organiques ; ce n'est donc qu'une simple action spasmodique, provenant d'une dépense anormale d'énergie. L'estomac, le cœur, les poumons subissent tous une action dépressive, pour fournir à cette activité exagérée des muscles.

Ce qui prouve bien que ce mouvement est forcé et factice, c'est la lassitude qui y succède; les muscles eux-mêmes indiquent un épuisement bien différent de celui qui suivrait un déploiement analogue d'énergie de bon aloi, ou l'émotion causée par la joie [1].

Néanmoins, une douleur aiguë peut servir à réveiller momentanément les forces; par suite même de son caractère aigu, la douleur est limitée à un très-petit cercle nerveux, de sorte que les effets nuisibles en sont restreints, tandis que la stimulation suffit pour donner naissance à une série de courants nerveux qui raniment les forces. La douleur du supplice du fouet, en multipliant des souf-

---

[1]. Les exemples de mort ou de dérangement de l'esprit dus à un chagrin, à une douleur ou à un malheur inattendus, sont fort nombreux, ce qui est d'accord avec la loi générale. On cite aussi des cas de mort et de folie par excès de joie; mais ils sont assez rares pour pouvoir être regardés comme des exceptions. Un choc très-violent, quelle qu'en soit la nature, produit une perturbation; mais les conséquences en sont bien différentes, suivant qu'il vient de la souffrance ou du plaisir. Règle générale : on ne se remet que lentement et avec peine après une vive souffrance, tandis qu'on se remet vite et facilement de l'émotion d'une joie trop forte.

frances encore plus intenses, épuise complètement le système tout entier.

Cette loi du plaisir et de la souffrance nous donne la clef des principaux modes d'expression des sensations. Les organes qui servent à les exprimer par le mouvement sont d'abord les traits du visage, puis la voix, et enfin les gestes et les mouvements du corps en général, tête, tronc et extrémités. Les émotions agréables mettent évidemment en mouvement toutes ces parties ; les grimaces, les gestes et les attitudes prouvent l'intervention d'une impulsion active. L'attitude plus droite, l'épanouissement des traits, la force de la voix, tout démontre que les muscles extenseurs, qui sont de beaucoup les plus grands, sont énergiquement stimulés. Quand nous avons un surplus d'énergie à dépenser, nous étendons le corps et nous le redressons, plutôt que de le fléchir et de le courber ; le poids du corps lui-même se trouve soutenu dans le premier cas, et non dans le second. Tout effort additionnel, tel que celui qu'exige l'action de marcher, de soulever des poids, de ramer, est supporté par les muscles extenseurs. C'est le volume de ces derniers qui constitue la charpente musculaire, et qui donne de la plénitude aux mollets, aux cuisses et aux hanches.

Au contraire, la souffrance, tant qu'elle n'est pas extrêmement aiguë, l'abattement, l'épuisement, tendent à relâcher tous ces muscles puissants ; de là vient que la personne tout entière se courbe et s'affaisse, ce qui indique que les sources de la force musculaire sont taries. La différence entre ces deux états, au point de vue de l'attitude générale, est très-marquée. Dans un triomphe, comparez le vainqueur avec un de ses captifs ; comparez l'attitude du guerrier victorieux avec celle des soldats battus. Et, pour le visage, combien sont expressifs ces quelques mots : « ses traits s'affaissèrent ! »

Cependant, à cette loi générale il y a une exception remarquable qui a embarrassé le grand physiologiste Müller, de Berlin, et que Sir Charles Bell n'a pu expliquer. Il s'agit de l'expression du visage. Les mouvements que détermine le plaisir sont frappants et énergiques : les sourcils se relèvent, les coins de la bouche s'écartent ; mais, d'un autre côté, la souffrance détermine aussi des mouvements qui ne semblent pas moins énergiques : les sourcils s'abaissent, le front se ride, les coins de la bouche sont tirés en bas, la lèvre inférieure s'avance. Or, qu'un groupe de muscles agisse énergiquement sous l'influence du plaisir, et un autre sous celle de la souffrance, il y aura là deux modes d'action, et non pas une opposition. Cependant le plaisir et la souffrance sont aussi opposés que la chaleur et le froid. Ce qui cause l'un arrête ou détruit l'autre ; de sorte qu'aucune théorie des phénomènes physiques qui les accompagnent n'est complète, si elle ne met pas cette opposition en évidence. On serait en contradiction avec soi-même si, pour expliquer la différence entre la solvabilité et l'insolvabilité, on venait dire que l'une est la propriété mobilière et l'autre la propriété immobilière ; et la contradiction sera la même si l'on admet qu'il y a des muscles de plaisir et des muscles de souffrance.

On peut diminuer la difficulté, si l'on veut bien pousser un peu plus loin le contraste que nous avons établi plus haut entre l'attitude du plaisir et celle de la souffrance, la posture droite et l'affaissement. On peut supposer, non-seulement que l'effort puissant qui tient le corps étendu a cessé, mais encore que les muscles fléchisseurs agissent de manière à l'affaisser encore plus complètement, et distendent autant que possible les puissants muscles érecteurs. Or, un des effets de cette action serait de dégager les courants musculaires, et de laisser libres le sang et la force nerveuse, au profit des autres actions de l'économie, telles que la digestion, etc., qui sont les premières à se ressentir de toute grande souffrance ou de toute prostration morale. La dépense de force pour l'effort de flexion est assez faible, et le gain que procure la mise en liberté des courants nerveux et musculaires pourrait plus que compenser cette dépense. On épargnerait la lutte entre les deux états, et, malgré la souffrance, il resterait encore une stimulation active.

Pour appliquer cette théorie au visage, nous aurions à considérer si l'opposition des muscles de cette partie pourrait offrir, d'une part l'action énergique de muscles puissants, et, de l'autre, le relâchement de ces muscles sous l'influence de ceux d'un calibre moindre. Nous pouvons supposer qu'un léger effort du petit muscle qui sert à froncer les sourcils, achève le relâchement du muscle plus puissant qui sert à les relever; de même, un faible courant d'énergie dans le muscle qui entoure la bouche, relâche plus complètement les muscles zygomatiques ainsi que le muscle buccinateur, qui sont tendus dans le sourire et dans le rire. L'emploi d'une force peu considérable aurait donc pour effet d'en mettre en liberté une plus grande; de sorte qu'en définitive, l'action positive de ces muscles particuliers de la douleur ne ferait que contribuer, pour l'ensemble, à un amoindrissement d'énergie musculaire. Si donc la tristesse qui se peint malgré nous sur notre visage, est favorable à l'action du cœur, nous l'expliquerions en disant que l'exercice d'une certaine quantité de force arrête plus complètement la stimulation des organes de mouvement en général, et permet au sang et à la force nerveuse de passer dans les viscères affaiblis — appareil digestif, poumons, cœur, peau — dont l'état plus satisfaisant réagit d'une manière marquée sur le moral [1].

1. Un nouveau tour a été donné à l'explication du jeu de la physionomie sous l'influence du plaisir ou de la souffrance, d'abord par M. Spencer, dans la nouvelle édition de sa Psychologie, et ensuite par M. Darwin, dans l'ouvrage qu'il vient de publier sur l'Expression. La nouveauté consiste dans l'application de la doctrine de l'Evolution ou de l'Hérédité à l'explication des mouvements spéciaux et caractéristiques du visage, tels que le froncement des sourcils, le sourire, la moue et la dépression des coins de la bouche. La même théorie sert à expliquer l'expression des sentiments les plus forts, comme la crainte, l'amour, la colère.

Il n'entre pas dans le plan de cet ouvrage de discuter les détails des sentiments, soit dans leurs caractères intérieurs, soit dans leurs manifestations extérieures ; nous ne voulons pas non plus examiner jusqu'à quel point il est légitime d'appliquer à l'esprit la théorie de l'évolution. Dans tout ce que nous avons dit ici pour déterminer les lois les plus générales de l'union de l'esprit et du corps, nous ne sommes en désaccord avec aucune des vues exprimées par ces deux grandes autorités, quoique nous ayons insisté bien plus qu'ils ne l'ont fait l'un et l'autre sur la loi qui lie le plaisir à un accroissement d'énergie vitale, et la souffrance à une diminution de vitalité. Quant à notre première loi, celle que nous avons nommée loi de Diffusion, M. Spencer et M. Darwin l'ont tous deux reconnue, sous un autre nom il est vrai, mais de la même manière pour le fond. C'est la dernière des trois lois par lesquelles M. Darwin explique les phénomènes de l'expression ; il lui a donné le nom de « Loi de l'action directe du système nerveux excité. »

M. Darwin donne incidemment un grand nombre de preuves et d'exemples frappants de la loi du Plaisir et de la Souffrance. Parmi

L'examen, d'après sir Charles Bell, de nos deux grands mouvements convulsifs, le rire et le sanglot, confirme pleinement la loi : le premier, dans toutes ses circonstances, indique un accroissement de force vitale; le second indique également la perte, le manque ou la privation d'énergie. « La physionomie d'un homme joyeux a une expression qui est tout l'opposé de celle d'un homme affligé » (Darwin, p. 213). Dans l'un et l'autre cas, il peut y avoir des manifestations énergiques : mais, tandis que l'énergie du rire n'est suivie d'aucune souffrance, l'énergie des sanglots que cause l'affliction, est suivie d'une prostration complète.

les symptômes d'une affliction prolongée, il cite les suivants : « La circulation devient languissante, le visage pâle, les muscles flasques; les paupières s'ouvrent à peine; la tête est baissée, la poitrine contractée; les lèvres, les joues et la mâchoire inférieure tombent par leur propre poids » (p. 178). Comparez ce tableau avec l'expression de la physionomie de deux nouveaux mariés au commencement de la lune de miel.

La seconde loi de M. Darwin, qu'il appelle le principe d'antithèse, le conduit plusieurs fois à citer comme exemples les effets contraires du plaisir et de la souffrance, comme étant une des différentes formes de l'antithèse, ou de la tendance à passer d'une expression à l'expression contraire, même lorsque la disposition de l'esprit ne devrait pas produire cette expression contraire. Dans notre ouvrage nous avons reconnu le principe d'opposition sous deux formes : la première est la loi fondamentale du plaisir et de la souffrance (loi de conservation); la seconde, l'action des petits muscles fléchisseurs pour compléter la contraction des grands extenseurs, et assurer ainsi, avec plus de perfection, l'attitude de repos et la cessation de la stimulation nerveuse.

Les contorsions violentes auxquelles donne lieu une souffrance aiguë, sont attribuées par M. Darwin à des habitudes héréditaires d'effort pour repousser la souffrance. Il voudrait même considérer les mouvements désordonnés que font les animaux sous l'influence du plaisir, comme se rattachant en partie à la chasse et à la recherche de leur nourriture; cependant il reconnaît aussi que le plaisir est lui-même accompagné d'un accroissement de l'énergie de la circulation et de la force nerveuse.

La loi dont nous venons de parler a reçu le nom de loi de conservation, parce que sans cette loi l'organisme ne saurait subsister. Puisque nous recherchons le plaisir, et que nous fuyons la souffrance, si le plaisir était nuisible et la souffrance salutaire, nous subirions bientôt la perte complète de notre vitalité, ce qui arrive souvent d'une manière partielle, sous l'influence de certaines tendances qui font exception à la loi générale.

LOI DE STIMULATION OU D'EXERCICE.

Stimuler ou exciter les nerfs, en tenant compte de leur état, est une source de plaisir; dépasser cette limite produit la souffrance.

La simple présence de la nourriture, c'est-à-dire du sang, ne provoque pas toute l'activité nerveuse à laquelle le sang peut suffire et que les nerfs peuvent entretenir sans danger; ce qui est exact, c'est plutôt que le sang donne la force que réclament les courants nerveux excités. Or, cette excitation, lorsqu'elle ne dépasse pas un certain degré, est une cause de plaisir, tandis qu'il y a un degré qui est toujours une souffrance; ces deux points varient d'ailleurs avec l'état du sujet.

Si nous commençons par étudier la souffrance, nous citerons comme deux de ses circonstances principales le conflit et l'intensité.

Dire que toutes les stimulations qui se contrarient sont une cause de souffrance, c'est simplement énoncer une conséquence du principe précédent. Tout conflit est une perte de force vitale, et doit être accompagné d'abattement moral. Cette maxime simple et évidente résume une foule de faits établis par l'expérience ; elle s'applique au plaisir de l'harmonie, et à la souffrance que causent des sons discordants ; au plaisir de suivre librement toutes nos impulsions, et à la souffrance de la contrainte et de l'insuccès ; au plaisir de constater la ressemblance, l'accord, la conséquence et l'unité, et à la souffrance que causent l'inconséquence et la contradiction.

Passons maintenant à l'intensité. Les stimulations violentes, excessives et brusques amènent la souffrance pour différents motifs. Elles sont en opposition avec la loi qui rattache le plaisir à l'énergie vitale, et produisent un épuisement momentané du pouvoir des nerfs qu'elles affectent ; on peut dire en outre, qu'elles entrent en lutte avec les courants existant alors dans le cerveau, lesquels ne peuvent prendre instantanément une vitesse et une direction nouvelles. Ainsi, quoique ces stimulations, considérées d'après le principe général de la relativité, donnent naissance à une sensation forte, elles ne remplissent pas les conditions des sensations *de plaisir*.

Conflit et violence ! voilà donc les deux principaux caractères de la stimulation douloureuse, caractères qui expliquent un très-grand nombre de nos souffrances. Dans presque toutes, sinon toutes, les sensations douloureuses de trois de nos sens, le toucher, l'ouïe et la vue, la souffrance vient ou d'une discordance ou d'un excès. La douleur vive produite par un coup sur la peau, par le sifflet d'une locomotive trop près de l'oreille, par une lumière qui éblouit les yeux, ne vient que du degré ou de l'excès de la stimulation. Pour l'ouïe et la vue, il y a en outre la souffrance que cause la discordance. Mais pour les deux autres sens, le goût et l'odorat, nous ne saurions être aussi affirmatifs. Nous ne connaissons pas la nature de l'action nerveuse qui accompagne un goût amer, comme celui de la quinine ou de la suie, et nous ne pouvons dire que le passage du sucré à l'amer soit le passage d'une stimulation modérée à une stimulation excessive. Il se peut que la puissance du nerf s'épuise sous l'influence d'une autre cause que la violence de la stimulation; mais nous n'avons à cet égard aucune donnée positive. Nous pouvons dire la même chose de l'odorat.

Ces observations sur le point de vue *négatif* de la stimulation, celui de la souffrance, en contiennent implicitement le point de vue positif. La stimulation est par elle-même un plaisir. « L'homme aime la sensation, » a dit Aristote. L'œil se plait à voir, l'oreille à entendre, la peau à toucher. Nous ne pouvons affirmer, au sujet de l'exercice ordinaire des cinq sens, qu'ils augmentent la vitalité : il se peut qu'ils y ajoutent un peu; mais nous pouvons dire qu'ils mettent la vitalité à contribution pour entretenir des courants nerveux qui sont une source de plaisir. Il est agréable de dépenser en électricité nerveuse une certaine partie des forces de l'organisme; il ne l'est pas de pousser cette dépense au-delà de certaines limites. Et, quand la stimulation a dépassé cette limite et qu'elle dégénère en souffrance, le bien-être ne peut être ramené que par le renouvellement de la force vitale, en vertu du principe qui fait dépendre le plaisir de la vitalité.

Nous pouvons rappeler ici, à l'appui de tout ce que nous avons dit, le fait, bien établi par l'expérience et la pratique ordinaires, de la grande valeur des stimulants qui ne sont pas intenses mais *volumineux*, et qui agissent modérément sur une surface sensible très-étendue, ou sur un grand nombre de nerfs à la fois ; nous en avons un exemple familier dans l'effet produit par un bain chaud, ou encore par un orchestre nombreux. Le même résultat favorable est produit par le changement ou la variété ; la stimulation se trouve multipliée, sans être, sur aucun point, poussée jusqu'à l'épuisement.

Disons, en passant, quelques mots de la question, si obscure encore, des stimulants narcotiques, — alcool, thé, tabac, opium, etc. Ces substances ajoutent assurément fort peu à la vitalité, si même elles y ajoutent quoi que ce soit ; mais elles consomment notre vitalité et la font descendre bien au-dessous de l'état normal, tout en ne nous laissant ressentir que plus tard l'épuisement qu'elles ont amené. Très-probablement, le mode d'action des narcotiques est compliqué, et varie selon la substance à laquelle nous avons affaire. Nous pouvons en dire, sans crainte de nous tromper, qu'ils nous présentent le cas extrême du principe de la stimulation en lutte avec celui de la conservation vitale : ce sont de grands consommateurs et non des producteurs de vitalité ; ils dépensent nos forces en électricité nerveuse de forte tension, et cela avec une licence plus dangereuse que ne le font les stimulants ordinaires des sens.

La théorie physique du plaisir et de la souffrance a un rapport direct avec les punitions et la discipline des prisons. Je me rappelle avoir assisté à une discussion sur ce sujet, dans une des sections de l'Association britannique, pendant le congrès tenu à Manchester en 1861. Les différents orateurs s'occupaient de trouver des punitions assez dures pour détourner du crime par la crainte, sans cependant nuire à la santé des condamnés. Déjà pénétré de la doctrine que je viens d'exposer, je ne pus m'empêcher de faire observer que les termes ainsi posés sont, pour ainsi dire, contradictoires. Entre l'infliction d'une souffrance et la destruction de la force vitale il n'y a qu'une différence imperceptible, si même cette différence n'est absolument nulle. Si le premier des deux principes que nous avons posés plus haut, celui du rapport intime entre le plaisir et la conservation vitale, était l'expression absolue de la vérité, la différence serait alors complétement nulle; mais le second principe, celui de la stimulation, pourrait à la rigueur permettre de concilier la sévérité des punitions avec le soin de la santé des condamnés. Comme règle générale, on ne peut pas dire que les stimulants accroissent la force vitale; ils sont d'ordinaire bien près de la détruire, et souvent la détruisent en effet. Par conséquent, la suppression des stimulants, tels que l'alcool, le tabac, le thé, une lumière et une vue agréables, les bruits de la vie active, la société, la littérature amusante, etc., cette suppression, dis-je, ne saurait être considérée comme abattant nécessairement les forces vitales; elle peut même contribuer à les conserver.

Néanmoins, si la suppression de ces stimulants a pour effet de les faire vivement désirer, — et, s'ils ne sont pas désirés, leur perte n'est plus une punition, — ce désir si vif constitue un conflit intérieur qui nuit à la vitalité générale. Si le désir s'éteint au bout d'un certain temps, l'abattement cesse, mais la punition cesse également. On pourrait croire, d'un autre côté, que l'on arrivera au but à l'aide de mesures *salutaires, mais désagréables*, telles que les bains froids, les cellules bien aérées et modérément chauffées, la propreté, le rationnement, une vie laborieuse et régulière. Mais, si le condamné n'accepte pas facilement ce système, il devient plutôt nuisible que favorable; et, s'il s'y fait, c'est-à-dire si ce régime finit par changer sa constitution et ses habitudes, ce n'est plus une punition. Dans la discussion dont je parle, un des orateurs, qui était, je crois, attaché à la direction d'une des prisons de Londres, déclara qu'en général les condamnés qui ont fait leur temps ont une santé délabrée. On a quelquefois soutenu le contraire; mais, s'il m'est permis de donner mon avis sur cette question, je dirai que, toutes les fois que la réclusion est une punition sérieuse, la santé est presque infailliblement altérée. Le même orateur ajouta que les châtiments corporels ont sur la réclusion le grand avantage de ne pas produire de dommage durable, tout en détournant du crime par une souffrance momentanée fort vive [1].

[1] Il y a deux manières de punir par la souffrance physique : un effort musculaire pénible, tels que les travaux forcés, la manivelle, le *tread-wheel*; — ou la peine du fouet. La première méthode agit sur les nerfs par l'intermédiaire du tissu musculaire; la seconde, par l'intermédiaire de la peau. Le but n'est pas de détériorer les muscles eux-mêmes ou la peau ; on cherche seulement à déterminer un état de souffrance pour les nerfs. Cependant, comme il est presque impossible, avec une punition rigoureuse, de ne pas produire des lésions sérieuses du tissu intermédiaire, muscles ou peau, on pourrait peut-être trouver moyen d'agir sur les nerfs seuls. Pour cela, on pourrait avoir recours à l'électricité. Par des chocs et des courants électriques, et surtout à l'aide de la machine magnéto-électrique de Faraday, qui interrompt et renouvelle sans cesse les courants, on

LA VOLONTÉ.

La volonté ou action volontaire est, extérieurement, un phénomène physique : le muscle de l'animal, soumis à une stimulation nerveuse, est un des premiers moteurs mécaniques; la puissance motrice du muscle est aussi purement mécanique que la puissance motrice de la vapeur; la nourriture est à l'une ce que le combustible est à l'autre. Le caractère distinctif de nos mouvements volontaires, c'est qu'ils naissent de la sensation et qu'ils sont guidés par l'intelligence; ainsi, au point de vue de la volonté, le problème de l'accord entre le corps et l'es-

---

pourrait infliger des souffrances aussi vives que l'on voudrait, en les graduant avec une précision scientifique. Il reste à déterminer jusqu'à quel point l'emploi de courants électriques violents pourrait faire aux nerfs un mal durable; il est probable que le dommage ne serait pas plus grand qu'avec le même degré de souffrance infligé par l'intermédiaire des muscles ou de la peau, tandis qu'au moins ce dommage se bornerait au tissu nerveux. Le châtiment serait moins révoltant que le supplice du fouet pour les spectateurs et pour le public en général; il resterait aussi terrible pour le criminel lui-même; ce qu'il aurait de mystérieux frapperait l'imagination, et aucune attitude imaginable ne pourrait en atténuer les souffrances. Le pouvoir effrayant que l'opérateur exercerait par le plus léger mouvement du doigt rendrait encore plus sensible la prostration humiliante du patient.

Si l'on doit maintenir la peine de mort, il y aurait bien des raisons de renoncer à la pendaison, et d'y substituer un choc électrique. Mais comme l'opinion semble se prononcer de plus en plus contre la peine capitale, la combinaison de la réclusion avec les souffrances causées par l'électricité, pourrait être graduée de manière à fournir des châtiments suffisants pour tous les degrés du crime. Lord Romilly a exprimé l'avis que la réclusion avec flagellation périodique serait bien pire qu'une mort immédiate. Cette idée serait trop pénible pour la généralité du public, tandis qu'une application plus raffinée de la souffrance ne serait pénible que pour le condamné.

prit, est toujours un problème de sensation ou d'intelligence. Le développement et le perfectionnement de notre puissance de volonté sont deux des points principaux de notre éducation, et cette éducation s'adresse uniquement à l'intelligence. Je me bornerai donc, pour la volonté, à indiquer rapidement les actions fondamentales qui s'y rattachent; une de ces actions a déjà été étudiée par nous à propos des sensations, et viendra encore jouer un rôle dans l'intelligence. Dans la volonté je reconnais en tout *trois* éléments; les deux premiers sont primitifs, instinctifs ou primordiaux, et le troisième est acquis et provient de l'éducation.

Le premier élément primordial s'appelle l'énergie spontanée ou l'excès d'activité de l'organisme ; c'est la disposition des organes de mouvement à entrer en jeu d'eux-mêmes et en dehors de toute stimulation des sens ou des sensations; l'activité s'accroît encore lorsqu'une stimulation vient s'ajouter au mouvement spontané primitif. Il est, je le crois, démontré que l'exubérance d'activité qui accompagne la santé, la bonne nourriture, la jeunesse et un tempérament particulier appelé tempérament actif, vient surtout d'une puissance active inhérente, qui n'a d'abord d'autre but que de se dépenser au dehors ; et que peu à peu cette activité passe sous le contrôle des sensations et des intentions de l'animal. C'est l'excès de puissance nerveuse de l'organisme qui se décharge sans attendre d'y être sollicitée par la sensation. Dans le cours de notre éducation, la spontanéité s'enchaîne tellement à nos sensations, qu'elle devient un instrument de bien-être en favorisant nos plaisirs et en écartant les souffrances. Par pure spontanéité, la voix émet des sons, l'oreille les dirige et les rend mélodieux, et les besoins généraux de l'organisme appliquent ces sons à d'autres usages.

Cependant, la spontanéité seule ne suffirait pas pour nous donner tout ce que nous trouvons dans les impulsions de la volonté. Comme elle n'est que la surabondance de la puissance vitale, elle ne se manifesterait qu'aux moments et sur les points où cette surabondance existe. Il nous faut un genre d'activité qui entre en jeu toutes les fois qu'il s'agit d'atteindre un plaisir ou d'écarter une souffrance, et qui puisse être dirigé sur les points mêmes où il s'agit de produire ces effets.

Pour cette force il faut revenir à la grande loi fondamentale du plaisir et de la souffrance, à la loi qui rattache le plaisir à l'accroissement de la puissance vitale, et la souffrance à la diminution de cette même puissance. Cette loi peut être considérée comme étant, à bien des égards, le fondement, l'appui principal de notre être; c'est le principe de conservation, le moteur spontané de l'organisme, moteur qui est à lui-même son propre régulateur. Quand, pour un motif quelconque, nous entrons dans un transport de joie, à cet état moral correspond une exaltation d'énergie vitale pour les muscles et les fonctions organiques, ensemble ou séparément; et cette exaltation est un accroissement de l'activité qui produit le plaisir. Le premier instant de la mastication d'un morceau appétissant développe une sensation agréable que perçoit l'esprit, et en même temps stimule le corps à une activité croissante; cette activité accrue se porte sur les parties qui sont alors en mouvement, c'est-à-dire sur les organes de la mastication, les joues, la mâchoire et la langue, qui, par conséquent, travaillent avec un redoublement de vigueur, de sorte que le plaisir nourrit le plaisir. C'est, selon moi, ce rapport qui nous présente le fondement même de la volonté. D'un autre côté, si, dans le cours de l'action énergique de la mastication, un faux mouvement vient à se produire, et que les dents saisissent par erreur la peau de la lèvre ou la langue, l'esprit reçoit un choc de souffrance, et le corps subit, je le crois, une destruction de puissance nerveuse par suite de ce choc, et cette destruction de puissance détermine aussitôt et directement la cessation des courants actifs qui mettent en mouvement la bouche et les mâchoires.

C'est là, je crois, le fondement de la volonté; dans l'âge mûr, il s'élève sur ce fondement une vaste structure de rapports acquis entre les sensations et certains mouvements déterminés. Sans un fondement de ce genre, je ne vois aucun moyen de commencer le travail d'acquisition de la volonté, ni de mettre nos mouvements d'accord avec les sensations du mouvement; de plus, il y a là un frein toujours prêt à intervenir pour remplacer les habitudes acquises. A un moment quelconque, un plaisir soudain stimule nos forces, une souffrance brusque, si ce n'est pas une douleur aiguë et excitante, les abat; dans le premier cas, la cause du plaisir, s'il vient de notre activité surabondante, persiste et s'accroît; dans le second, les forces rencontrent un obstacle, et, si elles ont causé la souffrance, cette souffrance cesse au même instant. L'apparition d'une lumière agréable dans un labyrinthe obscur nous excite à avancer, sans que nous passions par les formalités de ce que nous appelons une décision de la volonté ; au contraire, le mouvement qui nous conduit à l'obscurité, à l'inconnu et à l'incertitude cessera par la défaillance de nos forces, avant même que nous n'ayons pu commencer à délibérer. Notre marche dans la vie, depuis le commencement jusqu'à la fin, mais surtout au commencement, n'est qu'épreuves et erreurs continuelles : nous avançons à tâtons, nous agissons presque au hasard, et nous jugeons le résultat ; et la tendance générale de la loi dont il s'agit, est de nous soutenir quand nous sommes dans la bonne voie, et de nous arrêter quand nous faisons fausse route.

CHAPITRE V

L'INTELLIGENCE.

Nous touchons maintenant à la partie la plus difficile du sujet de la base physique de l'esprit, c'est-à-dire à celle qui regarde l'intelligence. Il existe un rapport intime entre les sensations et leurs manifestations physiques ; c'est là un fait patent et incontestable. Mais la pensée est parfois si calme, si éloignée de toute démonstration physique, que nous pourrions supposer qu'elle s'exerce dans une région purement spirituelle, et qu'elle ne fait que communiquer ses conclusions par l'intermédiaire de la matière. Malheureusement pour cette hypothèse, il est maintenant généralement admis que la pensée épuise la substance nerveuse aussi infailliblement que la marche épuise les muscles. Notre organisme a une alliance aussi intime avec la pensée qu'avec la sensation ; et c'est les conditions de cette alliance qu'il s'agit de définir, si cela est possible.

Les principes que nous avons déjà posés au sujet des

sensations et de la volonté contiennent aussi quelques-uns des fondements physiologiques de la pensée.

Le premier principe, que nous avons nommé principe de relativité, c'est-à-dire principe de la nécessité du changement pour provoquer la sensation, est la base de la pensée, de l'intelligence ou de la connaissance, aussi bien que de la sensation. Nous ne connaissons la chaleur que par le passage du froid au chaud, et réciproquement ; le haut et le bas, la longueur et la brièveté, ce qui est rouge et ce qui ne l'est pas, sont autant de passages ou de changements d'une impression à une autre : sans changement, point de connaissance. La relativité appliquée à la pensée est la même chose que la faculté appelée *discernement*, c'est-à-dire le sens ou le sentiment de la différence, qui est un des éléments de notre intelligence. Notre connaissance commence, pour ainsi dire, par une différence ; nous ne connaissons aucune chose en elle-même, nous connaissons seulement la différence qui existe entre celle-ci et une autre chose ; la sensation de chaleur que nous avons à un moment donné n'est, au fond, qu'un contraste avec le froid qui l'a précédée.

Le second principe, que nous avons appelé loi de diffusion, c'est-à-dire rapport de la sensation avec des courants rayonnants, par opposition aux impulsions qui ne suivent qu'une direction unique, s'applique également à la pensée. Combiné avec le principe de relativité ou de changement d'impression, il nous permet, comme nous le verrons bientôt, de donner un corps à la faculté de discernement, ou d'établir ses rapports physiques avec les courants du cerveau.

Le troisième principe se rapportait à l'opposition radicale qui existe entre le plaisir et la douleur ; par ce principe, nous avons cherché à établir le rapport qui existe entre le plaisir et l'accroissement de la puissance vitale, entre la douleur et la diminution de la puissance vitale. Ici se présente une complication, puisque les courants nerveux ont besoin de stimulation aussi bien que de nourriture pour être portés au maximum qui produit le plaisir ; mais, néanmoins ce principe fournit un point de départ bien clair à l'action de la volonté qui, sans cela, n'aurait pas de point de départ ; car la volonté consiste surtout à suivre le plaisir et à fuir la douleur.

Envisagée au point de vue pratique, notre intelligence peut être considérée comme un développement énorme des actions qui dépendent de la première loi de l'existence, la loi de conservation. Travailler à atteindre un plaisir *encore éloigné*, et assurer la diminution d'une douleur également éloignée ; accomplir des actes qui ne servent que d'intermédiaires pour l'un ou pour l'autre effet, ce n'est là que l'exercice de la volonté, dont la portée est accrue par la connaissance de la cause et de l'effet, des moyens et de la fin, ou, en d'autres termes, par notre connaissance intelligente de l'ordre du monde.

On a longtemps divisé l'intelligence en un grand nombre de fonctions ou de modes d'action, appelés facultés, sous les noms de mémoire, de raison, de jugement, d'imagination, de conception, etc. ; cependant, ce ne sont pas là des actions essentiellement distinctes, mais seulement des applications différentes des forces collectives de l'intelligence. Nous n'avons pas une faculté de mémoire radicalement distincte de la faculté de raison ou de celle d'imagination. Cette classification a le défaut d'établir des divisions qui empiètent les unes sur les autres. Voici la division vraiment essentielle des facultés de l'intelligence; elles sont au nombre de trois : 1° le *discernement*, c'est-à-dire le sentiment ou la conscience de la différence ; 2° la *similarité*, c'est-à-dire le sentiment ou la conscience de l'accord ; et 3° enfin la *rétentivité*, c'est-à-dire la faculté de mémoire ou d'acquisition. Ces trois fonctions, à quelque degré qu'elles se confondent, et souvent d'une manière inséparable, dans les actes de notre esprit, sont cependant des propriétés entièrement distinctes, et servent chacune de fondement à une structure différente. Dans l'analyse dernière des facultés de l'esprit, on ne peut ni augmenter ce nombre de trois auquel nous nous sommes arrêté, ni le diminuer ; un nombre moindre ne suffirait pas à expliquer tous les faits ; un autre plus grand serait inutile. Ces trois facultés sont l'intelligence, toute l'intelligence et rien que l'intelligence.

Considérons-les par ordre :

I. Discernement. — Comme nous venons de le voir, c'est là le côté intellectuel de la relativité, ou loi de changement d'impression. Lorsque de nouveaux courants prennent naissance, ou que des courants déjà existants augmentent ou diminuent, notre esprit s'éveille ; s'il est déjà sous l'influence de quelque impression, il s'opère un changement dans cette impression. Il est facile de faire voir que le discernement est le commencement même de notre vie intellectuelle. Si nous sommes insensibles au passage du chaud au froid, nous serons à jamais incapables de connaître le phénomène de la chaleur ; si le passage de la lumière à l'obscurité ne produit sur nous aucune impression, c'est qu'alors nous sommes aveugles ; au contraire, si nous distinguons les teintes les plus délicates, c'est que nous possédons à un haut degré l'intelligence des couleurs. Sur tous les points qu'un homme connaît mieux que ses semblables, il saisit des distinctions où les autres n'en voient aucune : un banquier reconnaît un faux billet par lequel bien d'autres ont été trompés.

Voyons maintenant l'appareil physique de cette faculté. Quand nous considérons l'immense étendue de notre faculté de discernement, les nuances en apparence innombrables de notre sensibilité, pour correspondre à l'immense variété des objets qui frappent nos sens, sans parler de nos émotions et de notre vie intérieure, nous nous apercevons qu'il faut un appareil à la fois très-étendu et très-compliqué. Prenons un des sens, la vue, par exemple, et considérons tous les degrés que nous pouvons marquer entre l'obscurité complète et le plus vif éclat du soleil. Considérons ensuite les couleurs et leurs nuances, et nous verrons que les gradations perceptibles sont très-nombreuses : pour une organisation très-sensible aux effets de couleur, ces gradations perceptibles se compteraient par centaines. Pour l'ouïe aussi, la sensibilité d'une oreille musicale exercée embrasse peut-être plusieurs centaines de sons. Notre discernement des sons *articulés* s'étend aux alphabets réunis de toutes les langues que nous connaissons.

En admettant, comme nous l'avons fait pour de bonnes raisons, que toute impression nouvelle produite sur un sens est un changement des courants qui circulent dans les nerfs, — canal principal et voies collatérales de diffusion, — nous sommes amenés à croire que la conscience varie de deux manières différentes. Elle varie d'abord *selon la voie d'entrée*, ou selon l'organe particulier et les nerfs particuliers qui sont entrés en jeu. Ainsi, de l'œil à l'oreille il y a un changement appréciable et une nouvelle impression. De même, avec le toucher, le goût, l'odorat, nous avons une impression caractéristique pour chaque sens, et pour toutes les variétés de sensation de ce sens. Jamais nous ne confondons une couleur avec une saveur. Bien plus, pour les sens les plus élevés, et surtout pour la vue et le toucher, nous avons une impression différente selon la partie de l'organe qui est affectée; s'il n'en était ainsi, il serait vrai d'appliquer à tous les hommes l'expression proverbiale, et de dire qu'ils ne savent pas distinguer leur main droite de leur main gauche.

En second lieu, la sensation varie évidemment selon *l'énergie ou toute autre circonstance de l'impression* faite sur le même organe, ou sur la même partie d'un organe, et sur le même nerf. Une impression plus forte détermine une sensation plus forte. Ce fait n'a évidemment rien qui doive nous surprendre, quelque hypothèse que nous admettions d'ailleurs. L'intensité des courants devient plus grande, et un changement d'intensité nerveuse est un changement d'impression. Mais les sens nous donnent les différences de sensation *qualitatives*, et celles-ci sont plus difficiles à expliquer. Nous ne pouvons, dans l'état actuel de nos connaissances, déterminer le changement de courant produit dans les fibres des nerfs optiques par le rouge, le jaune et le bleu, ni le mode de diffusion qui en résulte. On a supposé l'existence de fibres séparées pour les couleurs primitives ; ceci diminuerait un peu la difficulté, et réduirait les différents modes d'action à n'être plus que de simples différences d'intensité ou de degré.

Ces deux circonstances, c'est-à-dire l'impression séparée produite par les nerfs séparés et le changement d'intensité des courants, peuvent être regardées comme les sources primitives de la diversité des impressions; mais c'est dans les combinaisons innombrables de ces éléments simples qu'il faut chercher les circonstances physiques de nos impressions si variées. La réunion de différentes stimulations dans des fibres différentes et à des degrés différents, doit inévitablement donner naissance à une impression complexe et modifiée.

II. — Disons maintenant quelques mots de la faculté de similarité ou d'ACCORD. L'esprit n'est pas seulement affecté par l'impression d'une différence ou d'un changement; il l'est encore par celle de l'accord au milieu de la différence. Si nous éprouvons une certaine sensation, comme celle de la couleur rouge, et qu'après avoir passé à une autre impression, nous recevions de nouveau celle du rouge, nous la reconnaissons immédiatement, et la première impression se reproduit, accompagnée d'une impression de reconnaissance ou d'identification. C'est là la sensation d'accord, et c'est également une base importante pour l'intelligence. Réuni au discernement, le sentiment de l'accord complète la signification de ce que nous appelons connaissance : connaître un objet, comme, par exemple, un arbre, c'est le discerner de tous les objets qui en diffèrent, et l'identifier avec tous ceux qui sont pareils. L'étendue de notre connaissance d'un arbre est l'étendue du sentiment que nous avons de ses différences et de ses ressemblances. La similarité, considérée à un autre point de vue, est la faculté de reproduire nos impressions et nos acquisitions passées ; c'est une extension des ressources de la mémoire. C'est cette faculté surtout qui nous transporte dans les régions les plus brillantes de l'invention. Il arrive sans cesse que certains objets soient rappelés à notre souvenir par la présence d'un autre objet analogue. Lorsque nous regardons une cathédrale, nous nous en rappelons facilement d'autres ; si nous entendons raconter une anecdote, il est rare que nous ne nous en rappelions pas quelque autre de même genre. Notre raison consiste surtout à employer quelque fait ancien dans des circonstances nouvelles, grâce à la faculté que nous avons de discerner les analogies : nous avons ensemencé un champ, et nous avons vu pousser la récolte, et nous appliquons le même procédé à un autre champ. C'est là une énorme économie du travail d'acquisition, une grande réduction du nombre de principes nécessaires à notre éducation. Lorsque nous avons à apprendre quelque chose de nouveau, comme un nouveau morceau de musique, ou une nouvelle proposition d'Euclide, nous nous reportons à celles des combinaisons faites antérieurement par nous, soit en musique, soit en géométrie, qui se rapportent à la question nouvelle, et nous ne faisons autre chose que réunir certaines d'entre elles, de manière à les y adapter. Cette méthode d'acquisition par morceaux ainsi assemblés, commence de bonne heure, et prend plus d'importance à mesure que nous avançons.

III. — Je pourrais me servir ici de ce que nous avons dit au sujet de la structure et de l'action du cerveau, pour deviner l'action physique qui correspond à la faculté de similarité ; mais il vaut bien mieux nous occuper d'examiner la troisième fonction intellectuelle, la rétentivité ou mémoire : celle-ci une fois expliquée, tout le reste serait assez facile.

Scaliger le jeune rapporte que deux sujets surtout avaient occupé l'esprit curieux et spéculatif de son père, le célèbre Jules-César Scaliger : c'était la cause de la mémoire et celle de la pesanteur. Quant à la dernière de ces deux questions, la nature de la pesanteur, depuis la découverte de Newton, nous sommes habitués à la considérer comme résolue; et c'est là un bon exemple de ce qui constitue la finalité dans les recherches scientifiques : il faut avoir généralisé un rapport naturel autant qu'il est possible de le faire, en avoir reconnu la loi exacte et en avoir établi les conséquences. La matière gravite; la propriété que nous appelons inertie ou résistance se trouve unie à la propriété distincte d'attraction à toute distance; ce sont là des faits que nous acceptons comme tels, et nous n'en demandons devantage que si nous apercevons quelque moyen de faire un pas de plus dans la voie de la généralisation. Il en est de même pour le sujet qui nous occupe. Il existe deux phénomènes naturels bien distincts; à l'un nous donnons le nom de conscience ou d'esprit; à l'autre, celui de matière et d'organisation matérielle; ils sont unis par les liens les plus intimes. Nous avons à étudier la nature particulière de chacun de ces phénomènes, à déterminer les lois les plus générales de leur alliance, et à les appliquer à l'explication de tous les faits les uns après les autres ; et ensuite, comme pour la pesanteur, nous devons nous reposer et être reconnaissants.

Cependant, on peut pardonner au grand érudit l'étonnement que lui causait la mémoire. Que la nature ait allié cette fonction et les autres fonctions intellectuelles à un organisme matériel, il n'y a là rien de merveilleux ; en effet, à part cette considération que les faits appelés esprit et les faits appelés matériels sont les plus différents entre eux de tous ceux que nous connaissons, et nous offrent, en quelque sorte, la réunion des *extrêmes*, il n'y a dans leur union rien de plus mystérieux que dans celle de l'inertie et de la pesanteur, de la chaleur et de la lumière. Mais c'est que nous trouvons quelque chose qui dépasse les propriétés ordinaires de la matière, dans la possibilité de renfermer dans trois livres d'un tissu graisseux et albumineux, composé de fils minces et de petits corpuscules, tous les assemblages compliqués qui constituent nos aptitudes naturelles ou acquises, et toutes nos connaissances. Si les pierres contenaient des sermons, nous serions moins étonnés de voir que le cerveau en produit aussi.

La rétentivité, l'acquisition ou la mémoire étant donc la faculté de continuer dans l'esprit des impressions qui ne sont plus excitées par l'agent primitif, et de les reproduire plus tard à l'aide de forces purement intellectuelles, je parlerai d'abord de la place qu'occupent dans le cerveau ces impressions renouvelées. On doit regarder comme presque démontré que *l'impression renouvelée occupe exactement les mêmes parties, et de la même manière que l'impression primitive*, et qu'elle ne s'étend à aucune autre partie et d'aucune autre manière que l'on puisse indiquer.

Cette manière de voir est la seule que comportent nos connaissances actuelles sur l'action des nerfs, quoique d'autres théories aient été acceptées autrefois et le soient encore; telle est, par exemple, la doctrine de l'existence d'un sensorium commun, ou compartiment du cerveau où les idées s'accumuleraient tout à fait en dehors de l'appareil récepteur. Mais cette théorie est si primitive, qu'elle mérite à peine l'honneur d'être discutée. Si nous supposons que le son d'une cloche frappe l'oreille et cesse ensuite, il reste une certaine impression persistante plus faible, l'idée ou le souvenir du son de la cloche, et il faudrait une très-bonne raison pour nous faire renoncer à l'idée bien naturelle que l'impression qui continue vient de la persistance, à un moindre degré, il est vrai, des courants nerveux produits par le choc primitif. Et, s'il en est ainsi pour les idées qui survivent aux objets d'où elles viennent, il est probable qu'il en est encore de même pour les idées qui renaissent du passé, pour le souvenir du son produit autrefois par la cloche. L'observation confirme cette théorie. Le souvenir de la parole est une articulation arrêtée et prête à se manifester au dehors. Lorsque la pensée d'une action nous impressionne vivement, nous pouvons à peine nous empêcher de la répéter, tellement tous les circuits nerveux sont envahis par des courants identiques avec les premiers. Le souvenir un peu vif d'une impression agréable ramène la même expression de physionomie et l'image de la réalité. On a même reconnu, par expérience, que l'idée persistante d'une couleur brillante fatigue les nerfs optiques [1].

---

[1]. Cette manière d'envisager l'action physique de l'intelligence me semble avoir des conséquences fort importantes. Il en résulte, pour les idées, une tendance à devenir des réalités, comme lorsqu'une personne dont l'imagination se représente vivement un coup de pied, peut à peine s'empêcher de le donner en réalité. La faiblesse relative des courants nerveux qui accompagnent l'idée, et la force supérieure

APPAREIL DE LA MÉMOIRE

La faiblesse relative des impressions que laissent les idées est très-probablement la contre-partie du peu de force qu'ont les courants reproduits dans le cerveau. Il est bien rare que ces courants reproduits aient la même énergie que les courants excités directement dans l'origine.

Voyons maintenant quel est l'appareil de la mémoire.

A tout acte de la mémoire, à tout exercice d'une faculté physique, à chaque habitude, à chaque souvenir, à chaque groupe d'idées correspond un groupe particulier, une coordination de sensations et de mouvements à l'aide de développements spéciaux des cellules de jonction.

des objets réels, rendent ces manifestations assez rares lorsque nous sommes éveillés et dans les conditions ordinaires. Toute circonstance qui, d'une part, tend à donner plus de force à l'idée, ou, de l'autre, nous soustrait à l'influence des objets réels, nous présente alors cette action des courants dans toute leur force. Le sommeil magnétique en est le cas le plus extrême; les idées présentées à l'esprit du sujet sur lequel on opère, déterminent exclusivement sa conduite.

L'organisme humain n'offre aucun fait qui prouve d'une manière plus décisive l'union de l'intelligence avec le système nerveux, et avec les organes du mouvement et ceux des sens. Il montre bien à quel point cette union est intime.

Ce principe est une loi supplémentaire de la volonté; il y a là un stimulant d'action qui vient s'ajouter aux premiers et aux véritables motifs de la volonté, le plaisir et la douleur, et qui souvent nous amène à faire des actes en désaccord avec nos intérêts immédiats, qui sont de rechercher le plaisir et de fuir la douleur.

On s'est fort occupé, il y a quelque temps, d'une extension de ce principe désignée sous le nom de « puissance de l'imagination sur le corps. » D'après cette théorie, les idées peuvent produire sur l'organisme certains changements, favorables ou défavorables au point de vue de la santé. En concentrant notre pensée sur la main, nous modifions la circulation du sang dans cette partie, et, avec une attention suffisante, nous pourrions y déterminer une action morbide. On a proposé certaines applications de cette théorie à la médecine, et ses conditions et ses limites méritent une étude attentive. M. Darwin en a tiré une explication assez heureuse du phénomène de la rougeur.

Par exemple, lorsque je vois un mot écrit, et que, sachant lire, je puis le prononcer, cette faculté réside dans une série de réunions ou de groupes de courants nerveux produits dans le nerf et les centres nerveux de l'œil, avec des courants dans les nerfs moteurs qui se rendent à la poitrine, au larynx et à la bouche ; et ces groupes ou réunions sont produits par des accroissements définis à certains points de croisement cellulaire.

Voici quelques-unes des considérations sur lesquelles nous nous appuyons pour avancer cette proposition :

En premier lieu, nous ne faisons qu'exprimer là un procédé approprié à la structure et à l'action connue du cerveau. Si cet organe est un vaste réseau de communication entre la sensation et le mouvement, sensation réelle et sensation en idée, entre un sens et un autre, entre un mouvement et un autre, par des fibres conductrices innombrables avec des milliers de croisements, le moyen de faire qu'une certaine série de courants en excite une autre également définie, est de renforcer, de manière ou d'autre, les points de jonction spéciaux où les deux séries se relient le plus facilement, de manière à déterminer une préférence pour cette ligne de communication particulière. Les accroissements spéciaux qui se rapportent à la mémoire doivent agir en ces points de jonction de cellules ou de corpuscules.

La manière dont nous concevons les actions appelées réflexes, explique bien ce que nous voulons dire. Une stimulation arrive, en suivant un nerf donné, à un point central, à un groupe de cellules, et, en réponse, il se produit un certain mouvement, comme lorsqu'un homme endormi ferme la main. Or, les rapports plus élevés de l'esprit ont essentiellement le même caractère, mais sont bien plus compliqués ; le système des lignes de communication qui s'étendent en tous sens dans le cerveau, s'oppose au choix facile d'une voie de sortie, et il se produit d'abord bien des conflits et des tiraillements, jusqu'à ce que les circonstances déterminent des issues préférées, et que des accroissements de structure viennent confirmer ces préférences.

A l'appui de cette manière de voir, nous pouvons citer les effets produits par les maladies de certains points du cerveau, qui détruisent la mémoire, et effacent souvent une certaine classe d'acquisitions ou de souvenirs, en laissant les autres intactes. On a constaté un assez grand nombre de cas remarquables de destruction de la seconde circonvolution frontale du cerveau, et de la troisième, accompagnée de la perte de la parole, tandis que l'ensemble des facultés intellectuelles n'avait pas souffert.

En second lieu, la faculté d'acquisition a une limite, laquelle est déterminée par la quantité de la substance nerveuse, c'est-à-dire par le volume du cerveau.

Nous sommes assez disposés à nous laisser aller vaguement à l'idée que la seule limite à nos acquisitions intellectuelles est notre manque d'application, ou quelque autre faiblesse dont nous pouvons toujours triompher. Il existe cependant des limites bien évidentes. Nous sommes tous incapables sur certains points : les uns n'ont aucune aptitude pour la mécanique, les autres pour la musique, les autres pour les langues, les autres pour les sciences. Sur un de ces points, pour chacun de nous, la mémoire est comme une corde de sable ; dans chacun de ces cas, il doit y avoir un manque de substance cérébrale pour la classe particulière de rapports en question.

D'un autre côté, les connaissances acquises tendent à s'effacer, si nous ne les renouvelons. Mais alors il doit venir un moment, dans le progrès de ces acquisitions, où toute la force d'accroissement dont nous disposons est nécessaire pour conserver ce que nous avons déjà acquis ; un moment où, en réalité, nous perdons d'un côté autant que nous gagnons de l'autre.

Il faut observer encore qu'une grande partie de nos progrès intellectuels, dans la seconde partie de notre vie, consiste dans la substitution de jugements plus réfléchis à nos premières idées peu mûries, dont nous nous défaisons peu à peu. Une idée juste n'occupe pas nécessairement dans le cerveau plus de place qu'une idée fausse, quand une fois l'idée juste est acquise : il en est de même d'un geste élégant comparé à un geste maladroit.

Même en prenant l'homme d'étude, dont la vie se passe à amasser des connaissances, nous voyons que sa mémoire finit, sinon par refuser de nouveaux fardeaux, du moins par ne les accepter qu'en rejetant une partie de ce qu'elle portait déjà. En outre, une grande érudition est surtout la connaissance des sources où se trouvent les connaissances. Nous n'employons à la fois qu'un nombre limité d'idées ; seulement, dans le cours de notre vie, nous pouvons changer plusieurs fois le cercle de nos idées.

Nous avons vu aussi, lorsque nous avons parlé de la faculté de similarité ou d'accord, que la même acquisition sert dans bien des occasions différentes. Un mot nouveau n'est que le groupement d'articulations déjà connues ; un air nouveau pour le musicien, une manipulation nouvelle pour le chimiste, ne sont que de légères modifications de faits déjà acquis.

Encore une fois, dans un très-grand nombre de cas, ce que nous retenons est moins certaines combinaisons toutes faites, que les moyens de faire ces combinaisons quand cela devient nécessaire. La nomenclature scientifique nous en offre un exemple bien frappant. En combinant les noms des genres et ceux des espèces, nous avons assez de deux ou trois mille mots pour nommer cent mille plantes. Il en est de même pour le langage ordinaire; dans la langue anglaise, le suffixe *ness*, compris une fois pour toutes, nous permet de convertir treize cents adjectifs en autant de noms abstraits; de sorte que le souvenir de ces noms abstraits n'exige aucun effort nouveau. Et de même, au lieu de charger notre mémoire d'une suite de phrases toutes faites pour chaque circonstance qui se présente, nous avons un certain nombre de formes que nous adaptons facilement au sujet que nous voulons exprimer.

Enfin, en dernier lieu, le grand principe de la volonté est doué de la faculté de se corriger après toute épreuve et toute erreur. Cette faculté tient lieu de bien des dispositions ingénieuses, et, grâce à elle, la machine sensible est supérieure à toutes les autres machines. Il n'est pas nécessaire, pour la faculté d'imitation, qu'un son une fois entendu nous fasse trouver immédiatement l'articulation exacte qui doit le reproduire ; il se pourra qu'un premier essai ne donne pas tout à fait ce qu'il faut, mais le sentiment de cette différence signalera ce défaut ; d'autres faux mouvements pourront être corrigés, jusqu'à ce que le son voulu soit obtenu.

Je vais maintenant hasarder une comparaison hypothétique entre nos acquisitions intellectuelles d'une part, et le nombre des éléments nerveux du cerveau de l'autre.

Nous accordons d'abord un certain nombre de groupes définis ou de combinaisons à nos différents instincts, tels, par exemple, que les mouvements combinés du cœur, des intestins et des poumons, et que leurs modifications spéciales pour la déglutition, la toux et la succion. La simplicité et les limites de ces actes sont telles qu'ils exigent un nombre de groupes primitifs relativement faible. Lorsqu'aux instincts simples de la vie organique nous ajoutons les *instincts plus élevés*, qui viennent de nos sentiments, et leurs rapports avec notre volonté et même avec notre intelligence, le nombre s'en agrandit en proportion des aptitudes acquises ; et, d'après la théorie nouvelle, ces instincts plus élevés sont tous des acquisitions héréditaires ou transmises.

Nos acquisitions, prises dans leur ensemble, représentent la grande masse de nos accroissements nerveux. Je vais essayer d'en esquisser rapidement la classification :

1° Les premières et les plus simples des aptitudes volontaires, que nécessite l'exercice de la volonté sur nos différents organes mobiles, comme, par exemple, la main. Dans l'origine, nous ne possédons pas la faculté de mouvoir une partie quelconque du corps d'une manière définie pour exécuter une intention ; il faut que nous associions les différents mouvements avec les effets que nous voulons produire. A la vue d'un aliment et à la sensation de la faim, nous associons le mouvement défini de la main vers la bouche. A la sensation que cause la présence d'un aliment dans la bouche, il nous faut associer des mouvements définis de la langue et de la mâchoire. Ce sont là des groupements assez compliqués. Une image visible, avec la connaissance de l'objet qui nous est présenté, comme, par exemple, celle d'un morceau de sucre, et une sensation ou un désir fondé sur un souvenir du passé, se réunissent pour produire une situation définie ; et cette situation est nécessairement suivie d'un mouvement de préhension, puis d'un mouvement de la main vers la bouche ; à ceux-ci succèdent une série de mouvements de la bouche elle-même. L'exercice des facultés volontaires est une répétition multipliée du même fait : c'est toujours une situation définie suivie d'un groupe ou d'une série définie de mouvements.

2° Les groupes musculaires, qui servent à reconnaître la résistance, la grandeur, la forme et les propriétés analogues. Leur appareil se trouve dans la main, le bras et les organes de locomotion en général, et dans les centres nerveux de courants moteurs qui s'y rattachent. Sans les sens spéciaux, tels que la vue, leurs indications sont très-vagues, ce qui montre que l'appareil nerveux destiné aux mouvements n'est pas considérable. Néanmoins, nous pouvons, à l'aide des muscles seuls, discerner les degrés de force ; pour chaque degré appréciable, il doit y avoir un fil nerveux défini et distinct ; et à chaque association avec chaque degré spécial, doit correspondre un groupe nerveux particulier, dégagé de tous les autres. A chaque poids que nous pouvons distinguer d'un autre, nous associons quelque idée séparée ; par exemple, celle d'une action à accomplir lorsque nous sentons ce poids, comme lorsque nous assortissons d'après leur poids des objets lourds et des objets légers.

Les groupes des muscles de l'œil qui correspondent à des mouvements et à des formes visibles sont extrêmement nombreux. Ils se retrouvent dans nos idées les plus élevées d'images et de dispositions visibles. Un cercle est une série de mouvements de l'œil, avec une marche et un groupement définis; pour cet effet seul, il faut des centaines de courants produits dans des fibres et des cellules différentes.

Les groupes du larynx, de la langue et de la bouche, pour la production des sons, et surtout pour la production des sons articulés, sont en très-grand nombre. Et, de même que pour chaque forme simple visible à l'œil, de même aussi pour chaque son articulé, — pour chaque lettre de l'alphabet, — il y a une série complexe de situations, graduée et organisée dans les centres correspondants, soit purement moteurs, soit moteurs et sensitifs réunis.

3° Bien qu'il convienne de regarder les groupes musculaires comme formant une partie distincte de notre appareil intellectuel, ils sont, en réalité, toujours unis aux sens spéciaux; et la délicatesse de discernement est bien plus grande avec les sens purs et proprement dits qu'avec les muscles seuls. Par sens purs, nous entendons le toucher, sans effort ni pression; le goût, l'odorat, l'ouïe, la vue. Pour chaque sensation séparée, nous devons admettre l'existence d'un groupe de courants distinct et caractéristique, agissant sur un groupe séparé de fibres et de cellules, et susceptible de s'unir à tout mouvement défini ou à toute autre sensation définie. Or, même pour les sens inférieurs, les degrés de séparation sont nombreux : le goût et l'odorat en admettent probablement plusieurs centaines; l'ouïe et la vue, plusieurs milliers. Pour les sons musicaux, une oreille délicate peut discerner une petite fraction de ton ; une étendue de sept octaves peut comprendre un très-grand nombre de sensations séparées, qui ne se confondent nullement ensemble. Si à la hauteur nous ajoutons l'intensité, le volume et le timbre, les distinctions vont se multiplier d'autant plus. Mais cependant, les distinctions que la mémoire retient sont moins nombreuses que ne pourrait nous le faire supposer la délicatesse avec laquelle nous distinguons les sensations réelles.

L'œil, par ses propriétés optiques, distingue les nuances de lumière et d'ombre, les mélanges de blanc et de noir dans la série des tons gris, et toutes les variétés de couleur. Un bon œil admet peut-être plusieurs centaines de gradations optiques distinctes dans ces divers effets. Mais ce qui montre la grande étendue de la puissance de l'œil, c'est la multitude des combinaisons de points ou de surface diversement éclairés, qui composent ce que l'on nomme ordinairement des *images;* ce sont des composés de forme visible (musculaire) et de groupements visibles (optique). La multitude des effets qui peuvent prendre un corps distinct et rester dans notre mémoire, semble défier le calcul, et cependant chacun d'eux doit avoir sa voie propre, dans ce labyrinthe de fibres et de corpuscules qu'on nomme le cerveau.

4° Ainsi les impressions qui nous viennent des muscles, et les sensations des sens spéciaux comportent tous ces degrés divers et appréciables, et un nombre énorme de rapports entre eux, dans notre souvenir des objets et des événements. Mais allons encore plus loin. Des mouvements peuvent s'associer aux sensations que donne chacun des sens, et chaque sens peut s'associer à tous les autres : les impressions du toucher peuvent s'associer à celles du goût, de l'odorat, de l'ouïe, de la vue ; les impressions du goût, avec celles de l'odorat, de l'ouïe et de la vue ; les impressions de l'odorat, avec celles de l'ouïe et de la vue ; et, surtout, celles de l'ouïe avec celles de la vue. Ce que nous appelons connaissance d'un objet est la réunion de toutes les sensations qu'il détermine, en une idée complexe de cet objet. L'idée que nous avons d'un shilling est un composé d'apparence visible, de son et de toucher.

5° Toutes ces combinaisons simples se réunissent à leur tour pour former des combinaisons encore plus élevées. La faculté acquise si étendue et si universelle que nous appelons langage, est fondée sur le groupement des articulations ; celles-ci se réunissent pour former des mots, et les mots forment des locutions et des phrases, sans que jamais il cesse d'y avoir un rapport entre chaque mot et quelque objet qui frappe la vue ou un autre sens. Le mouvement d'articulation qu'exige le mot « soleil », par exemple, le son qu'il produit lorsqu'on le prononce, l'aspect de l'objet qu'il désigne, s'unissent tous en un groupe supérieur ou produit intellectuel complexe. Ainsi les mots sont unis aux choses ; les suites de mots aux suites de faits. Dans l'étude des langues étrangères, des mots considérés comme sons s'unissent à d'autres mots considérés comme sons, des symboles visibles à des symboles visibles ; des suites de mots s'unissent, sous ces deux aspects, à d'autres suites de mots. Comme il est facile de calculer le nombre de mots dont se compose le vocabulaire d'une langue, nous avons le moyen de présenter, pour ainsi dire, sous une forme numérique, l'étendue de nos acquisitions intellectuelles, et le nombre d'éléments particuliers du cerveau qui y correspondent.

Toute *acquisition spéciale* n'est qu'une combinaison des groupes élémentaires que nous venons d'esquisser. Une science, par exemple, comme l'arithmétique, est un grand assemblage de nouveaux groupes fournis par les sens ; les éléments de ces groupes sont les idées de nombre que nous fournissent les objets comptés, les dix chiffres, et l'union de ces chiffres selon le système décimal. La table de multiplication jusqu'à douze, qui contient cent quarante-quatre propositions ou déclarations d'équivalence de nombres, est une arme d'une puissance infinie dans les calculs. Mais il faut encore qu'un grand nombre d'acquisitions independantes viennent s'ajouter à la suite de l'incorporation de la table de multiplication ; il faut apprendre encore bien des règles, avec des exemples à l'appui. L'emploi des fractions ordinaires et des fractions décimales exige la formation de nouveaux rapports compliqués. Imaginons donc l'appareil nerveux distinct qui est nécessaire à un seul fait arithmétique, tel, par exemple, que « six fois dix font soixante » ; il en faudra cent quarante-quatre semblables pour la table de multiplication tout entière. Or, cette table elle-même ne constitue en réalité qu'une très-petite partie des acquisitions intellectuelles d'un bon mathématicien, même en admettant, ce qui se voit si souvent dans les sciences, que les faits d'abord connus servent à exprimer les faits nouveaux.

Supposons un instant que la table de multiplication

forme la cinquantième partie de ce que notre mémoire doit retenir en arithmétique ; alors, pour cette science seule, il faudrait plus de sept mille accroissements nerveux. Cinq autres sciences également étendues donneraient plus de quarante mille combinaisons ; seulement, les répétitions inévitables amèneraient une réduction assez considérable de ce nombre. Cependant il faudrait peut-être à un bon mathématicien plus de vingt ou trente mille combinaisons aussi compliquées que celles de la table de multiplication ; et, en même temps, il y aurait un nombre considérable de séries aussi longues que plusieurs colonnes de la table.

Un air de musique, par exemple l'air ancien du psaume C, contient une série déterminée de notes. Voici comment nous pouvons considérer la forme matérielle qui correspond à cet air lorsque nous l'avons appris. La première note ne dit rien ; il en faut trois ou quatre pour déterminer l'air. A la séquence de quatre notes, par exemple, s'associe la cinquième, et, en même temps, le nom et tous les autres accessoires de l'air. Il se produit ainsi une situation complexe, à laquelle les notes suivantes viennent toutes s'associer à leur tour. Une trentaine de notes s'enchaînent ainsi dans un ordre déterminé, chaque note se rattachant par association à un groupe de notes, ou d'autres effets intellectuels, d'au moins trois ou quatre membres. Ainsi, ce seul air contient près de trente associations assez compliquées. Un bon musicien sait par cœur des centaines de ces séquences ; il en sait peut-être plus de mille, mais certainement pas moins. Il faut, bien entendu, tenir compte des répétitions. Ainsi une éducation musicale comprendrait jusqu'à vingt mille associations distinctes de petits groupes de notes déterminantes avec d'autres notes.

Procédant alors par analogie, nous pouvons déterminer le travail que fait la mémoire pour retenir plusieurs propositions consécutives. Les mots déterminants d'un passage, — au nombre de deux, trois ou quatre, — commencent la série; chaque nouveau mot est associé au groupe de mots et d'idées qui le précède.

6° Les rapports acquis entre les sentiments ou les émotions, et les associations de la volonté appelées « habitudes morales » nous fournissent des exemples d'un genre d'accroissements distinct et tout particulier. Le nombre en est aussi très-grand, comme nous le verrons en réfléchissant à la grande multitude d'objets qui se rattachent, dans notre esprit, aux sentiments de plaisir ou de douleur. Leur caractère particulier est la puissance ou l'élan plus grand de toutes les ondes qui se rapportent, soit à un sentiment, soit à un exercice de la volonté. A cet élan doit correspondre une explosion de puissance nerveuse, et pour cette explosion il semble qu'il faille une certaine masse de substance nerveuse, — un amas considérable de corpuscules mis en activité. Représentons-nous l'effort nécessaire pour soutenir une lutte de la volonté contre une vive appétence actuelle. Dans un cas pareil, les corpuscules du cerveau doivent agir, non-seulement comme intermédiaires servant à former des groupes compliqués, mais encore comme sources d'énergie; et, pour ce dernier rôle, il faut qu'ils soient multipliés. Le volume du cerveau, c'est-à-dire la multitude des éléments nerveux, — fibres et corpuscules, — n'est pas proportionnel seulement à l'intelligence; il varie aussi en raison du besoin de puissance musculaire motrice. A cela il faut encore ajouter l'énergie de manifestation des émotions, et celle de la volonté ou des impulsions volitives. Il faut donc attribuer au genre d'accroissements dont nous venons de parler une portion considérable des éléments nerveux.

C'est une question délicate que de savoir si les trois fonctions, — intelligence, émotion ou sentiment, et volonté, — occupent *chacune une place distincte* dans le cerveau. Ce qui est probable, c'est que les combinaisons intellectuelles et les sentiments vont ensemble ; avec cette différence toutefois, que les courants des sentiments ou des émotions sont plus étendus, ont plus d'énergie et vont au loin jusqu'aux centres moteurs, provoquant ce que l'on appelle l'expression du sentiment. Les premiers mouvements de sentiment sont à la fois intellectuels et émotionnels, mais peuvent plus tard se développer plus dans un sens que dans l'autre ; cependant, tout effort intellectuel a un côté émotionnel, et toute explosion émotionnelle a un côté intellectuel.

L'association des objets avec les sentiments est une très-importante faculté de l'esprit; elle a une très-grande influence sur les impressions de plaisir ou de souffrance auxquelles nous sommes sensibles dans l'âge mûr. D'après la doctrine de l'évolution, les accroissements de ce genre deviennent héréditaires, et expliquent nos émotions spéciales, telles que la crainte, l'amour et la colère.

Rapprochons ces données et d'autres encore sur l'étendue des acquisitions de l'esprit humain qui exigent des appareils nerveux séparés et indépendants. Prenons pour exemple l'étude des langues, pour laquelle il est possible d'arriver approximativement à une évaluation numérique.

Nous pouvons compter le nombre des mots d'une langue ; nous pouvons aussi tenir compte de la répétition de la même racine dans différents mots composés. L'association d'un mot avec un sens simple, tel que celui des mots soleil, feu, colline, nourriture, offre un degré de complication limité; mais cependant encore considérable. L'association d'un nom avec un autre nom d'une langue étrangère, est un rapprochement encore plus simple.

Nous pouvons prendre pour exemple la langue chinoise, avec ses quarante mille caractères. La mémoire la plus solide ne peut suffire à les retenir ; il faut même un effort de mémoire peu ordinaire pour se rendre maître des dix mille caractères nécessaires pour la littérature ordinaire. Examinons encore ce que serait la position d'un philologue qui saurait six langues cultivées et dix vocabulaires non cultivés, contenant chacun plusieurs centaines de mots. Pour y arriver, il ne faudrait guère moins de la moitié de l'attention et de la plasticité d'une existence. Alors, si cette éducation était représentée par cinquante mille rapports des éléments cérébraux, inégalement compliqués, mais un grand nombre d'entre eux très-simples, comme l'est le rapport d'un mot à un autre, nous pourrions évaluer approximativement la grandeur des acquisitions que nous pouvons faire.

La catégorie rivale de celle du langage, au point de vue de la variété et du nombre, est celle des souvenirs qui nous viennent de la vue, c'est-à-dire des groupes d'images et de spectacles. Ici encore, nous arrivons à une limite. Comme point de départ pour la calculer, nous pourrions nous demander combien de visages nous pouvons nous rappeler, en les associant à des noms et à d'autres circonstances.

Ce nombre ne va certainement pas au delà de deux ou trois mille. Il en est de même du souvenir des localités, comme, par exemple, de celui des rues d'une ville. Une vie entière ne suffirait pas pour graver dans la mémoire toutes les rues de Londres.

On peut croire que l'être humain et sa physionomie sont des objets d'une extrême complication. Chaque trait du visage a sa forme, sa grandeur et sa couleur ; il semble que pour embrasser tout cet ensemble il faille un nombre énorme d'impressions des sens, et, par conséquent, une étendue considérable de rapports nerveux. Mais cette complication n'est qu'apparente. La mémoire ne retient pas une photographie coloriée, mais seulement quelques-uns des traits saillants les plus marqués ; peut-être pas plus de six à dix indications de forme, de grandeur et de couleur. C'en est assez pour reconnaître une physionomie, et nous n'en retenons pas plus, si ce n'est dans quelques cas de très-grande intimité.

Un naturaliste, aidé de toutes les ressources de la classification, ne peut guère conserver dans sa mémoire que les caractères de deux ou trois mille espèces ; pour le reste, il doit s'en reposer sur ses livres. Et cependant, lui aussi a dû consacrer à ses études spéciales plus de la moitié de l'énergie plastique de son cerveau.

De tout ce qui précède, nous devons conclure que les accroissements cérébraux d'un certain degré de complication ne sauraient être exprimés par un nombre de centaines ; il faut aller jusqu'aux mille et même aux dizaines de mille ; mais les centaines de mille seraient un nombre trop élevé.

Faisons maintenant le calcul approximatif des éléments

nerveux, — fibres et corpuscules, — afin de comparer le nombre de ces éléments à celui de nos acquisitions.

Il est assez difficile de mesurer la couche mince de substance grise qui entoure les hémisphères cérébraux, et dont les replis nombreux se moulent sur leurs sillons ou circonvolutions extérieures. On en a évalué la surface à plus de 19 décimètres carrés, ce qui représente presque un carré de 45 centimètres de côté. L'épaisseur de cette couche est variable, mais on peut l'estimer en moyenne à 2 millimètres et demi. C'est la plus grande accumulation de substance grise qui existe dans le corps. Elle se compose de plusieurs couches minces, séparées par des couches de substance blanche. La substance grise est une masse presque compacte de corpuscules de différentes grosseurs. Les grandes cellules nerveuses allongées sont mêlées à des corpuscules très-petits qui ont moins de 25 millièmes de millimètre de diamètre. En tenant compte des vides, nous pouvons admettre qu'une rangée de deux cents cellules ait une longueur d'un centimètre, ce qui en donne 40 000 par centimètre carré, et 4 millions par décimètre carré, la surface totale étant de plus de 19 décimètres carrés. Si la moitié de l'épaisseur totale de la couche se compose de fibres, les corpuscules ou cellules, considérés à part, formeront une masse d'un millimètre et quart d'épaisseur, soit seize cellules de hauteur. En faisant le produit, nous aurions un total de 1200 millions de cellules pour la couche de substance grise qui enveloppe les hémisphères cérébraux. Comme chaque cellule est unie à deux fibres au moins, et souvent à un nombre bien plus grand, nous pouvons multiplier ces 1200 millions par quatre, pour déterminer le nombre des fibres qui réunissent les différentes parties de la masse, ce qui nous donne 4800 millions de fibres. Prenons pour le nombre des corpuscules 1000 millions, et pour celui des fibres 5000 millions; voici le rapport que nous pouvons établir entre le nombre de ces éléments et celui de nos acquisitions intellectuelles :

Avec un total de 50 000 acquisitions, réparties également sur la totalité des deux hémisphères cérébraux, il y aurait pour chaque groupe nerveux une proportion de 20 000 cellules et de 100 000 fibres.

Avec un total de 200 000 acquisitions des types que nous avons supposés, ce qui s'appliquerait indubitablement aux esprits les mieux doués sous le rapport de la mémoire comme des autres facultés, il y aurait pour chaque groupe nerveux 5000 cellules et 25 000 fibres.

Dans ce calcul, nous n'avons pas tenu compte de la masse fort considérable de substance nerveuse que contiennent la moelle épinière, la moelle allongée, le cervelet et les centres gris moins importants du cerveau; toutes ces parties contiennent des dépôts abondants de substance grise, avec une quantité proportionnelle de fibres blanches.

Ce calcul, que nous bornons aux hémisphères cérébraux, suffit pour démontrer que, quelque nombreux que soient les rapports auxquels ils ont à suffire, les éléments nerveux existent dans la même proportion, et qu'il n'y a rien d'improbable à admettre l'existence d'un fil nerveux indépendant pour chaque acquisition intellectuelle distincte.

Cependant, il n'est nullement probable que le cerveau tout entier puisse être partagé également entre les divers sujets que la mémoire doit conserver ou acquérir. En premier lieu, il ne faut pas oublier qu'une grande partie de la substance cérébrale est uniquement destinée à jouer le rôle de batterie électrique, — à mettre les muscles en mouvement et à exercer l'énergie volontaire et les manifestations de sentiment, — et, de plus, il semble souvent qu'il y ait en différents points un doublement du même élément nerveux. Les deux hémisphères cérébraux semblent se répéter entre eux; lorsque l'un a souffert, l'autre conserve le fil de la mémoire, mais seulement avec moins de force. On suppose même que chaque hémisphère contient des éléments qui se répètent, puisqu'il est arrivé que des lésions de la partie antérieure de la tête n'ont pas fait disparaître une seule classe d'acquisitions intellectuelles. En outre, il est fort peu probable qu'il puisse y avoir une économie absolue de cellules et de fibres, quelque bien réparties que soient d'ailleurs nos acquisitions. Si nous pouvions utiliser complétement tous les éléments nerveux, la capacité moyenne de notre mémoire s'en trouverait, sans doute, plusieurs fois accrue.

Nous pouvons faire encore un pas, et nous demander comment se forment les différents groupes, et comment ls peuvent être suffisamment isolés pour conserver le caractère distinct indispensable à nos pensées. Voyons d'abord les difficultés que présente cette recherche.

Si chaque groupe de fibres sensitives avait un seul rapport défini avec les fibres motrices, nous verrions toujours le même mouvement répondre à la stimulation des mêmes nerfs, comme il arrive pour les mouvements réflexes; la fibre a ne pourrrait faire autre chose que déterminer le mouvement x. Il est nécessaire, pour la variété et la flexibilité de nos acquisitions intellectuelles, que la fibre a puisse contribuer à stimuler tantôt x et tantôt y, selon les différentes circonstances. L'horloge qui sonne nous détermine à aller tantôt dans une direction, et tantôt dans une autre, suivant les idées *avec lesquelles elle coopère*. D'un autre côté, le *degré* de stimulation des mêmes fibres ne détermine pas seulement une plus grande énergie de la même réponse, ce qui arriverait pour une stimulation réflexe, mais bien une réponse entièrement différente : la fibre a, stimulée *faiblement*, détermine le mouvement x; la même fibre a, stimulée *avec force*, détermine le mouvement y. Le marin qui est au gouvernail se laisse guider vers le port par l'intensité de la lumière d'un phare.

Ces exemples montrent les deux conditions principales en vertu desquelles le même nerf peut contribuer à déterminer des mouvements distincts; ces conditions sont :

1° Que le nerf appartienne à des groupes différents;

2° Qu'il soit inégalement stimulé.

Examinons d'abord le cas de la *différence de groupement*. La fibre a, stimulée en même temps que la fibre b, détermine le mouvement x; de même, a et c donnent le mouvement y, et b avec c donne z.

Essayons de nous représenter la disposition qui correspond à cet état de choses. Nous sommes forcés d'admettre, non-seulement que les fibres se multiplient en se ramifiant aux points de jonction que forment les cellules, mais encore, qu'elles présentent un vaste système de *croisements*. Voici, par exemple, comment nous concevons cet arrangement. Supposons que la fibre a pénètre dans une cellule de jonction, et soit remplacée à la sortie

DIFFÉRENCES DE GROUPEMENTS 115

par les ramifications a' a', etc.; que b, de même, se ramifie en b' b', etc. Si une des branches de a, c'est-à-dire a', passe dans une seconde cellule, qu'une branche de b, c'est-à-dire b', passe dans la même cellule, et qu'enfin une des branches qui sort de cette cellule soit X, nous pouvons alors faire communiquer avec X les fibres a et b réunies. De même, à un autre point de jonction, une branche de a peut s'unir à une branche de c, et communiquer avec Y qui part de ce point de jonction, et ainsi de suite. Toutes les fois que des stimulations combinées produisent un mouvement défini, nous devons supposer une série de cellules où des ramifications des nerfs qui ont été stimulés se réunissent, et trouvent une voie de communication avec le mouvement spécial.

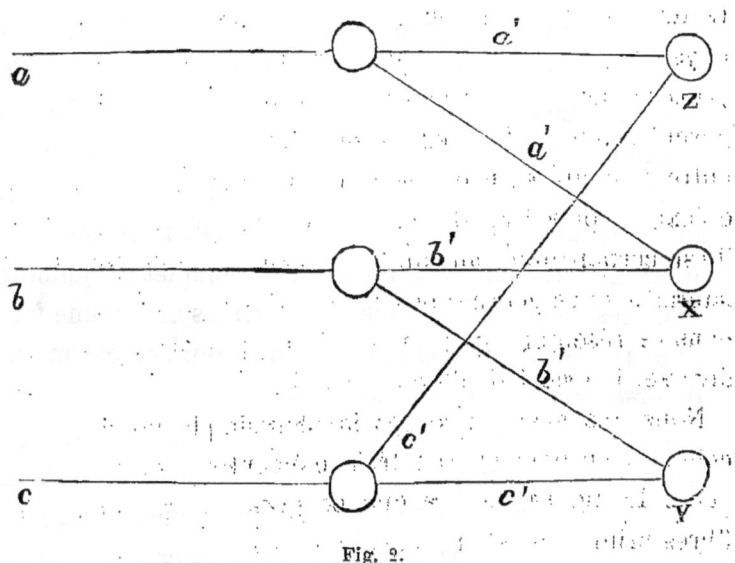

Fig. 2.

La figure 2 montre cette disposition. La fibre a se divise en deux rameaux a' a'; la fibre b, en b' et b'; la fibre

c en c' et c'. Un des rameaux de a rencontre un des rameaux de b dans la cellule X; de même b' et c' se rencontrent en Y, et a' et c' en Z. Les cellules X, Y et Z sont supposées être le point de départ de fibres motrices communiquant chacune avec un groupe de muscles séparé, et déterminant un mouvement distinct. Cette disposition satisfait à la condition fondamentale d'assigner un point de départ séparé à chaque combinaison différente d'impressions des sens.

Nous pouvons comparer cette figure avec la figure 3, par laquelle le docteur Lionel Beale représente la manière dont les fibres nerveuses s'unissent aux cellules nerveuses allongées. Le passage des fibres d'une cellule aux cellules collatérales est la reproduction exacte de ce que nous avons supposé dans la disposition qui précède. Le docteur Beale ne soutient aucune théorie de l'appareil physique de nos acquisitions intellectuelles; il ne s'est proposé que de représenter l'union des fibres et des corpuscules telle qu'elle existe en réalité. La ressemblance entre la figure qu'il donne et le système de croisements qu'exige notre hypothèse, est tout à fait frappante. Mais il est certain que, sans un système complet de jonctions latérales de ce genre, nous ne pourrions en aucune façon nous représenter l'appareil physique qui correspond aux diverses impressions de notre esprit.

Nous avons choisi le cas le plus simple possible, — celui du groupement de trois éléments a, b, c, deux à deux. La figure montre que ce groupement exige trois fibres primitives, six ramifications et six cellules. Or, nos acquisitions intellectuelles comportent des combinaisons bien plus compliquées. Pour donner un caractère distinctif à l'impression la plus ordinaire sur l'œil ou sur l'oreille, il faut ordinairement la réunion de quatre, cinq, six, sept impressions séparées, ou d'un plus grand nombre encore; exemple, les lettres d'un mot, les caractères d'un meuble, les traits d'une personne. D'ailleurs, chacune de ces impressions élémentaires — une lettre de l'alphabet, une forme ronde ou carrée, — est déjà par elle-même une combinaison complexe. Aussi le nombre des fibres et des cellules qui doivent agir avant que tous les éléments ne puissent converger en un groupe de cellules en rapport direct avec un appareil moteur, ou avec quelque autre groupe intérieur, — doit-il être nécessairement

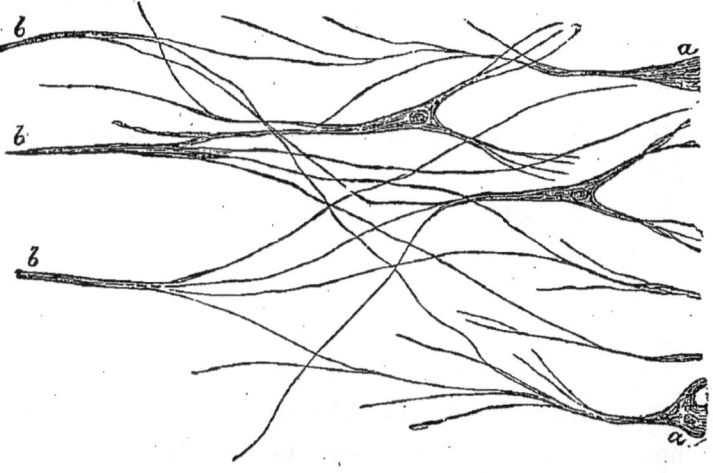

Fig. 3.

très-grand; et, sans le nombre immense de fibres et de cellules dont nous avons démontré l'existence dans le cerveau, il semblerait impossible d'assigner à chaque impression et à chaque idée séparée un appareil physique séparé aussi.

Passons maintenant aux *intensités inégales* avec lesquelles les mêmes nerfs peuvent être stimulés : — la fibre *a,* faiblement stimulée communique avec X; la même fibre, stimulée plus fortement communique avec Y; enfin, plus fortement stimulée encore, elle communique avec Z. Quand vous goûtez une tasse de thé, une certaine sensation vous fait prononcer le mot « faible; » une sensation plus forte, qui affecte les mêmes nerfs, vous fait prononcer le mot « bon. » Quand on a l'oreille délicate, les mêmes fibres distinguent bien des nuances dans l'intensité d'un son, et, pour chacune de ces nuances, ces fibres déterminent une expression différente. Or, un courant plus énergique porte ordinairement plus loin, et agit sur un certain nombre de cellules et de fibres qu'un courant plus faible laisse au repos. Les cellules étant considérées comme des points de croisement, — où un courant qui parcourt un circuit détermine un courant dans un circuit voisin — il y a, à chaque point de croisement, une certaine résistance à vaincre, de sorte que le courant plus faible est plus tôt épuisé, et ne peut arriver à la distance qu'atteint le courant plus fort. Ce dernier ressemble à une grosse vague sur le rivage, dont la masse et la vitesse plus grandes nous frappent encore davantage, parce qu'elle dépasse toutes les autres en venant se briser sur le sable. Voici comment nous pouvons représenter cette action :

Un courant d'une certaine intensité exerce une action inductrice (dans le sens électrique de ce mot), disons une fois, pour fixer les idées; les courants ainsi déterminés ne produisent pas une seconde induction de la même puissance. Un courant faible qui parcourt une certaine ligne de fibres produit, disons cent courants *secondaires*, et

STIMULATIONS D'INÉGALE INTENSITÉ

ce degré de diffusion lui donne son caractère dans la conscience, et sa place particulière, où il rencontre des courants moteurs allant du centre vers la circonférence. Mais une impulsion plus forte déterminera tous ces cent courants secondaires, et, en outre, cent courants *tertiaires*, qui constitueront le caractère de sa diffusion ; et les points où plusieurs des courants secondaires en rencontreront plusieurs tertiaires, seront les points où un courant moteur défini pourra entrer en rapport avec cette impulsion. Ainsi, ce qui n'était d'abord qu'une simple différence d'intensité sur une ligne, finit par devenir un groupe différent, ou par aboutir à des points de réunion caractéristiques, ou un courant moteur défini peut prendre naissance, et s'unir d'une manière distincte.

La figure 4 représente ce que nous avons supposé. La fibre a pénètre dans une cellule, d'où sortent trois ramifications marquées a^1. Chacune de celles-ci pénètre dans d'autres cellules, d'où sort une nouvelle série de fibres marquées a^2. Une des ramifications a^1, à la partie supérieure de la figure, aboutit, ainsi qu'une des ramifications a^2, à la cellule X. Cette convergence représentera pour nous le plus faible degré d'intensité. Un degré d'intensité plus élevé porte plus loin, et affecte à la fois des ramifications de la seconde, de la troisième et de la quatrième série ; à la partie inférieure de la figure, on voit un groupe de ces diverses fibres convergeant en Y. C'est de là que partira une impulsion motrice caractéristique. Les ramifications qui convergent en Y sont a^2, a^3 et a^4.

Cette disposition suppose au moins onze fibres, — primaires, secondaires, etc., — et huit cellules. Le degré suivant en exigerait bien plus encore, pour faire converger sur un point un groupe défini. Ainsi iraient en se multipliant rapidement les éléments nécessaires à un accroissement d'intensité, — plus encore, peut-être, que

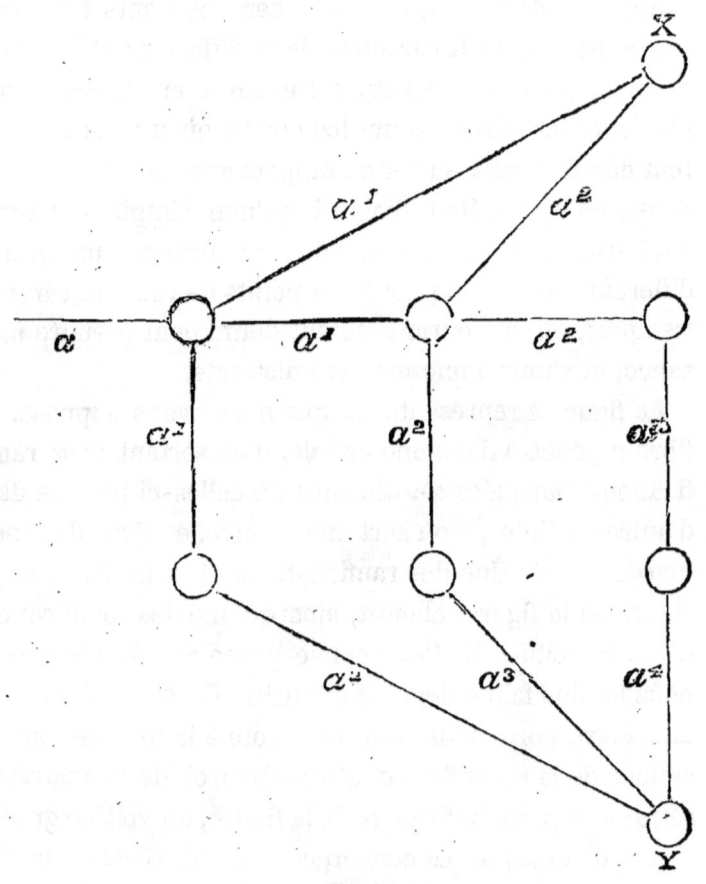

Fig. 4.

lorsqu'il s'agit de la réunion d'impressions différentes. Et ici, notre expérience est probablement d'accord avec cette théorie; nous nous rendons compte plus facilement des combinaisons distinctes de différentes impressions, que de différents degrés de la même impression : nous nous rappelons mieux un objet de plusieurs couleurs, comme un morceau de tartan, que les degrés différents d'une lumière ou d'un son; de même aussi, notre mémoire conserve bien plus de souvenirs de groupes distincts que de degrés différents d'un même effet.

Maintenant que nous avons vu comment chaque nouveau rapport intellectuel qu'exigent nos acquisitions successives, peut avoir sa voie nerveuse spéciale et distincte, il nous reste à examiner les moyens par lesquels les rapports sont maintenus invariablement dans ces voies. Il s'agit donc de déterminer le lien physique que suppose la faculté rétentive de l'esprit que nous nommons mémoire ou souvenir.

Nous savons quelles sont les conditions dans lesquelles nous pouvons faire une acquisition, c'est-à-dire fixer à la fois deux ou plusieurs faits dans notre mémoire. Les impressions séparées doivent se produire ensemble, ou se suivre de très-près; elles doivent rester unies pendant un certain laps de temps, soit une fois, soit à plusieurs reprises. Or, à chaque impression, à chaque sensation ou à chaque pensée correspond, dans l'ordre physique, un groupe ou une série de courants nerveux; lorsque deux impressions se produisent en même temps, ou se suivent de très-près, les courants nerveux trouvent quelque pont, quelque communication plus ou moins favorable, suivant que la substance nerveuse qui la forme est plus ou moins abondante. Dans les cellules ou corpuscules où les courants se rencontrent et s'unissent, il se manifeste, par suite de cette rencontre, *une union plus forte* ou *une résistance moindre*, — c'est-à-dire que cette ligne est désormais suivie de préférence à d'autres où la continuité ne s'est pas produite.

Ce n'est là qu'une explication purement hypothétique des faits; mais elle est cependant très-plausible. Sur la nature et le nombre des éléments nerveux, nous n'avons fait aucune hypothèse, non plus que sur les liens qui les unissent; et nous ne nous sommes pas écartés des faits, ou du moins d'une forte probabilité, en assignant un chemin spécial et distinct à chacun des courants qui se rattachent à une sensation, à une idée, à une émotion, ou à toute autre impression. Quant au mode exact de l'accroissement plastique qui réunit les impressions séparées, de manière à en faire un seul ensemble dans la mémoire, — nous savons que les corpuscules ou intersections sont les points où cette action se produit; qu'un afflux de sang sain doit contribuer au résultat, et qu'enfin il faut un certain temps pour que l'action soit complète. C'est évidemment un phénomène d'accroissement; mais quant au changement moléculaire exact qui a lieu sur les lignes de communication accrue ou de résistance amoindrie, nous pouvons seulement en dire, qu'il augmente le pouvoir conducteur de ces lignes comparées aux voies collatérales sur lesquelles aucune action de ce genre ne s'est produite [1].

---

1. Dans cet essai d'une esquisse de l'appareil correspondant à nos fonctions intellectuelles dans le système cérébral, je dois beaucoup à l'aide que m'ont fournie les idées et les figures du docteur Lionel Beale. Presque toutes les vues qui lui appartiennent en propre viennent à l'appui de la théorie que l'on vient de lire.

1° Sur la question des communications des cellules nerveuses, le docteur Beale soutient que toutes les véritables cellules nerveuses se rattachent à des fibres nerveuses et communiquent chacune avec au moins deux de ces fibres. Les cellules dites *apolaires*, — qui n'ont aucune communication visible avec des fibres, — n'ont de rôle explicable dans aucune des théories proposées jusqu'ici sur l'action nerveuse. De plus, quoiqu'il soit admis qu'une cellule peut n'être en communication qu'avec deux fibres nerveuses, le nombre de ces communications doit être plus considérable pour beaucoup des cellules, car autrement il y aurait dans le cerveau des fibres nerveuses ne partant d'aucun point défini.

2° Au sujet de la petitesse, et par conséquent du nombre des fibres nerveuses élémentaires, le docteur Beale suppose que la fibre appelée élémentaire (fibre à bords foncés, dont le diamètre varie de $1/120^e$ à $1/600^e$ de millimètre), n'est peut-être elle-même qu'un faisceau, et que les véritables fibres élémentaires sont représentées par les fibres terminales des ramifications, dont le diamètre est de $1/4000^e$ de millimètre, ou moins encore. Or, si l'on suppose l'existence d'une voie nerveuse distincte, et d'une série distincte de communications pour chaque acquisition intellectuelle distincte, le nombre des fibres doit être proportionné à celui des acquisitions; et, plus nous prouverons que le nombre des fibres est grand, plus l'hypothèse d'un appareil distinct pour chaque acquisition deviendra admissible.

3° Sur le mode de communication des fibres nerveuses avec la cellule, et de ces fibres entre elles par l'intermédiaire de la cellule, la théorie du docteur Beale est très-favorable à notre manière de concevoir les accroissements physiques qui correspondent à la mémoire et à l'acquisition intellectuelle (je parle surtout ici du mémoire qu'il a publié dans les *Proceedings* de la Société royale, vol. XIII, p. 386, sur la marche des courants nerveux dans les cellules nerveuses). Le docteur Beale a reconnu, dans certaines cellules nerveuses à appendice, une série de lignes qui traversent le corps de la cellule, et se prolongent dans ses branches, ou communiquent avec les nerfs. Il considère ces lignes comme les voies suivies par l'action nerveuse à travers la cellule, et pense que leur substance est probablement un peu différente de celle du reste de la cellule. De cette apparence il rapproche l'idée, — soutenue par lui, mais combattue par d'autres, — que les nerfs se terminent par une boucle, et, par conséquent, forment un circuit nerveux non interrompu. Il émet alors l'opinion que la cellule est le lieu où les courbures intérieures d'un grand nombre de circuits indépendants se trouvent très-rapprochées, et exercent les unes sur les autres une action analogue à celle de l'induction électrique. Un quelconque des circuits entrant en action, exciterait par induction tous ceux qui se trouveraient près de lui dans la même cellule (voyez la fig. 3 du mémoire cité plus haut).

Or, si j'admets une disposition de ce genre, je puis supposer que, d'abord, chacun des circuits agirait sur tous les autres sans distinction; mais que, deux d'entre eux entrant en action d'une manière indépendante et au même instant (ce qui arrive pour toute acquisition intellectuelle), un rapport plus énergique et une moindre difficulté de communication se produiraient entre ces deux circuits, par suite de la modification de la substance cellulaire qui les sépare ; de sorte qu'à partir de ce moment l'induction déterminée par un de ces circuits ne sera plus indifférente, mais exercera, pour ainsi dire, un choix, étant relativement forte pour l'un des circuits voisins, et plus faible pour tous les autres.

CHAPITRE VI

COMMENT L'ESPRIT ET LE CORPS SONT-ILS UNIS?

On a beaucoup discuté sur l'union de l'esprit et du corps. Aux yeux du plus grand nombre, cette question est insoluble; elle s'élève au-dessus de nos facultés, c'est ce que l'on appelle un mystère.

Ce mot de mystère est lui-même très-mal compris. Tel était l'avis de l'un de nos plus habiles critiques bibliques, Georges Campbell, sur l'emploi de ce mot dans le langage religieux. Selon Campbell, le mot μυστήριον signifie simplement ce que nous appelons un secret; c'est une chose momentanément cachée; mais que l'on connaîtra plus tard. Ce mot a pour corrélatif la Révélation, qui découvre ce qui était d'abord caché.

Dans une autre acception, le mot mystère est le corrélatif d'explication; il signifie une chose qui est assez intelligible en tant que fait, mais qui n'est pas expliquée, ramenée à une loi, à un principe ou à une raison. Le flux et le reflux, les mouvements des planètes, des satellites et des comètes ont été compris de tout temps, en tant que faits ; mais ils ont été regardés comme des mystères jusqu'à ce que Newton les eût ramenés aux lois du mouvement et de la gravitation. Les tremblements de terre et les volcans sont toujours mystérieux ; nous ne les avons pas encore complétement expliqués. La cause immédiate du pouvoir musculaire et de la chaleur animale est inconnue, de sorte que ces phénomènes sont mystérieux.

Le sens des deux mots mystère et explication, a été précisé par la marche des sciences physiques depuis l'époque de Newton. Un mystère est un fait qui reste isolé de tous les autres. L'explication est la perception d'un rapport entre des faits éloignés l'un de l'autre : c'est essentiellement l'action de généralisation qui montre que plusieurs phénomènes très-éloignés dépendent d'une même loi ou d'un même principe, qui les domine tous. La chute d'une pierre, le mouvement des cours d'eau, la force qui retient la lune dans son orbite, sont tous représentés par la seule loi de la gravitation. Cette généralisation est un progrès réel dans la science ; c'est un nouvel échelon de l'intelligence, un pas de plus vers la centralisation du domaine scientifique ; et c'est là le seul sens véritable du mot explication. Un problème est résolu, un mystère est expliqué, selon que nous pouvons montrer que le fait mystérieux ressemble à d'autres faits. Le mystère, c'est l'isolement, l'exception, ou peut-être même la contradiction apparente ; l'explication du mystère se trouve dans l'assimilation, l'identité, la fraternité. Quand toutes les actions naturelles sont assimilées, autant qu'elles peuvent l'être, autant que l'analogie le permet, alors se terminent et l'explication et la nécessité de cette explication; alors est achevé tout ce que peut exiger un esprit intelligent : la vision parfaite est consommée.

Mais, me dira-t-on, après avoir ramené la chute d'une pierre et l'attraction du soleil à une force unique appelée pesanteur, il reste encore ce mystère : — Qu'est-ce que la pesanteur? Newton lui-même a cherché à expliquer la pesanteur. Or, si l'on veut aller plus loin, il faut trouver quelque autre force à *assimiler* à la pesanteur; on aura fait alors une nouvelle généralisation, et avancé d'un pas dans la voie de l'explication. Mais, s'il n'y a aucune autre force que l'on puisse lui assimiler, la pesanteur est le terme final de l'explication, et la révélation complète du mystère. Il n'y a rien de plus à faire, rien de plus à désirer. Et nous ne voyons là aucune raison d'être mécontents de cette position, de nous plaindre de ne pas obtenir la satisfaction qui nous était due, ou d'être mis à un rang moins élevé que celui que nous pourrions peut-être occuper. Notre intelligence est pleinement honorée, elle a ce qu'elle doit avoir, puisqu'elle possède un principe d'une portée égale à celle du phénomène lui-même.

Appliquons tout ceci à l'union de l'esprit et du corps. Ces deux substances ont très-peu de qualités communes; elles ne partagent que les attributs les plus généraux, c'est-à-dire la quantité, la coexistence et la succession; et encore, dans certaines limites seulement.

Pour la quantité, le degré ou la distinction du plus et du moins, ni le corps ni l'esprit n'en sont exempts. Les propriétés de tous les corps matériels diffèrent entre elles par le plus ou le moins; le volume, le poids, la couleur, la dureté, etc., ont des degrés particuliers que l'on peut déterminer pour chaque substance. De même aussi, les qualités de l'esprit diffèrent entre elles par le plus ou le moins : nos plaisirs, nos peines, nos pensées peuvent être comptés et mesurés, quoiqu'il soit impossible de déterminer les degrés d'intensité des sentiments avec la précision rigoureuse à laquelle on arrive pour les principales propriétés matérielles, telles que le volume, le poids ou la ténacité. D'un autre côté, les propriétés matérielles coexistent ; plusieurs de ces propriétés peuvent se trouver réunies dans le même objet : un diamant a un volume, une forme, de la transparence, et d'autres qualités, lesquelles se trouvent à la fois dans la même unité. De même, les attributs de l'esprit se trouvent ensemble appartenir à un même sujet : le même esprit sent, veut et pense. Enfin, les phénomènes matériels sont dans un état de changement ; ils ont des phases successives, et dans cette succession nous reconnaissons le rapport particulier et remarquable de cause à effet. Une étincelle tombe dans l'eau et s'éteint ; elle tombe sur de la poudre, et il se produit une explosion. La même fluctuation, le même changement, la même succession, la même causation se manifestent dans les actions de l'esprit ; à une douleur qui cesse tout à coup, succède une réaction de plaisir.

Le seul trait que présentent tous les phénomènes matériels, et que ne présente, au contraire, aucun des états de l'esprit conscient, c'est le mode de coexistence que l'on nomme ordre local, l'ÉTENDUE. Un édifice ou un arbre a une certaine étendue ; mais nous ne sentons pas qu'un plaisir, une peine, un souvenir ait une étendue ; il y a incompatibilité entre un sentiment et l'idée d'étendue. Tandis que notre esprit s'occupe d'une douce chaleur, il ne peut s'occuper en même temps de l'idée d'une chambre ou d'un feu, comme ayant une certaine étendue.

Les faits physiques et les faits intellectuels sont par eux-mêmes également faciles à concevoir et à comprendre. Quand nous voyons une table, nous l'apercevons de la manière qui convient à nos facultés; il ne s'y rattache ni réserve ni mystère, en tant que table. Quand nous sentons une surface chaude, nous avons une idée suffisante de ce qu'est la chaleur. Il existe entre ces deux sensations une différence de nature bien marquée; elles diffèrent entre elles bien plus qu'une table ne diffère d'une maison, ou que le goût du sucre ne diffère du son d'une harpe éolienne. Mais la différence n'empêche pas la connaissance; au contraire, elle y ajoute : toute différence nouvelle est la révélation d'une qualité nouvelle.

Je le répète, nous savons également bien ce que c'est qu'un morceau de matière et ce que c'est qu'une opération de l'esprit; nous voyons qu'ils ont des points de ressemblance et des points de différence, l'un avec d'autres espèces de matière, et l'autre avec d'autres opérations de l'esprit. Les faits matériels comparés entre eux, et les faits intellectuels comparés entre eux ont un rapport bien plus intime que les faits matériels en général comparés aux faits intellectuels en général. Aussi ramenons-nous en dernier ressort tous les faits de la nature à deux ordres, la matière et l'esprit; et ces deux ordres, nous ne les ramenons pas à quelque chose de plus élevé. Sur ce point, nous arrivons à une différence plus grande que nous n'en avions rencontré à un moment quelconque de notre mouvement de généralisation. Les plantes et les animaux offrent de grandes différences de détail ; mais ils diffèrent encore bien plus de la matière inanimée. Cependant ils ont en commun tous les traits principaux des corps matériels, et ils sont complètement opposés à l'esprit, qui n'a ni les traits distinctifs des uns ou des autres, ni leurs qualités communes. Il y a moins de différence entre les êtres inanimés et les êtres animés qu'entre le corps et l'esprit.

L'étendue n'est que la première d'une longue liste de propriétés qui existent toutes dans la matière, et qui manquent toutes à l'esprit. L'INERTIE ne peut appartenir à un plaisir, à une souffrance, à une idée, tels que les éprouve le sens intime ; elle ne peut appartenir qu'aux dépendances physiques de l'esprit, aux actes matériels de la volonté, et aux manifestations du sentiment. Avec l'inertie vient la PESANTEUR, qui est une propriété essentiellement matérielle. Il en est de même de la COULEUR, qui ne saurait appartenir à un sentiment proprement dit, à un plaisir ou à une souffrance. Ces trois propriétés sont essentielles à la matière ; ensuite viennent la FORME, le MOUVEMENT, la POSITION, et une foule d'autres propriétés qui en dépendent, — attraction et répulsion, dureté, élasticité, cohésion, cristallisation, chaleur, lumière, électricité, propriétés chimiques, propriétés d'organisation (dans certaines substances particulières).

Quand nous avons dressé la liste complète des propriétés particulières à la matière, et de celles qui sont particulières à l'esprit, nous avons devant nous deux sujets d'étude bien distincts, qui ont chacun leurs difficultés. La matière, dans plusieurs de ses propriétés, est simple, intelligible, degagée de tout mystère; telles sont l'étendue, l'inertie, la pesanteur. Elle a d'autres propriétés moins connues, mais qui n'échappent pas absolument à notre intelligence, telles que la chaleur, la lumière, l'électricité, l'attraction chimique. D'autres propriétés enfin sont encore moins comprises, et sont presque mystérieuses comme les propriétés vitales. Nous ne comprenons pas tout à fait comment la nutrition produit le mouvement des muscles ; nous ne pouvons assimiler ce fait à d'autres faits connus, ni le ramener à aucune loi connue.

L'esprit, dans quelques-uns de ses phénomènes, est assez intelligible. Nous distinguons les plaisirs et les souffrances, nous connaissons plusieurs des lois de leur naissance, de leur déclin et de leur action mutuelle. Nous savons d'une manière positive que nos pensées vont par séries, et nous pouvons ramener plusieurs des séries à des lois générales, ce qui est, jusqu'à un certain point, expliquer les phénomènes. Nous connaissons moins les lois qui gouvernent le mouvement des pensées dans les rêves ; ce mouvement est relativement mystérieux pour nous.

Il y a donc deux connaissances, qui avancent chacune de son côté, et qui étendent peu à peu le domaine du clair et de l'intelligible aux dépens de l'obscur, de l'isolé et de l'inintelligible. Jusque-là, il n'y a rien dont on puisse se plaindre, si ce n'est la lenteur de nos progrès. Mais il faut maintenant tenir compte d'un nouveau fait, celui de la réunion de ces deux ordres de propriétés dans le même être animé, homme ou animal. Le même être qui possède les facultés intellectuelles, est une masse de matière qui nous présente un grand nombre des propriétés les plus subtiles de la matière. Un animal vivant possède deux ordres de qualités; son être nous présente deux faces, deux aspects différents : d'un côté, il est tout matière, de l'autre, tout esprit. Malgré leur opposition essentielle, ces deux ordres de facultés se trouvent inséparablement unis dans le même être ; ils coexistent dans le même individu, homme ou animal. Le fait peut sembler curieux ou merveilleux, mais il n'y a là rien dont on doive prendre ombrage. Si l'esprit existe, il faut qu'il existe quelque part et dans certaines conditions ; pour ce que nous en savons, il aurait pu exister séparément, d'une manière que nous ne pouvons nous représenter, faute d'un exemple qui soit à notre portée. Mais en fait, il existe associé à une certaine masse matérielle, douée à un degré éminent des propriétés que nous appelons vitales ou organisées. L'esprit n'est pas uni à la matière minérale ou inanimée. Cette union nous empêche-t-elle d'étudier les deux ordres distincts, l'esprit et le corps, chacun selon sa nature ? Il semble que non. Elle ne peut nous empêcher d'observer toutes ces propriétés matérielles dans les minéraux et les végétaux qui existent indépendamment de toute alliance avec les facultés de l'esprit. Elle ne doit pas empêcher l'étude même des fonctions les plus compliquées de l'organisme des animaux, à moins que, de façon ou d'autre, ces fonctions ne soient soumises à des actions de l'esprit qui ne peuvent être reconnues que par un examen sérieux.

Nous pourrions ainsi, suivant toute apparence, poursuivre séparément l'étude de la matière et celle de l'esprit, en dépit de l'incorporation de l'esprit avec la matière dans certains êtres vivants. Mais alors faut-il tenir compte de *l'union elle-même*? Devons-nous mentionner comme propriété de la matière, la faculté que possède une certaine masse matérielle très-compliquée, de s'associer à l'esprit ; et comme propriété de l'esprit, la faculté de s'allier à un corps matériel? Assurément, s'il en est ainsi, nous sommes en droit de le déclarer. Pouvons-nous alors dire que c'est là un mystère ? Oui, dans un certain sens. C'est un fait isolé et unique, si nous considérons la matière en général ; mais ce fait est cependant d'une très-grande généralité, si nous ajoutons au nombre des individus de la race humaine, le nombre bien plus grand encore des animaux. Son extension à un champ si vaste fait que la familiarité compense le mystère, quoiqu'elle ne diminue en rien l'énorme différence qui existe entre la nature animée d'un côté, et les plantes et les minéraux de l'autre.

Le mystère diminuera encore plus si nous pouvons ramener l'union telle qu'elle est exprimée en gros, à des lois d'union distinctes et spécifiques. Un tel résultat serait un progrès réel dans l'étude d'une partie quelconque de la nature. Nous acceptons l'union de l'esprit et du corps comme un fait, tout aussi bien que nous acceptons n'importe quelle autre union — celle de la chaleur avec la lumière, celle du magnétisme avec le sesquioxyde de fer, celle de la pesanteur avec la matière inerte. Nous cherchons alors à l'exprimer dans les termes les plus simples, ou par les lois les plus générales. Ramenons aux généralités les plus élevées qu'il soit possible de trouver, l'union des plaisirs et des souffrances avec tous les stimulants physiques des sens, avec toutes les actions de la pensée, avec toutes les manifestations extérieures des traits, des gestes, des mouvements et des sécrétions; et quand cela sera fait, nous aurons dévoilé une partie du mystère par la seule méthode qu'admette la question. Allons encore plus loin, si nous le pouvons : généralisons les rapports de la pensée ou de l'intelligence avec les actions nerveuses et les autres actions; découvrons les fondements physiques sur lesquels s'appuient séparément la mémoire, la raison, l'imagination; trouvons les expressions les plus générales de leurs rapports : nous expliquerons alors d'une manière complète, suffisante et définitive l'alliance de l'esprit et du corps dans l'ordre intellectuel. Aucune autre explication n'est nécessaire, aucune autre n'est suffisante, aucune autre ne serait une explication véritable. Bien loin que ce soit un malheur pour nous, comme on le dit quelquefois, de ne pouvoir connaître l'essence de l'esprit ou celle de la matière, et de ne pouvoir rendre compte de leur union, le véritable malheur serait d'avoir à connaître quelque chose de différent de ce que nous savons ou de ce que nous pouvons savoir. Nous ne devons assurément pas nous plaindre si notre expérience trouve, en dernier ressort, non pas un seul élément, mais *deux*. Si nous arrivions facilement à cinquante résultats différents, dont aucun n'eût une seule propriété commune avec une autre, et si nous n'avions à notre disposition que les facultés bornées qui sont actuellement notre partage, nous serions peut-être en droit de nous plaindre des mystères que présente le monde, en donnant au mot mystère le seul sens qui lui convienne, c'est-à-dire celui d'un sujet qui accable notre intelligence et nous écrase sous le poids de faits qu'il est impossible d'assimiler les uns aux autres. Mais la difficulté actuelle est bien loin de cela; se trouver en présence de deux entités distinctes n'a en soi rien qui puisse sembler écrasant.

Il reste à considérer quelle est l'expression qui convient le mieux à cette union de deux natures distinctes et qui ne peuvent se ramener l'une à l'autre. L'emploi de termes impropres a obscurci et compliqué plus d'une question d'une façon désespérante. L'histoire de la philosophie nous présente un grand nombre d'exemples de contradictions dues à l'emploi de termes impropres; et, plus que partout ailleurs, dans ces recherches mêmes sur l'esprit et le corps, comme nous le verrons dans le dernier chapitre, consacré à l'histoire de cette question.

La doctrine de deux substances — une substance matérielle, unie à une substance immatérielle par un certain rapport vaguement défini — qui a régné depuis le temps de saint Thomas d'Aquin jusqu'à nos jours, subit maintenant une certaine transformation, due à l'influence de la physiologie moderne. Certaines opérations purement intellectuelles, telles que la mémoire, dépendent des actions matérielles; ce fait a été admis, quoique à regret, par les partisans d'un principe immatériel, et c'est là une concession incompatible avec l'isolement du principe intellectuel, que soutenaient Aristote et saint Thomas. Cette union plus complète de l'esprit et du corps a donné naissance à une nouvelle expression de leurs rapports, expression qui se rapproche davantage de la vérité, sans être encore, à mon avis, absolument exacte. On dit souvent maintenant que *l'esprit et le corps agissent l'un sur l'autre;* que ni l'un ni l'autre ne peuvent, pour ainsi dire, marcher seuls; qu'il y a des rapports constants, une influence mutuelle entre eux. Voici les objections que l'on peut faire à cette manière de voir :

En premier lieu, elle suppose que nous avons le droit de considérer l'esprit comme isolé du corps, et d'en affirmer les facultés et les propriétés en cette capacité séparée. Or, nous n'avons aucune expérience directe, et absolument aucune connaissance de l'esprit isolé du corps. Le vent peut agir sur la mer, et les vagues peuvent réagir sur le vent; mais nous connaissons ces agents à l'état de séparation, nous les voyons exister indépendamment l'un de l'autre avant d'entrer en collision; au contraire, il ne nous a pas été donné de voir un esprit agir indépendamment de son compagnon matériel.

En second lieu, nous avons toute raison de croire que toutes nos actions mentales sont accompagnées *d'une suite non interrompue d'actes matériels*. Depuis l'entrée d'une sensation jusqu'à la production au dehors de l'action qui y répond, la série mentale n'est pas un seul instant séparée d'une série d'actions physiques. Une perspective nouvelle frappe la vue; aussitôt se produit dans l'esprit un effet de cette sensation, une émotion, une pensée, pour aboutir à des manifestations extérieures par la parole ou par le geste. Parallèlement à cette série d'actes de l'esprit marche la série des actions physiques, les mouvements successifs des organes appelés l'œil, la rétine, le nerf optique, les centres optiques, les hémisphères du cerveau, les nerfs qui vont du centre à la circonférence, les muscles, etc. Tandis que nous parcourons le cercle de la série mentale, sensation, émotion et pensée, il se produit un cercle non interrompu d'effets physiques. Il serait contraire à tout ce que nous savons de l'action du cerveau, de supposer que la chaîne matérielle se termine brusquement à un vide matériel, occupé par une substance immatérielle; et que cette substance immatérielle, après avoir agi seule, communique les résultats de cette action à l'autre bord de la solution de continuité matérielle, et détermine l'action qui répond à la stimulation première — il y aurait ainsi deux rivages matériels séparés par un océan immatériel. Il n'y a, en réalité, aucune solution de continuité dans l'appareil nerveux. La seule hypothèse admissible, c'est que l'action de l'esprit et celle du corps marchent ensemble, comme les jumeaux siamois. Ainsi, lorsque nous parlons d'une cause morale, d'une action de l'esprit, nous avons toujours une cause *à deux faces;* l'effet produit n'est pas dû seulement à l'esprit, mais à l'esprit associé au corps. Dire que l'esprit a agi sur le corps, ce serait dire qu'un phénomène à deux faces, dont l'une appartient au corps, peut agir sur le corps : ce serait donc, au fond, le corps agissant sur le corps. Quand une frayeur subite paralyse la digestion, ce n'est pas l'émotion de la peur, considérée d'une manière abstraite ou comme phénomène purement moral, qui fait le mal; c'est cette émotion accompagnée d'un état particulier d'excitation du cerveau et du système nerveux; et c'est cet état du cerveau qui trouble les fonctions de l'estomac. Quand des aliments matériels, ou un stimulant matériel, agissant par l'intermédiaire du sang, calment l'irritation de l'esprit, et le ramènent à un état satisfaisant, il n'y a pas là un fait matériel déterminant directement un effet moral : l'aliment et le stimulant déterminent la circulation du sang vers le cerveau, et donnent une nouvelle direction aux courants nerveux ; et dès lors se manifeste l'état moral qui correspond à ce mode particulier d'action cérébrale. Ainsi il n'y a pas action de l'esprit sur le corps et action du corps sur l'esprit ; il y a l'esprit et le corps réunis déterminant un résultat à la fois moral et physique, ce qui est une action bien plus facile à comprendre. De cette causalité double ou conjointe nous pouvons donner des preuves ; de la causalité simple nous n'en avons aucune.

La même critique s'applique à une autre expression généralement employée, et qui consiste à dire que « l'esprit se sert du corps comme d'un *instrument*, » c'est-à-dire comme d'un moyen d'agir sur le monde extérieur. Ici encore l'on attribue à l'esprit une existence indépendante, une faculté de vivre à part, d'agir à volonté avec ou sans un corps. Poussé par le désir de se faire connaître, et de jouer un rôle dans le monde matériel, l'esprit se sert de son allié matériel pour satisfaire ce désir ; mais s'il lui plaisait de se renfermer en lui-même, de se contenter de ses propres méditations, comme les dieux tels que les concevait Aristote, il n'aurait besoin d'entrer en coopération avec aucun organe physique, — cerveau, organes des sens ou muscles. Je ne veux pas insister de nouveau sur le manque de fondement de cette hypothèse. L'alliance avec le corps est la loi par excellence de notre être moral ; elle n'est pas destinée uniquement à faire connaître les différents états de notre esprit : sans elle, les états de notre esprit n'existeraient pas. La communication de nos sentiments à nos semblables, et notre action sur le monde extérieur sont des conséquences de cette alliance, mais elles n'en sont pas le motif primitif. La résolution que nous formons d'agir sur d'autres esprits, est déjà un fait physique en même temps qu'un fait moral; nous n'ajoutons rien à son caractère physique lorsque nous mettons cette résolution à exécution.

Si tous les faits moraux sont en même temps des faits physiques, on nous demandera peut-être ce que signifie un fait moral proprement dit. Y a-t-il une différence quelconque entre les agents moraux et les agents physiques? Il y en a une très-grande, qu'il est facile de faire comprendre. Quand un homme est réjoui, excité, animé par la nourriture, le vin ou un air fortifiant, nous disons qu'il y a là une influence physique; elle agit sur les viscères, et, par leur intermédiaire, sur les nerfs; il y a là une chaîne d'actions purement physiques. Quand un homme est réjoui par une bonne nouvelle, par un spectacle agréable, ou par quelque succès, l'influence est morale; la sensation, la pensée et la conscience font partie de la chaîne, quoiqu'elles ne puissent se passer de leur base physique. Le fait physique proprement dit est un fait objectif, simple, à une seule face; le fait moral est un fait à deux faces, et l'une de ces faces est une suite de sentiments, de pensées, ou d'autres éléments subjectifs. Nous ne représentons pas complètement le fait moral, si nous ne tenons pas compte des deux faces. Les influences que nous appelons morales, — une bonne nouvelle, un beau poëme, et autres semblables — ne peuvent agir que sur un organisme matériellement disposé à répondre à la stimulation.

Tout en admettant qu'il y a quelque chose d'unique,

sinon de remarquable, dans l'union intime de ces deux faits extrêmes et opposés que l'on appelle l'esprit et la matière, nous devons reconnaître que la différence complète de leur nature rend très-difficile de trouver des termes pour exprimer leur union. L'histoire de cette question nous fournit à chaque instant la preuve de cette difficulté.

Voici ce que je veux dire. Quand je parle de l'esprit comme uni avec le corps — avec un cerveau et ses courants nerveux — je puis à peine éviter de *localiser* l'esprit, de lui assigner un lieu spécial. Là-dessus on me demande de m'expliquer sur une question qui a toujours embarrassé l'école, et de dire si l'esprit est tout entier dans chaque partie, ou seulement tout dans l'ensemble; si en sondant un point quelconque je puis arriver à la conscience, ou si l'organisme tout entier est nécessaire à la plus petite portion de conscience. On pourrait peut-être tourner la difficulté en établissant une analogie avec le fil télégraphique, ou le circuit voltaïque, et dire qu'un cercle d'action complet est nécessaire pour toute manifestation de l'esprit, ce qui est probablement vrai. Mais ce n'est pas là répondre à la question. Le fait est que, tant que nous parlons de nerfs et de fils conducteurs, nous ne parlons nullement de l'esprit proprement dit; nous parlons des faits physiques qui l'accompagnent, mais ces faits physiques ne sont pas le fait moral, et même ils nous empêchent de penser au fait moral. Voici la difficulté : les états de l'esprit et les états du corps sont entièrement différents; ils ne peuvent se comparer entre eux; ils n'ont de commun que les attributs les plus généraux — le degré, et l'ordre dans lequel ils se succèdent; lorsque nous nous occupons de l'un, il nous faut oublier tout ce qui distingue l'autre. Quand j'étudie un cerveau et son appareil nerveux, je suis absorbé par des propriétés qui appartiennent exclusivement au monde matériel; je suis alors incapable, si ce n'est par des transitions très-rapides, de concevoir un fait véritablement moral, un acte qui appartienne véritablement au sens intime. Notre expérience morale, nos sentiments et nos pensées n'ont *ni étendue*, ni lieu, ni forme, ni contours, ni division mécanique de parties; et nous ne pouvons nous occuper de ce qui regarde l'esprit, avant d'avoir écarté tout cela de notre pensée. Lorsque nous nous promenons dans la campagne au printemps, notre esprit s'occupe du feuillage, des fleurs et des prairies, toutes choses purement objectives; tout à coup, nous sommes vivement impressionnés par l'odeur de l'aubépine; nous cédons un instant à la sensation du parfum; pendant cet instant, nous perdons de vue la matière; nous ne pensons à rien d'étendu; nous sommes dans un état où l'étendue n'a plus prise sur nous; pour nous, le lieu n'existe plus. Des états de ce genre ne durent pas longtemps, ils passent avec la rapidité de l'éclair; ils alternent constamment avec des états objectifs; mais, tant qu'ils durent et qu'ils ont toute leur énergie, nous sommes dans un monde différent; le monde matériel est effacé, éclipsé, il a, pour le moment, disparu de la pensée. Ces moments subjectifs peuvent surtout être étudiés dans les explosions de plaisir intense ou de souffrance intense, dans la concentration de la réflexion sur une idée, et spécialement sur des faits de l'ordre moral; mais il est **rare** qu'ils persistent dans leur pureté au-delà d'un temps très-court; nous revenons toujours au côté objectif des choses, au monde qui a pour base l'étendue et le lieu.

Voici donc, selon moi, la seule difficulté réelle des rapports entre l'esprit et le corps. Il existe une *alliance avec la matière*, avec les objets ou le monde étendu; mais la chose qui s'allie, *l'esprit proprement dit*, ne possède pas lui-même la propriété de l'étendue, et ne peut entrer en union locale. Or, nous avons peine à trouver une forme de langage, une analogie familière qui convienne à cette alliance unique; comparée à toutes les alliances ordinaires, c'est un paradoxe ou une contradiction. Nous comprenons l'union dans le sens d'alliance locale; et voici une union dans laquelle l'alliance locale est déplacée, impossible, contradictoire; car nous ne pouvons penser à l'esprit sans nous placer en dehors du monde de l'espace. Lorsque, par le sentiment pur — plaisir ou souffrance — nous passons de l'attitude objective à l'attitude subjective, nous subissons un changement que le terme de lieu ne peut exprimer; ce fait n'est pas convenablement représenté par le passage de *l'extérieur* à *l'intérieur*, car c'est encore là un changement dans le domaine de l'étendue. La seule expression convenable est celle d'un CHANGEMENT D'ÉTAT : un changement de l'état de connaissance avec étendue à celui de connaissance sans étendue. Plusieurs théologiens ont parlé du ciel comme étant non un lieu, mais un *état;* et c'est là la seule expression convenable que je puisse trouver pour décrire la transition extrême, quoique familière et facile, du côté matériel ou étendu de notre être au côté immatériel et dépourvu d'étendue.

Ainsi, lorsque nous parlons d'unir l'esprit au cerveau, il est bien entendu que nous ne le faisons que sous une réserve importante. Tout en affirmant cette union de la manière la plus forte, nous devons cependant lui refuser la qualité, qui en semble presque la conséquence forcée, d'une *union de lieu*. Un organisme doué d'étendue nous fait passer à un état où l'étendue n'existe pas. Un être humain est une masse matérielle et étendue, douée de la faculté de sentir et de penser, faculté aussi éloignée que possible de tout ce qui est matériel; état *d'extase* dans lequel, tant qu'il dure, nous perdons de vue la matière — de sorte que nous ne pouvons pas représenter les deux extrêmes comme situés l'un à côté de l'autre, comme contenant et contenu, ou sous aucun autre aspect d'union locale. Nous ne pouvons exister complétement dans l'un qu'à condition que l'autre soit momentanément éclipsé ou éteint.

Le seul mode d'union qui ne soit pas contradictoire est l'union de succession rapprochée dans le *temps*; ou de position dans un fil continu de vie consciente. Nous sommes en droit de dire que le même être est alternativement objet et sujet, conscient avec étendue et conscient sans étendue; et que sans la conscience douée d'étendue, celle qui n'a pas d'étendue n'existerait pas. Sans certains modes particuliers de l'étendue — ce que nous appelons l'organe du cerveau, et le reste — nous ne pourrions avoir ces moments d'extase, nos plaisirs, nos souffrances, et nos idées, qui, dans cette vie, alternent par accès avec notre conscience étendue.

CHAPITRE VII

HISTOIRE DES THÉORIES DE L'AME

Je commencerai par classer les différentes opinions que l'on peut soutenir sur les éléments dont se compose, en dernier ressort, l'être humain.

I. DEUX SUBSTANCES.

1. Toutes deux matérielles.

a. Cette idée domine généralement chez les **races inférieures**.
b. Chez la plupart des anciens philosophes grecs.
c. Chez les premiers pères de l'Église chrétienne.

2. Une substance matérielle et l'autre immatérielle.

a. Cette idée commence avec Platon et Aristote.
b. Chez les pères de l'Église, à partir de l'époque de saint Augustin.

c. Chez les Scolastiques.
d. Chez Descartes.
e. Elle devient l'opinion dominante.

II. UNE SEULE SUBSTANCE.

1. *L'esprit et la matière considérés comme identiques.*

a. Formes et expressions les plus grossières du matérialisme.

b. Idéalisme panthéistique de Fichte.

2. *Différence admise entre l'esprit et la matière.*

Matérialisme mitigé — soutenu par un grand nombre de physiologistes et de métaphysiciens ; progrès de cette opinion.

Comme cette esquisse historique présentera surtout le développement et le déclin de l'immatérialisme, je faciliterai ce travail par une énumération sommaire des arguments des partisans de cette doctrine, arguments qui nous montreront en même temps les points d'attaque de ses adversaires.

1. L'âme doit participer de la nature ou essence de la divinité.
2. L'âme n'a point de place déterminée dans le corps.
3. La raison ou la pensée — la faculté de connaître l'universel — est incompatible avec la matière (saint Thomas d'Aquin).
4. La dignité de l'âme exige qu'elle ait une essence supérieure à la matière.

5. La matière est divisible; l'esprit est indivisible.

6. La matière est changeante et corruptible; l'esprit est une substance pure.

7. L'esprit est actif, ou doué de force; la matière est passive, inerte, elle subit l'action des forces.

8. L'âme est la source première ou le principe de la vie.

9. L'esprit a une identité personnelle; les particules du corps changent continuellement.

Le premier chapitre de l'histoire de l'âme nous est fourni par les recherches intéressantes et patientes qui ont été faites récemment sur l'état intellectuel et les opinions des races inférieures. Je veux parler plus particulièrement des écrits de sir John Lubbock, et de MM. Mc Lennan et Tylor, qui ont jeté une vive lumière sur l'histoire primitive de l'humanité; ils ont suivi le développement des idées religieuses jusqu'au point de départ de la philosophie grecque.

M. Tylor s'est servi du mot *Animisme* pour exprimer la reconnaissance, dans toutes les races humaines, de l'âme comme entité distincte. Il y a deux sortes d'âmes : celles des individus semblables à nous, dont l'existence peut continuer après la mort; et celles des êtres purement spirituels de tout ordre jusqu'aux divinités les plus puissantes.

Sur le sujet que nous étudions, deux problèmes distincts (dit M. Tylor) ont occupé les esprits des hommes encore peu cultivés. D'abord, en quoi consiste la différence entre un corps vivant et un cadavre — entre un individu éveillé et un autre endormi, ou autrement privé de connaissance ? En second lieu, que sont ces formes humaines qui se montrent dans les rêves et dans les visions ? Dans la philosophie primitive des sauvages, les deux ordres de phénomènes s'expliquaient et se complétaient l'un l'autre, grâce à la conception d'une *âme-fantôme*. L'absence de cette âme constitue le corps privé de vie ; l'apparition de cette âme constitue le rêve ou la vision.

La matière ou la substance de l'âme-fantôme est une sorte de vapeur ou d'ombre, impalpable et invisible, sauf les occasions particulières où elle se manifeste dans le rêve ou la vision ; elle exerce une puissance physique ; elle ressemble à la personne à laquelle elle appartient, et se montre couverte de vêtements et d'accoutrements ; elle peut, non-seulement quitter le corps, mais aussi s'élancer rapidement d'un lieu à un autre, sans que la distance soit un obstacle pour elle ; elle peut prendre possession des corps d'autres hommes ou d'animaux, et agir avec ces corps. Nécessairement, l'âme est le principe de la vie et de toute activité morale dans l'individu auquel elle appartient primitivement. (Tylor, *Primitive culture*, I, 387) [1].

Les mots qui servent à désigner l'âme, montrent l'idée

1. Les êtres humains n'étaient pas les seuls auxquels on accordât une âme. La croyance à l'âme des animaux était également générale, et servait de fondement à un grand nombre de cérémonies et de coutumes particulières. On ne faisait aucune distinction essentielle entre les hommes et les animaux, au point de vue des facultés que l'on groupait sous le nom d'âme.

L'analogie entre les hommes et les plantes est bien moins prononcée ; mais cependant elle présente les traits bien distincts de la vie et de la mort, de la santé et de la maladie. Cela suffisait pour que l'on douât aussi les plantes d'une âme. La doctrine de la transmigration permet aux plantes d'être à leur tour occupées par un esprit. De plus, le culte des arbres entraîne nécessairement, comme conséquence, la croyance à l'âme des arbres.

La croyance aux esprits ou aux âmes des objets inanimés semble fondée sur une bien faible analogie. Pour les grands agents naturels, généralement adoptée sur sa nature ou sa substance. En première ligne vient le mot d'ombre, d'un si fréquent usage dans les langues civilisées. Ce mot d'ombre réunissait avec assez de bonheur deux des attributs de l'âme, la *non-substantialité* et la *forme* de l'individu ; et malgré cela, en le considérant de plus près, on trouverait plusieurs objections à y faire. Ensuite vient le *cœur*, à cause du rapport qui existe entre ses battements et la pleine vitalité ; puis se présente, dans le même ordre d'idées, l'identité, si largement admise, de l'âme et du *sang*. En troisième lieu, on a beaucoup parlé de la respiration pour désigner l'âme, à cause du rapport évident qui existe entre la respiration et la vie ; les mots *psyché, pneuma, animus, spiritus* ont cette origine ; les langues sémitiques, ainsi que d'autres encore, offrent des expressions analogues. Enfin, on trouve dans différentes traditions de l'Europe et d'autres parties du monde, un rapport établi entre la vie et la *pupille de l'œil*, à cause de la différence marquée qui existe entre l'œil d'un homme plein de santé et de vie, et celui d'un malade ou d'un mort. (Tylor, pp. 388-391 [1].)

tels que les vents, les fleuves, les océans, le feu, le soleil, le fait de la puissance qu'ils exercent est par lui-même un grand point de ressemblance, quoiqu'il y ait en même temps de fort grandes différences ; c'est là l'origine de la personnification de la nature. Les âmes des objets, âmes d'instruments utiles — outils, ustensiles, armes, cabanes, canots, — ont une place parmi les esprits que reconnaissent les races inférieures ; c'est là une conception de l'âme purement utilitaire. Le culte des troncs d'arbres et des pierres, si souvent cité, est assurément le plus grand abaissement de la faculté de vénération de l'homme ; mais on en a expliqué l'existence par des raisons qui semblent fort probables. (Sir John Lubbock, *Origine de la civilisation*, chap. V.)

1. M. Tylor signale un résultat intéressant de la pluralité des

Ainsi, nous sommes en droit de dire que la seule théorie de l'esprit et du corps qui ait existé chez les races de culture inférieure, est un *double matérialisme*. En effet, cette conception était à leur portée. Celle d'une âme immatérielle dépassait complètement les bornes de leur intelligence. Tant que la philosophie grecque n'eut pas enseigné au monde à user et à abuser des idées abstraites, l'immatérialisme resta inaccessible à la pensée humaine.

Si nous passons ensuite aux spéculations de la Grèce ancienne, nous trouvons un grand secours dans les théories bien définies qui constituèrent d'abord l'éducation des philosophes grecs. La hardiesse originale et la pénétration des Grecs se montrent ici, comme partout ailleurs ; mais cependant ils ne purent pas s'affranchir entièrement des idées dont ils avaient hérité.

Généralement parlant, les philosophes grecs étaient doublement matérialistes. Ils savaient, il est vrai, qu'il faut distinguer la substance de l'âme de celle du corps ; mais, en même temps, ils attribuaient à l'âme une substance matérielle ; — ils la composaient des deux éléments supérieurs, l'air et le feu, auxquels Aristote, subtilisant encore davantage, ajouta l'*éther*, ou cinquième essence (quintessence). Ces éléments supérieurs formaient les corps célestes, aussi bien que les dieux eux-mêmes ; ils se distinguaient des deux éléments inférieurs, la terre et l'eau, non-seulement par leur nature subtile et impalpable, mais

expressions employées pour désigner l'âme, dans le développement d'une pluralité de fonctions, et même d'une *pluralité d'âmes ;* tant a été précoce l'influence exercée sur les conceptions de l'homme par les ambiguités et les confusions du langage !

encore par la régularité et la perfection de leurs mouvements ; la matière grossière au-dessous de la sphère de la lune était sujette à une grande irrégularité, et était, pour cette raison, une essence inférieure. On ne devait pas s'attendre à ce que la substance de l'âme humaine fût supérieure à la substance des dieux ; l'assimilation de l'esprit à la divinité est ordinaire à tous les degrés de la civilisation.

Cet exposé sommaire, que nous développerons bientôt avec plus de détails, nous montre que les Grecs anciens, comparés aux races primitives, avaient fait un pas en avant, grâce aux nouvelles théories physiques par lesquelles ils classifiaient les grands éléments, — l'eau, la terre, etc., — et en distinguaient les différentes propriétés. De l'ombre du penseur primitif à l'air et au feu du sage de la Grèce, il y avait un grand pas sous le rapport du raffinement de la conception ; mais c'était toujours, au fond, une théorie matérialiste.

La différence entre les anciens et les modernes est que ceux-là n'admettaient pas l'existence *séparée* de l'âme (quoique saint Thomas d'Aquin ait donné le sens de séparation à la pré-existence de Platon). Ceux d'entre les anciens qui ont soutenu la doctrine de l'immortalité personnelle, l'associaient à la transmigration ; en quittant un corps, l'âme en trouvait un autre prêt à la recevoir. La *post-existence* s'ajoutait ainsi à la pré-existence. Il répugnait à ces philosophes de supposer un commencement absolu ou une création pour la matière ou pour l'esprit.

Entrons maintenant dans quelques détails.

Les philosophes antérieurs à Socrate dirent très-peu de

chose sur la nature de l'âme. Plusieurs d'entre eux touchèrent à ce sujet, et le ramenèrent à leur système particulier sur toute la nature. HÉRACLITE prit le principe du *changement* pour base de son explication de toutes choses; l'âme participait plus que tout le reste à cet attribut commun. Sa subtilité et sa mobilité lui permettaient de connaître toutes les autres choses. EMPÉDOCLE fut l'auteur de la doctrine des *Quatre Éléments* — le feu, l'air, l'eau et la terre ; — l'amour et la haine étaient les principes de tout mouvement ; le premier unissait et la seconde séparait les éléments. L'âme est composée de même ; et, en vertu du principe que les semblables se connaissent entre eux, chacun de ses éléments connaît l'élément semblable dans l'univers. — ANAXAGORE présentait le νοῦς ou l'Esprit comme le grand moteur premier du monde. Tandis que tous les corps matériels étaient des mélanges de *tous* les éléments simples, le νοῦς était l'élément pur et sans mélange ; c'était de toutes les matières la plus légère et la plus subtile, et cela, bien plus que l'air ou le feu, ce qui ne l'empêchait pas d'avoir une grande énergie. Ne subissant pas l'action de la matière, il était lui-même doué non-seulement de connaissance, mais encore d'activité : ainsi il était la source de tout changement. — DIOGÈNE d'Apollonie adopta l'air comme l'élément constitutif de l'âme, qui était à la fois mobile, douée de pénétration et intelligente. — DÉMOCRITE, l'*Atomien*, attribua au feu et à l'âme des atomes de forme sphérique, c'était leur nature de n'être jamais en repos ; ils étaient la source de tout mouvement.

PYTHAGORE a appelé l'âme un nombre et une harmonie, comme tout le reste de l'univers; mais quelques-uns des

Pythagoriciens la considéraient comme composée de particules d'une subtilité extrême, répandues dans l'air, et dans un état d'agitation perpétuelle.

Ces différentes opinions nous présentent deux tendances distinctes : la première est une tendance à regarder l'âme comme subtile, *éthérée* et raffinée, par opposition à la grossièreté de la matière solide; la seconde est une tendance à considérer l'âme comme le principe *actif* de la nature, comme douée de mouvement, et comme produisant le mouvement des objets matériels.

La théorie de PLATON sur l'âme a contribué à former l'opinion moderne sur cette question. Elle a pour base sa doctrine des idées ou des formes existant par elles-mêmes et éternelles, antérieures à ce que nous appelons l'univers, ou *Cosmos*. La formation du Cosmos est due à deux facteurs, qui sont d'abord les idées, puis un chaos coéternel, matière indéterminée, dans un état de mouvement discordant et irrégulier. Un Architecte divin ou Demiurge, en contemplant les idées, a fait le monde d'après elles, autant que les objets sensibles peuvent reproduire les types éternels. L'Architecte a eu à lutter contre une puissance préexistante appelée la Nécessité, représentée par les mouvements irréguliers du chaos primitif; ce n'est que jusqu'à un certain point qu'il a pu triompher de cette nécessité, et la forcer à céder la place à la régularité. C'est en combattant cette difficulté que le Demiurge s'occupe de construire ou de fabriquer le Cosmos. Pris dans son ensemble, le Cosmos est un être animé d'une immense étendue; il a eu pour modèle l'idée d'animal, l'αὐτόζωον. Tel qu'il est, le Cosmos est un système de sphères tournant sur elles-mêmes ; il a à la fois une âme et un corps. L'âme, fixée au centre, et pénétrant l'ensemble, est douée de mouvement, et met en mouvement tout le corps cosmique. Le cosmos, dans ses régions périphériques ou célestes, contient les dieux; dans ses régions centrales, ou inférieures d'air, d'eau et de terre se trouvent les hommes, les quadrupèdes, les oiseaux et les poissons. En passant de la partie divine du cosmos à la création des hommes et des animaux, il y a eu une dégénérescence graduelle. Le crâne humain était un petit Cosmos, contenant une âme raisonnable et immortelle, faite de matières impures ; mais le corps contient deux âmes inférieures et mortelles; la plus élevée des deux est située dans la poitrine, et se manifeste par l'énergie, le courage, la colère, etc. ; l'âme inférieure réside dans l'abdomen, et se manifeste par l'appétit. Les deux âmes inférieures sont des causes de trouble pour l'âme raisonnable supérieure; elles dérangent ses mouvements de rotation, et en pervertissent les propriétés harmoniques. Cependant, malgré sa dignité supérieure, l'âme n'est jamais détachée du corps; elle possède les propriétés matérielles d'étendue et de mouvement; enfin elle est la puissance motrice de tout le système.

Comparée à l'élévation et à la pureté des idées éternelles, l'âme cosmique elle-même n'était qu'un mélange imparfait, un compromis entre l'idéal et le sensible ; et l'âme humaine ne pouvait lui être supérieure. Cependant, par sa participation aux idées, quoique unie aux sens, elle était douée de mouvement et immortelle.

ARISTOTE entreprit de réfuter toutes les théories de

l'âme proposées par ses devanciers. Il rejeta la doctrine qui regardait le mouvement spontané comme une propriété de l'âme ; il déclara insoutenable la théorie favorite de la perception — Les semblables ne sont connus que par les semblables — et la combattit par des arguments très-plausibles. Quant au mouvement spontané, il pensait qu'il est inexact de dire que l'âme ait un mouvement quelconque ; si nous considérons plus spécialement l'intelligence ou le νοῦς, nous pourrions plutôt, selon lui, dire que sa manière d'être n'est pas le mouvement, mais bien le repos ou suspension de mouvement.

Dans sa critique, et dans la partie positive de ses théories, Aristote est en progrès sur ses devanciers. Sa vive perception des faits et sa sobriété de jugement le mettent au-dessus des écarts de l'imagination, trop souvent disposée à ne voir qu'un des côtés de la question. Il avait étudié les phénomènes réels que présentent les corps vivants ; il avait médité sur la distance énorme qui sépare le monde inanimé du monde animé : pour lui, l'ensemble des êtres animés est plus complètement séparé de l'ensemble des corps inorganiques, que les animaux ne le sont des plantes.

Mais un des caractères de ce génie extraordinaire fut de savoir également manier ces deux extrêmes de la science, les faits et les abstractions les plus élevées. C'est en étudiant ces abstractions qu'il a produit un grand nombre des distinctions subtiles qui, depuis lui, se retrouvent constamment dans la pensée humaine.

Quiconque veut commencer la philosophie d'Aristote par le commencement, doit avant tout se rendre maître de ses Quatre Causes, ou conditions de toute production :

— 1º La *Matière*, la cause matérielle, ce dont une chose est faite — marbre, cuivre, bois, etc. ; 2º la *Forme*, la cause formelle, le type, le plan ou le dessein de l'auteur — l'idée du statuaire, les plans de l'architecte; 3º la cause *efficace* ou premier moteur — muscle humain, eau, vent ou force quelconque dont on se sert ; 4º la cause *finale*, le but ou l'intention de l'ouvrier — plaisir, gain, réputation.

Après avoir bien vu la portée de ces quatre conditions générales de toute œuvre de l'activité humaine, le lecteur peut négliger les deux dernières comme bien moins importantes que les autres, et concentrer son attention sur la distinction entre les deux premières, la matière et la forme, distinction qui, plus que toutes les autres, se retrouve sans cesse au fond de la pensée d'Aristote. Il développe et varie de mille manières différentes le contraste entre ces deux conditions. Disons cependant, en passant, que la matière considérée comme une des quatre causes, n'est pas à la lettre, séparée de la forme : un bloc de marbre a une forme, bien que ce ne soit pas sa forme définitive. Or, il y a quelque raison de croire qu'Aristote, en établissant ainsi la distinction logique de *deux abstractions* — matière abstraite et forme abstraite, séparables par le raisonnement, mais inséparables dans la réalité — était encore sous l'impression de l'opposition primitive entre la matière brute informe, et la *production achevée* de l'ouvrier. Quoi qu'il en soit, pour se rendre compte d'une substance particulière, il envisage 1º la forme, 2º la matière, et 3º l'ensemble des deux.

Ce qui prouve qu'Aristote établissait à tort entre la matière ayant reçu sa forme du travail, et la matière brute, une distinction tellement marquée que la véritable distinction logique entre elles en était obscurcie, c'est qu'il établissait une différence de dignité entre la forme et la matière. La forme est l'entité plus élevée, plus grande, plus parfaite ; la matière ne vient qu'au second rang. Or, cette remarque ne trouve point son application dans la distinction logique entre la forme d'un anneau de cuivre, et la matière de cet anneau (abstraction faite de la forme).

La matière peut être un corps, mais ne l'est pas nécessairement. Elle ne se comprend que comme le corrélatif de la forme. Chaque variété de matière a sa forme propre, et chaque variété de forme a sa matière particulière. Il y a des gradations de matière, depuis la matière première (materia prima) qui n'a aucune forme quelconque, jusqu'à ses développements les plus élevés, qui se rapprochent de la forme pure. Le seul sens que nous puissions donner à ces derniers mots d'Aristote, c'est de supposer qu'il avait en vue les différentes phases d'élaboration de la matière du globe, depuis celle de masse de boue informe, jusqu'à l'organisme perfectionné d'un être vivant.

Une autre distinction qu'Aristote a indiquée et mise en lumière, et qu'il a conservée d'une manière définitive, parce qu'elle correspond à une différence dans la nature même des choses, c'est la distinction entre le *Potentiel* et l'*Actuel*. Les agents actifs ont des moments de rémittence ou de repos ; ils ont la puissance, mais ils ne l'exercent pas. Pendant la veille, l'œil est réellement occupé à voir ; pendant le sommeil, il n'a pas perdu sa puissance, mais il ne l'exerce pas. Il fallait un mot pour distinguer entre la puissance en réserve, et l'inaction faute de cette puissance; la Grande-Bretagne, en temps de paix, ne doit pas être confondue avec les nations qui n'ont pas de marine.

La distinction entre le Potentiel et l'Actuel a son utilité et ses conséquences particulières, et n'a aucun rapport avec l'autre grande distinction que nous avons signalée. Mais Aristote n'a pu s'empêcher de mêler les deux : dans la matière considérée en elle-même, il voit le potentiel ; et, dans la forme communiquée à la matière, il voit l'actuel ou la réalité complète. Là le philosophe semble avoir en vue la distinction des deux causes. La matière brute est toujours un composé de matière et de forme ; un bloc de marbre, au sortir de la carrière, n'est pas plus dépourvu de forme, au point de vue de la logique, qu'un des morceaux de la frise du Parthénon. Le passage du potentiel à l'actuel pour les corps, n'est qu'un passage d'une forme à une autre forme. Néanmoins, si nous voulons comprendre ce qui va suivre, il ne faut pas perdre de vue l'identification de l'actualité et de la forme, en prenant ce dernier mot comme signifiant un produit supérieur d'une substance façonnée par le travail.

Voyons maintenant comment Aristote applique ces distinctions un peu subtiles au grand problème de l'âme et du corps.

Dans l'opposition entre la matière et la forme — entre le potentiel et l'actuel — l'âme est rangée, non avec la matière, mais avec la forme ; non avec le potentiel, mais avec l'actuel. Elle a pour corrélatif la matière, c'est-à-dire le corps ; cette matière a une organisation très-perfectionnée, ou en d'autres termes, est pourvue de capacités ou de puissances, dont l'âme est le complément. L'union de la matière potentielle et de la forme ou de l'âme qui la rend actuelle, constitue la totalité de l'être vivant. Dans son amour des distinctions, Aristote remarque que l'être vivant a deux états : le sommeil et le plein exercice, et que le premier état, c'est-à-dire le degré inférieur de l'actualité, suffit parfaitement pour distinguer l'être vivant ; par conséquent il est inutile de faire figurer dans sa définition le second degré, où l'actualité supérieure. Voici donc comment Aristote définit l'âme : « c'est la première actualité (*entéléchie*) d'un corps naturel organisé, qui a la vie en puissance. »

Le point principal de cette définition, c'est l'union intime de l'esprit et du corps. Et en vérité cette union est trop intime, ou plutôt le caractère de cette union n'est pas présenté d'une façon exacte. En fait, l'esprit et le corps ne sont pas relatifs et corrélatifs, comme la forme et la matière (au point de vue logique). Dans les couples corrélatifs, — tels que lumière et obscurité, haut et bas, cause et effet, parent et enfant, chef et sujet, soutien et soutenu, — l'un des termes ne peut, dans aucun sens, subsister sans l'autre ; l'existence de l'un ou de l'autre isolément est une contradiction de termes ; un parent sans enfant, un soutien qui n'a rien à soutenir, sont des non-sens absurdes. Or, bien qu'en réalité il y ait une alliance intime entre l'âme et le corps, il n'y aurait aucune contradiction à les supposer séparés ; autant que nous pouvons en juger, le corps pourrait avoir ses fonctions matérielles sans l'âme, et l'âme de son côté pourrait posséder ses fonctions psychiques avec quelque rapport autre que celui qu'elle a avec nos corps actuels. Et en effet, Aristote lui-même réserve une certaine partie de l'âme pour une existence indépendante. Nous sommes donc forcés de déclarer que la comparaison de l'âme et du corps à un couple corrélatif, est inexacte et manque de justesse [1].

Néanmoins, cette inséparabilité supposée des deux essences fournit à Aristote une observation fort heureuse. Toutes les actions et toutes les passions de l'esprit, dit-il, ont deux aspects, — un aspect formel pour l'âme, et un aspect matériel pour le corps. L'étude de ces deux aspects est du domaine de deux classes différentes d'investigateurs. Le physicien (ὁ φυσικός) et le métaphysicien considéreraient différemment les mêmes passions. Prenons, par exemple, la colère. D'après le métaphysicien, la colère est le désir de nuire à quelqu'un (ce qui est réellement un acte *de l'esprit*). D'après le physicien, c'est un bouillonnement du sang autour du cœur, avec accroissement de chaleur animale (circonstances *physiques*). Or, cet exemple est parfait, comme représentant les deux séries de faits, séries différentes et cependant inséparables. Mais ce n'est là qu'une lueur accidentelle, un éclair qui brille un instant au milieu de l'obscurité générale. Lorsque le philosophe veut étendre cet exemple aux états intellectuels, comme la mémoire, il arrive seulement à formuler quelques sages observations sur la nécessité du

---

1. Dans un exemple de méthode dialectique (*Topica*, liv. V), Aristote parle de l'âme comme exerçant le commandement, et du corps comme lui obéissant. C'est là une manière assez familière de représenter les rapports entre eux, mais cette manière n'a aucune valeur scientifique. La puissance dirigeante n'est pas l'esprit pur, mais bien l'esprit uni au corps.

bon état des organes sensitifs et du corps en général, pour assurer l'exercice de l'intelligence.

Aristote présente encore d'une autre façon l'union intime ou la corrélation de l'esprit et du corps. L'âme est la *cause* et le principe d'un corps vivant. Parmi les quatre causes, la cause matérielle seule est fournie par le corps, et c'est l'âme qui renferme les trois autres — cause formelle, cause motrice ou efficace et cause finale.

Voilà tout pour un des points de la doctrine d'Aristote, l'expression de l'union de l'âme avec le corps. L'autre point porte sur la gradation des âmes — série qui comprend un principe nutritif, un principe sensitif et un principe intelligent.

Nous avons déjà dit qu'Aristote sent assez bien la différence qui existe entre la matière inanimée et les corps vivants. Le premier, peut-être, qui ait étudié l'histoire naturelle comme une science, il reconnut que tout corps vivant est caractérisé par son organisation, et par la possession de facultés remarquables ou de fonctions. Il a moins bien reconnu la limite qui sépare la vie inconsciente (vie des plantes) de la vie consciente (vie des animaux et de l'homme). Aussi a-t-il traité comme étant génériquement les mêmes toutes les facultés actives appartenant aux êtres organisés. Il a attribué le nom d'âme (ψυχή) à toutes les fonctions caractéristiques des corps vivants, depuis la nutrition jusqu'aux facultés les plus élevées de l'intelligence [1].

---

[1]. D'après M. Tylor, l'âme-plante d'Aristote serait plutôt un reste de l'âme-plante des races inférieures, que l'expression de sa manière de voir indépendante sur la ressemblance des plantes et des animaux comme êtres vivants.

Il nous faut donc partir de l'âme *nutritive*, base de toutes les autres, point de départ de l'être vivant, union de la forme avec la matière dans un corps organisé pour la nutrition ; l'âme de la digestion, de la nutrition, et de la propagation de l'espèce. De même que toutes les âmes, comme nous le verrons, elle participe à la chaleur céleste, à laquelle les corps animés doivent la chaleur qu'ils possèdent.

De l'âme nutritive nous passons à une âme d'un ordre plus élevé, à la fois nutritive et sensitive. C'est elle qui constitue la supériorité caractéristique de l'animal sur la plante. Ici, comme l'on peut le supposer, la dignité de l'être a fait un grand progrès. En appliquant le dissolvant universel — la forme contre la matière — nous devons faire observer que l'âme, sensitive et perceptive, reçoit la *forme* de l'objet perçu sans sa matière, ce qui revient à admettre sans démonstration tout ce qu'il y a de douteux dans la question de la perception extérieure. Malgré cela, la manière dont Aristote discute les sens et la sensation en général, est pleine d'observations justes et originales, et fait faire un progrès réel à la psychologie.

De l'âme sensitive, nous passons à l'âme *noétique*, au νοῦς ou intelligence. En traçant une ligne trop tranchée entre les sens et l'intelligence, on a introduit plus d'une cause de confusion en philosophie, et on a favorisé la doctrine de l'âme immatérielle. En même temps, Aristote reconnaît d'une manière complète l'état de dépendance dans lequel l'intelligence se trouve vis-à-vis de la sensation ; nous ne pouvons réfléchir ni raisonner sans images sensibles (φαντάσματα). Mais il n'était pas en son pouvoir de concilier ce fait avec ses idées sur la grandeur spéciale et l'isolement du νοῦς. Il déclare, et cela contrairement à sa propre définition de l'âme, que la fonction noétique n'a point d'organes corporels, qu'elle est la forme pure et simple, ce qui semble encore plus en contradiction avec les rapports mutuels de la forme et de la matière.

Arrivé là, cependant, le philosophe cherche un nouvel allié. Il nous transporte de la terre au ciel. Pour compléter l'âme humaine, il lui faut le feu céleste.

La grande région de la forme (pure et sans mélange) est le CORPS CÉLESTE, la sphère céleste tout entière, avec ses rotations éternelles, séjour de toutes les natures divines, qui comprend les dieux invisibles, et le soleil, la lune et les étoiles. C'est de cette région céleste que procède toute vie, toute force; à chaque âme, à chaque forme qui anime la matière d'un corps vivant, elle communique ses propriétés vitales. Il n'est pas nécessaire d'insister davantage sur la contradiction qu'implique l'emploi du terme abstrait de *forme*, pour représenter la substance céleste. La physique et l'astronomie d'Aristote sont ses parties faibles; c'est par là qu'il a mérité d'être flagellé sans pitié par Galilée. Et cependant, ici encore il n'est pas sans inspirations brillantes; mais, de même que le vulgaire, il est asservi par le prestige de l'éloignement.

Le νοῦς émane d'une influence particulière et choisie du corps céleste; aussi ses propres opérations en reçoivent-elles une dignité proportionnelle. Il connaît l'abstrait et l'universel. Il a deux modes ou degrés, lesquels sont fort importants. Il y a, d'un côté, l'intelligence réceptive, *Intellectus patiens*, et, de l'autre, l'intelligence constructive ou reproductive, *Intellectus agens* (νοῦς θεορητιχός); la première périt avec le corps; la seconde, l'intelligence active, est l'énergie intellectuelle dans sa manifestation la plus pure, séparable du corps animal, et immortelle. C'est là le couronnement; il ne s'agit plus d'être logique et conséquent, et c'est ainsi que le philosophe prépare un point de départ transcendant pour l'immatérialisme des siècles qui le suivront.

Parmi les sectes grecques les mieux connues, les Epicuriens niaient absolument que l'âme survécût au corps. Les Stoïciens affirmaient que l'âme est matérielle ainsi que le corps, et la considéraient comme un fragment détaché de l'âme universelle du monde, dans laquelle elle était réabsorbée à la mort de chaque être.

Nous passons maintenant aux pères de l'Eglise. Les premiers pères de l'Eglise avaient été philosophes païens avant de devenir chrétiens; aussi apportèrent-ils avec eux dans le christianisme plus ou moins des croyances de leurs sectes philosophiques respectives. En conséquence, nous verrons régner jusqu'au cinquième siècle le double matérialisme de l'antiquité. Une substance essentiellement immatérielle ou spirituelle, telle que nous la reconnaissons, était encore incompréhensible pour le plus grand nombre des hommes. Quelque chose de semblable avait sans doute commencé dans les écoles grecques, mais n'avait pu encore, même dans ces écoles, se former complètement; et cette doctrine ne reçut d'aide ni du Judaïsme, ni du Christianisme. Dans ces premiers siècles, on considérait généralement comme indispensable à la doctrine chrétienne des récompenses et des punitions de l'autre vie, que l'esprit fût une substance corporelle; car la matière seule pouvait ressentir la douleur et le plaisir physiques.

En général, nous pouvons dire que les premiers pères de l'Eglise, soit qu'ils acceptassent les idées des Orientaux et des Grecs sur la transmigration et la préexistence des âmes, soit qu'avec Irénée et Arnobe, ils fissent dépendre l'immortalité de l'âme de la volonté de Dieu, selon ses vues pour le salut d'une partie du genre humain, que ces pères, dis-je, décrivent presque dans les mêmes termes l'essence de la Divinité et l'essence de l'âme. Avant et même après le Concile de Nicée, Dieu est souvent appelé « une lumière sublime. » Un Epicurien converti y ajoutait une forme humaine; un Platonicien se servait du mot « incorporel » dans le sens platonicien de ce mot, qui n'était pas le sens moderne. Dans son *Histoire de la Doctrine Chrétienne*, le Dr Donaldson nous indique comment les pères du *deuxième siècle,* connus sous le nom d'APOLOGISTES, comprenaient l'âme. Ils subissaient bien moins qu'on ne le suppose généralement l'influence de la philosophie platonicienne. Le seul d'entre eux qui fût platonicien, est Athénagore. Ils étaient bien plus influencés par les tendances matérialistes qui régnaient alors, car le stoïcisme était ce que l'on pourrait appeler la religion dominante de l'époque. Les expressions de Justin le martyr sur la nature de Dieu et de l'âme sont vagues, mais il ne semble pas avoir admis un esprit complètement immatériel : tout en rejetant l'anthropomorphisme des juifs, il attribue à Dieu la forme et le lieu; et, quoiqu'il ne s'explique nulle part d'une manière claire sur l'état de l'âme après la mort, il considère comme une hérésie de dire que l'âme soit enlevée au ciel, et il pense que les hommes ressusciteront avec les mêmes corps. Tatien, cependant, disciple de Justin, est plus précis, et admet un esprit entièrement immatériel uni à un esprit matériel dans le corps humain; Dieu est immatériel, il n'a ni chair ni corps. Selon Tatien, il existe dans l'univers deux esprits qui se manifestent par différentes variétés de forme; il fut un temps où ils vivaient dans l'union, mais l'esprit inférieur, l'âme, devint désobéissant, abandonna l'esprit parfait, et chercha une union inférieure avec la matière; malgré cela, quand il se réunit avec l'esprit supérieur, comme dans l'homme, il devient immortel. Théophile ne soutient pas l'immatérialité de Dieu; il dit seulement, avec Justin, que la forme de Dieu ne peut être exprimée. Athénagore s'écarte essentiellement de ses contemporains sur la nature de l'âme : il ne parle pas du *Pneuma* ou esprit supérieur; et il parle de l'âme comme étant purement spirituelle, mais d'une spiritualité exposée à être troublée par ses tendances matérielles.

Voici comment CLÉMENT d'Alexandrie s'exprime au sujet de Dieu : — « Une connaissance positive de Dieu est impossible; nous savons seulement ce qu'il n'est pas. Il est sans forme et sans nom, quoique nous ayons raison de lui donner les noms les plus nobles. Il est infini; il n'est ni genre, ni différence, ni espèce, ni individu, ni nombre, ni accident, ni aucune chose à laquelle on puisse assigner un attribut positif. » Ce n'est assurément pas là la *corporalité*, et ce n'est pas non plus ce que nous entendons par une nature incorporelle. Nous ne pouvons y voir qu'une impression puissante produite par l'artifice oratoire de l'emploi des négations.

Origène concevait Dieu comme un être purement spirituel, — ni feu, ni lumière, ni éther, mais une Unité ou monade absolument incorporelle. Ce n'est qu'en le supposant incorporel que nous pouvons le considérer comme absolument immuable, car tout être matériel est variable, divisible, passager. C'est là évidemment un développement des germes transcendants de la philosophie grecque. « Dans le monde, Dieu, lui-même sans étendue, est présent partout par sa puissance active, comme l'architecte dans son œuvre, ou comme notre âme, dans sa partie sensitive, est présente dans tout notre corps; seulement il ne remplit pas le mal de sa présence. » « L'âme humaine, comme esprit créé, a été enfermée dans la matière à cause du péché. » Avec tout cela, Origène ajoute que le mot « incorporel » ne se trouve pas dans l'Ecriture, et qu'à proprement parler, un *esprit* veut dire un corps.

Tertullien est représenté (par Ueberweg) comme professant à la fois, suivant l'exemple des stoïciens, une morale tendant à la répression des sens, une doctrine sensationaliste de la connaissance, et une psychologie matérialiste. Il est franchement réaliste. « Les sens ne nous trompent point : tout ce qui est réel est un corps. Cependant la corporalité de Dieu n'ôte rien à sa sublimité, et celle de l'âme ne lui fait rien perdre de son immortalité. Tout ce qui existe est un corps d'une certaine espèce. La

Divinité est un air lumineux très-pur, répandu partout. Ce qui n'est pas un corps n'est rien. Qui niera que Dieu soit corps, quoiqu'il soit esprit? Un esprit est un corps d'une espèce et d'une forme particulières. *L'âme a la forme humaine, la même que celle du corps, seulement elle est délicate, claire et éthérée.* Si elle n'était corporelle, comment pourrait-elle (et c'est là aussi l'avis des stoïciens) être affectée par le corps, être capable de souffrir ou de se nourrir au dedans du corps? » « L'homme est fait à l'image de Dieu; Dieu, en formant le premier homme, prit pour modèle le Christ qui devait être homme. »

C'est ainsi que le matérialisme de Tertullien est prononcé et décisif. Méliton aussi écrivit un traité pour prouver la corporalité de Dieu. Grégoire de Nazianze conçoit l'esprit comme n'ayant d'autres propriétés que le mouvement et la diffusion. Maxime ne pouvait admettre l'immensité de Dieu, parce qu'il ne voyait pas comment deux substances pourraient exister à la fois dans le même espace. Même lorsque la Divinité était appelée incorporelle, cette propriété n'était pas incompatible avec la visibilité dans certaines circonstances ; elle signifiait seulement la négation, à peu près à la manière des anciens, des propriétés les plus grossières de la matière. La visibilité des esprits était une croyance très-ordinaire ; bien des gens déclaraient avoir vu les âmes des mourants au moment où elles quittaient le corps. Peu à peu, cependant, on retranche la visibilité du nombre des attributs de l'esprit ; alors la Divinité commence à être considérée comme incorporelle, ce qui voulut dire aussi invisible, mais l'âme humaine ne fut pas immédiatement élevée à la même distinction auguste. Ainsi, pour Origène l'âme semble avoir tenu une place intermédiaire entre la matière grossière et la seule essence vraiment spirituelle, la Divinité. C'est pour lui un sujet d'étonnement que l'âme *matérielle* ait des idées de choses immatérielles ; et il en conclut qu'il faut qu'elle possède une immatérialité, sinon absolue, au moins relative.

Nous avons donc montré le double matérialisme qui dominait parmi les premiers pères de l'Église ; nous allons voir maintenant commencer dans l'Église le mouvement spiritualiste. Mais nous dirons d'abord quelques mots des Néo-Platoniciens, qui représentent les derniers efforts de la philosophie païenne, et dont l'influence sur les derniers pères de l'Église et sur les scolastiques est évidente.

PLOTIN (204-269) est d'accord avec Platon pour reconnaître la grande distinction de l'*idéal* et du *sensible*, et pour attribuer à l'âme une nature intermédiaire. Mais il s'éloigne de Platon au sujet du rapport entre les idées et l'*unique* ou le bien. Tandis que, dans le système de Platon, l'*unique* ou le bien compte parmi les idées dont il n'est que la plus élevée, et que toutes les idées sont considérées comme ayant une existence indépendante, — dans le Néo-Platonisme, il est élevé au-dessus des idées, et devient la source d'où elles émanent.

L'unique ou le bien est la première essence, l'unité primitive de laquelle toutes choses sont sorties. Ce n'est ni le νοῦς ou la raison, ni rien de ce que connaît la raison ; car chacune de ces choses implique nécessairement l'autre, et la nature de l'essence première, comme unité absolue, interdit de l'identifier avec tout ce qui implique la qualité. Les choses émanent de l'unique, comme les rayons émanent du soleil. Le produit direct de l'unique est le νοῦς qui en est une image. L'image se tourne involontairement vers l'original pour le contempler, et par cet acte de compréhension de ce qui est au-dessus des sens, elle devient le νοῦς. Dans le νοῦς résident les idées, non comme simples pensées, mais comme ses parties composantes.

L'âme est une image et un produit du νοῦς, comme le νοῦς l'est de l'unique; et, à son tour, elle produit le corporel. Elle se tourne en partie vers le νοῦς comme vers son auteur, et en partie vers le corporel, comme vers son produit. Il y a donc dans l'âme un élément idéal indivisible, et un élément divisible d'où provient le monde matériel. L'âme est une substance immatérielle. Elle n'est ni corps, ni inséparable du corps; car non-seulement le νοῦς, son principe le plus élevé, mais encore la mémoire, la perception et la force végétative sont séparables du corps. Le corps est dans l'âme, et non l'âme dans le corps. Ainsi une partie de l'âme est sans corps; et pour les fonctions de cette partie, la coopération du corps est absolument inutile. Même les facultés des sens ne sont pas *contenues dans* le corps ; elles l'*accompagnent* seulement, comme des forces que l'âme donne aux différents organes pour s'acquitter de leurs fonctions. L'âme tout entière est présente non-seulement dans le corps tout entier, mais aussi dans chaque partie séparée, car elle n'est pas divisée entre les membres ; elle est *entièrement présente dans le tout, et entièrement dans chaque partie.* Dans un sens, il est vrai, l'âme est divisée, puisqu'elle est dans toutes les parties du corps ; mais dans chacune de ces parties elle est présente dans son ensemble.

Ici nous apercevons un progrès évident vers l'immatérialisme. Les doctrines néo-platoniciennes nous présentent les germes des différentes idées qui ont plus tard joué un rôle important dans le sujet qui nous occupe. Nous retrouverons plus tard, dans le développement de ce sujet, la croyance que les facultés inférieures intellectuelles et vitales peuvent se séparer du corps, et que le corps est contenu dans l'âme. L'idée que l'âme tout entière est dans le corps entier et dans chacune de ses parties, fut reprise par saint Augustin, puis par Claudien Mamert, et d'eux passa aux Scolastiques, dont c'était un principe favori.

Nous arrivons maintenant aux derniers pères de l'Église. On peut dire que les chefs du mouvement spiritualiste furent saint Augustin, le plus profond et le plus métaphysique de tous les Pères de l'Église latine, Claudien Mamert, prêtre de Vienne, dans le sud de la France; et, en Asie, Némésius, évêque d'Emèse.

Mais même avant saint Augustin (354-430), nous trouvons des signes précurseurs du changement qui se préparait. A ce point de vue, Grégoire de Nyssa (331-394) n'est pas sans importance. Son ouvrage sur la création de l'homme contient, selon Ueberweg, un certain nombre d'observations psychologiques. Les vues tirées de l'Écriture se mêlent chez lui aux opinions de l'école de Platon et de celle d'Aristote. La possibilité de la création de la matière par l'Esprit Divin, dépend de ce qu'elle est l'unité de qualités immatérielles en elles-mêmes. L'esprit humain pénètre le corps entier; il a commencé à exister en même temps que le corps, et non pas avant ou après. *La spiri-*

tualité de Dieu, laquelle est incontestable, prouve la possibilité de l'existence immatérielle. L'âme est une entité créée, vivante, pensante, et, tant qu'elle possède des organes sensitifs, douée de perception. La faculté de penser n'appartient pas à la matière ; sans cela, la matière en général la posséderait (idée heureuse), et par suite prendrait une multitude de formes artificielles.

Dans l'étude de ce sujet par saint Augustin, le point le plus remarquable est la clarté avec laquelle il conçoit l'opposition entre les propriétés de la matière et celles de l'esprit. Il affirme que des attributs tels que la longueur, la largeur, la profondeur, la dureté, etc., appartiennent à la matière seule, et n'ont point de sens lorsqu'on les applique à l'esprit. « L'âme ne doit en aucune façon être conçue comme étant longue, ou large, ou forte. Ce sont là des propriétés corporelles, de sorte que nous étudions l'âme à la façon des corps » (*De Quant. Animæ*, cap. 3). Ainsi tandis que d'autres qualités, telles que la dureté et la couleur, sont quelquefois citées, l'*étendue* est toujours reconnue comme la grande qualité distinctive de la matière.

C'est sur cette définition de la matière que saint Augustin fonde ses preuves de l'immatérialité de l'âme. Elle ne possède point cette propriété caractéristique de la matière, et par conséquent elle ne peut pas être matérielle. Saint Augustin répète et défend très-souvent ce principe. Ses principaux arguments sont tirés de la supériorité de l'âme sur le corps, de la nature de la conscience et de la mémoire, et de la présence égale de l'âme dans toutes les parties du corps.

L'âme est supérieure au corps. C'est d'elle seule que viennent la vie, le mouvement et la sensation, que le corps cesse de posséder dès que l'âme l'a quitté. Ainsi l'âme, quoique agissant à l'aide d'organes corporels, doit être, de sa nature, supérieure au corps qu'elle anime. Elle est invisible, incorporelle, spirituelle.

Le philosophe chrétien tire plusieurs arguments de la conscience que nous avons de tel ou tel état de notre esprit. L'âme, dit-il, nous est connue directement. Nos pensées, nos désirs, notre science, notre ignorance nous sont mieux connus que les objets qui nous entourent, puisque nous ne percevons ces derniers que par l'intermédiaire d'organes corporels. Si donc l'âme est corporelle, elle doit nous être connue comme telle. Mais dans cette connaissance directe que nous en avons, nous ne trouvons aucune qualité corporelle comme la dimension, la forme ou la couleur; d'où saint Augustin conclut que l'âme ne possède aucune de ces qualités. En outre, tandis que nous *savons* d'une manière positive que la pensée et le sentiment sont des propriétés de l'âme, nous pouvons seulement *supposer* que c'est une substance matérielle. Ce qui prouve que nous n'avons aucune connaissance réelle d'une telle substance, c'est la variété des conjectures que nous faisons sur sa nature. Si nous séparons ce que nous *savons* réellement de ce que nous ne faisons que *supposer*, il reste la vie, la pensée et le sentiment, propriétés que personne n'a jamais refusées à l'âme.

Un autre argument est fondé sur la nature de la mémoire. L'esprit conserve les images d'une grande variété d'objets matériels. Quoique le corps soit petit, l'esprit peut contenir les images des domaines les plus étendus ; « et ce qui montre qu'il ne se répand pas dans un lieu, c'est qu'il n'est pas en quelque sorte contenu dans les images des lieux les plus étendus, mais bien plutôt les contient, non en les enfermant, mais par une certaine faculté que nous ne saurions décrire. » (*Contra Epist. Manich.*, cap. 17.) Si donc ces images, qui ressemblent aux corps, sont réellement incorporelles, nous devons croire qu'il en est de même de ce qui n'a nulle apparence de propriétés corporelles. Et si les choses que contient l'esprit sont immatérielles, l'esprit lui-même l'est aussi. Saint Augustin insiste beaucoup sur ce principe subtil des néo-platoniciens, d'après lequel l'âme tout entière est à la fois dans toutes les parties du corps. « L'âme est en même temps tout entière présente non-seulement dans la masse entière du corps, mais même dans ses moindres parties » (*De Immort. Animæ*, cap. 16). « Quand nous éprouvons une douleur au pied, l'œil regarde, la langue parle, la main remue ; et cela n'aurait pas lieu si l'âme qui est dans ces parties ne sentait pas aussi dans le pied ; et, si l'âme n'était pas présente dans le pied, elle ne pourrait sentir ce qui s'y est passé » (Id., *ib.*). Et cette présence de l'âme entière dans chaque partie du corps ne ressemble pas à la propriété qu'ont les corps d'occuper un certain espace, car ceux-ci sont plus ou moins grands selon l'espace qu'ils occupent. Elle ne ressemble pas non plus à la présence d'une qualité, comme, par exemple, la blancheur, qui est tout entière présente dans toutes les parties d'un objet ; car la matière qui est blanche dans une partie n'a aucun rapport avec la blancheur d'une autre partie. Par conséquent, l'âme a une nature qui lui est propré, puisqu'elle a des qualités qui ne se retrouvent dans aucune substance matérielle.

Outre ces arguments généraux, saint Augustin met en avant des considérations spéciales pour prouver l'immatérialité de l'âme rationnelle. Les objets de la raison sont incorporels. Les images des objets corporels, qu'elle compare et qu'elle juge, quoique ressemblant à la matière, n'ont réellement aucune étendue, et sont par conséquent immatérielles. La vérité et la sagesse, que la raison perçoit, n'ont aucune trace de propriétés matérielles. On ne peut non plus reconnaître aucune de ces propriétés dans la faculté de la raison elle-même. Elle ne peut être divisée en parties ni occuper une portion de l'espace comme les corps. De tout cela, par conséquent, le philosophe conclut que l'âme rationnelle n'est pas matérielle.

A ceux qui voudraient lui objecter que, si l'âme n'a ni longueur, ni largeur, ni épaisseur, elle n'est rien, saint Augustin répond que bien des choses qui existent réellement n'ont aucune de ces qualités. La justice, par exemple, n'a point d'étendue, et cependant la justice est, non-seulement une chose réelle, mais même une chose d'une nature plus élevée que n'importe quel objet corporel. La Divinité non plus ne possède point ces attributs; et quiconque croit que l'âme est corporelle, doit, pour être conséquent, penser la même chose de Dieu. L'absence de ces propriétés prouve donc réellement la dignité et la valeur supérieure de l'âme.

Alors, puisque l'âme n'est pas matière, on demandera peut-être quel nom nous devons lui donner. Saint Augustin répond que « tout ce qui n'est pas matière, et qui existe cependant réellement, s'appelle proprement *es-*

prit. » (*De Quant. Animœ*, cap. 13.) Et en cela, dit-il, je m'appuie sur l'usage de l'Écriture, quoiqu'on y trouve aussi ce mot appliqué à la partie intellectuelle seule.

Après avoir établi une différence si tranchée entre l'esprit et la matière, saint Augustin sentit que la grande difficulté était d'expliquer comment l'âme immatérielle peut agir sur le corps matériel pour produire le mouvement. Aussi admettait-il que l'âme n'agit pas directement sur les parties plus matérielles du corps, mais sur une substance corporelle dont la nature se rapproche davantage de celle des substances incorporelles. Cette substance, il l'appelle lumière et air, et il la suppose mêlée à toute la matière plus grossière. L'âme transmet d'abord ses ordres à cette matière plus subtile, qui à son tour les communique immédiatement aux éléments plus grossiers.

Au sujet de l'immortalité de l'âme, saint Augustin dit qu'aucun être créé ne peut être immortel dans le même sens que Dieu, puisque l'existence de toute créature dépend toujours de la volonté divine. En même temps il soutient qu'aucun des changements que nous voyons s'opérer soit dans l'âme elle-même soit dans le corps, ne tend à la destruction de l'âme. La matière elle-même n'est pas détruite par le changement : à quelque point que sa forme soit altérée, elle reste toujours matière comme auparavant. Et, s'il en est ainsi des objets corporels, nous ne pouvons supposer que sur ce point l'âme leur soit inférieure, puisque tout esprit est supérieur à tous les objets matériels. Le philosophe va plus loin encore, et affirme que l'âme ne peut être détruite par aucun autre être créé, soit corporel, soit spirituel. La matière, étant d'une nature inférieure, ne peut détruire l'âme. Et un être spirituel plus puissant ne le peut pas non plus ; car un esprit n'est sujet à un autre qu'autant que sa propre volonté consent à cet assujettissement, et il est évident qu'aucun esprit ne peut désirer sa propre destruction. Ainsi l'âme ne peut être détruite que par la volonté de Dieu.

Si l'on pense que l'âme peut mourir, en ce sens que, bien qu'elle ne soit pas détruite, elle peut exister sans vivre, saint Augustin démontre qu'une telle idée implique une contradiction de termes. L'âme est la vie et la source de la vie pour tout être vivant. « L'esprit ne peut donc pas mourir. Car, s'il peut être sans vie, ce n'est pas un esprit, mais une chose qui a reçu la vie de l'esprit » — *non animus, sed animatum aliquid est* — (*De Immort. Animœ*, cap. 9).

Saint Augustin insiste souvent sur l'argument tiré de notre « aspiration naturelle à l'immortalité. » Tous les hommes, dit-il, aspirent au bonheur, et le bonheur ne peut être véritable sans que celui qui en jouit en désire aussi la continuation. Or, un homme ne peut être véritablement heureux s'il n'a ce qu'il désire ; et, par conséquent, la vie doit être éternelle, ou le bonheur est impossible. Ainsi la nature demande l'immortalité. A ceux qui lui objectent que, d'après ce raisonnement, tous, même les méchants, doivent arriver au bonheur, saint Augustin répond que le bonheur est accordé aux bons, non parce qu'ils désirent être heureux, mais parce qu'ils désirent être bons. Le bonheur est la récompense de la vertu ; et puisque tous ne désirent pas une vie vertueuse, tous ne peuvent en obtenir la récompense.

CLAUDIEN MAMERT, qui vivait vers l'an 470, a écrit un traité *De Statu Animæ*, en réponse à un ouvrage anonyme, que l'on sait maintenant être de Fauste, évêque de Riez, en Gaule. Fauste soutenait que Dieu seul est incorporel; tous les êtres créés sont matériels, et l'âme est composée d'air. Mamert, dans sa réponse, se place sur le même terrain que saint Augustin. D'après M. Lewes, il a épuisé tous les principaux arguments dont Descartes s'est servi à son tour pour établir la doctrine de l'immatérialisme. Laissant de côté différents points qui ne se rapportent pas d'une manière directe au sujet qui nous occupe, et la longue liste de preuves qu'il emprunte aux philosophes, aux auteurs ecclésiastiques et à l'Ecriture sainte, voici comment nous pouvons résumer son argumentation : —

L'homme a été fait à l'image de Dieu, et, de l'aveu de Fauste lui-même, la nature divine est incorporelle. Or, puisque ce n'est pas dans la matière que peut consister la ressemblance avec Dieu, nous devons croire que cette image se trouve dans une âme immatérielle. En outre, l'immatériel est d'une nature plus élevée que le matériel; et, puisque Dieu est infiniment bon, il doit vouloir créer des êtres de l'ordre le plus élevé, sans lesquels ses œuvres seraient incomplètes, et, puisqu'il est tout-puissant, il exécutera cette volonté.

D'un autre côté, l'âme n'est soumise à aucune limite de lieu (*illocalis*). Elle est tout entière présente dans chaque partie du corps comme dans le corps entier, de même que Dieu est présent dans l'univers entier; autrement une partie de l'âme serait perdue quand on coupe une partie quelconque du corps. Tandis qu'aucun objet matériel ne peut être présent en plus d'un lieu à la fois, l'âme anime en même temps tout le corps, et, dans son entier, voit par les yeux, entend par les oreilles, etc. Son mouvement ne s'opère pas dans l'espace, mais seulement dans le temps; il consiste, comme l'explique Mamert, dans le changement de pensées et de sentiments. Quand le corps se meut, ce mouvement local ne se communique pas à l'âme.

L'âme n'a point de quantité, car le lieu et la quantité sont inséparables. Tandis qu'aucun être, si ce n'est Dieu, n'est entièrement en dehors de la sphère des catégories (d'Aristote), la matière seule est soumise à toutes; ainsi l'âme admet la qualité mais non la quantité. Dans un sens, il est vrai, elle admet la mesure, le nombre et le poids; mais alors *la mesure* doit s'entendre des degrés de sagesse; *le nombre*, de la perception intellectuelle des nombres extérieurs; et le *poids* doit s'appliquer à la volonté comme puissance motrice de l'esprit.

L'âme n'est pas contenue dans le corps, dit Mamert, mais c'est elle qui le contient réellement — comme Plotin l'avait déjà enseigné. Après avoir cherché les preuves de ce principe dans les saintes Écritures, il l'emploie pour démontrer que l'âme doit être immatérielle; car aucune substance matérielle ne peut à la fois contenir le corps, et être au-dedans du corps pour l'animer. Si l'on dit qu'il y a contradiction à admettre que l'âme est dans un lieu et n'est cependant pas bornée par le lieu, Mamert répond que l'univers lui-même offre la même difficulté; il ne peut être contenu dans aucun lieu, car sans cela ce lieu en exigerait un autre, et ainsi de suite, ce qui nous forcerait à lui accorder l'attribut divin de l'infinité.

A la suite de toutes ces considérations, Mamert invoque aussi cet argument — employé avant lui par saint Augustin, et après lui par Descartes — que le raisonnement est inhérent à la substance de l'âme; et, comme la raison est incorporelle, l'âme doit l'être aussi. La volonté et la mémoire lui fournissent des arguments semblables.

Dans sa réfutation des arguments de Fauste, Mamert fait preuve d'un esprit exercé et ingénieux. Ainsi il examine en détail l'argument tiré des expressions applicables au corps, contenues dans la parabole de Lazare et le mauvais riche. Il fait voir que, si ces expressions prouvent la matérialité du corps, elles doivent toutes être prises dans le sens le plus littéral, ce qui ne peut se faire sans produire des inconséquences et des absurdités.

Némésius, évêque d'Emèse, en Phénicie (qui florissait vers l'an 450), mérite d'être cité pour avoir contribué à établir l'immatérialisme dans l'Église d'Orient. Il a écrit sur la nature de l'âme un ouvrage dans lequel il se place surtout sur le terrain du néo-platonisme. Il affirme que l'âme est une substance immatérielle. Elle est, comme l'enseignait Platon, dans un état de mouvement éternel et spontané, duquel provient le mouvement du corps. Il professe l'opinion de la préexistence de l'âme, et soutient que sa nature, étant au-dessus des sens, entraîne pour elle l'immortalité.

Depuis le cinquième siècle jusqu'au grand développement de la scolastique dont saint Thomas d'Aquin fut le chef au treizième siècle, il ne se produit aucun changement d'opinion important sur le sujet qui nous occupe. Alors il attire de nouveau l'attention, mais le point de vue n'est plus le même. Tous les raisonnements des scolastiques ont revêtu les formes de la philosophie d'Aristote, et pour les comprendre il faut être au courant des idées et des expressions principales d'Aristote. (Voir plus haut, à propos d'Aristote, surtout l'explication des mots *forme* et *matière, actualité* et *potentialité*). Ainsi, quoique saint Thomas fût franchement spiritualiste, il ne cherche point, comme saint Augustin et Claudien Mamert, à démontrer que l'âme ne possède point les attributs matériels d'étendue, de quantité, etc.; il s'efforce de prouver qu'elle est, dans le sens aristotélien de ces mots, l'*actualité* du corps et la *forme* immatérielle pure. Aussi, pour suivre le développement des vues qui dominent chez saint Thomas, nous faut-il remonter à Aristote.

Voici comment Ueberweg résume la marche des idées depuis Aristote jusqu'à saint Thomas : — « Aristote regarde comme *forme* (c'est pour lui l'abstraction la plus élevée et le contraire de la matière), immatérielle et cependant individuelle, la Divinité et le νοῦς actif ou intelligence — la seule partie immortelle de l'âme humaine; il ne définit pas le raport qui existe entre ce νοῦς immortel et le composé mortel d'âme et de corps. Parmi ses successeurs immédiats, tels que Dicéarque et Straton, l'idée dominante est que toute forme réside dans la matière. Alexandre d'Aphrodisie attribue à la Divinité, mais à elle seule, une existence transcendante, dégagée de la matière, et cependant individuelle; il rend l'âme humaine entièrement dépendante de la matière pour son existence individuelle. Les commentateurs qui viennent ensuite, comme Thémistius, ont adopté le néo-platonisme, et attribuent au νοῦς humain la même existence indépendante et individuelle qu'à la Divinité. C'est de ce côté que se range saint Thomas d'Aquin. »

Albert le Grand (1193-1280) doit être cité ici à cause de l'influence qu'il a eue sur les opinions de son disciple saint Thomas. Il tenait que l'intelligence active est une partie de l'âme, et que c'est, dans chaque homme, le principe qui donne la forme et l'individualité. Ce principe contient également les forces appelées par Aristote force nutritive et force sensitive, et par suite, ces deux facultés sont séparables du corps et immortelles. Toute âme humaine est immortelle en vertu de sa communauté avec Dieu.

Saint Thomas d'Aquin (1225-1274) représente l'âge mûr de la philosophie scolastique. Ses opinions sur la nature de l'âme se trouvent dans plusieurs de ses nombreux ouvrages philosophiques et théologiques; mais il faut surtout les chercher dans la première partie de sa *Somme de Théologie*, où tous ces points sont exposés d'une manière complète et systématique. Nous ne donnons dans le résumé suivant que celles de ses opinions sur l'âme qui se rapportent au sujet que nous traitons ici.

Saint Thomas pense que l'âme n'est pas matérielle, et ajoute que c'est la source première de la vie pour tous les êtres vivants. Or, tandis que le corps peut être une source secondaire d'actions vitales, comme l'œil, par exemple, est la source de la vision, le corps, *en tant que corps*, n'est pas vivant ou source de vie. Il ne peut avoir cette puissance que comme corps d'une espèce particulière (*per hoc quod est tale corpus*), et la source qui donne à chaque objet un caractère, est son *actualité*. « Ainsi, l'âme, qui est la source première de la vie, n'est pas un corps, mais bien l'actualité du corps; de même que la chaleur, qui est la source de l'accroissement de température des corps, n'est pas un corps, mais une espèce d'actualité de corps. » (*Sum. Theol.*, I, 75, 1.)

L'âme humaine est une substance indépendante. En effet, par l'intelligence l'homme connaît la nature de *toutes* les espèces de corps. Ceci serait impossible si l'intelligence était matière, car l'être qui connaît ne doit avoir en soi rien de la nature des objets qu'il connaît; ce serait également impossible si elle connaissait au moyen du corps, parce que la nature bornée de l'intermédiaire l'empêcherait de connaître *toutes* les espèces de corps, de même qu'un œil malade rend la vision inexacte, ou que la couleur d'un vase modifie la couleur du liquide qui y est contenu. Ainsi le principe intellectuel agit par lui-même sans le secours du corps; et, comme c'est seulement une substance qui peut ainsi agir par elle-même, l'âme de l'homme est une substance indépendante. Mais ceci ne s'applique pas à l'âme des bêtes; car l'âme sensitive ne peut agir par elle-même, mais il lui faut la coopération du corps.

Saint Thomas affirme, comme nous l'avons déjà dit, que l'âme est une *forme* pure, sans rien de matériel. Pour l'intelligence en particulier, elle ne pourrait sans cela connaître l'essence des choses. La matière est le principe de l'individualité, et elle empêcherait l'intelligence de connaître l'universel, de même que les facultés sensitives, qui agissent au moyen d'organes corporels, ne perçoivent que des objets individuels.

Tout en répudiant la doctrine platonicienne de la préexistence de l'âme, saint Thomas soutient l'immortalité de l'âme comme découlant de son immatérialité. Elle ne saurait périr par quelque chose qui lui soit extérieur ; car, puisqu'il convient que le commencement et la fin de l'existence s'opèrent de la même manière, ce qui a une existence indépendante ne peut périr que de soi-même. Et elle ne peut périr de cette dernière façon ; car, comme la forme est l'*actualité* (voir plus haut, ARISTOTE), l'existence lui appartient par sa nature même. « La matière périt en se séparant de sa *forme ;* mais il est impossible à la forme de se séparer d'elle-même ; par conséquent il est impossible qu'une forme qui existe cesse de posséder l'existence. » (Ceci ressemble au raisonnement de saint Augustin que nous avons donné plus haut, et la seconde moitié de l'argument équivaut à la pensée de Platon dans le *Phédon*, lorsqu'il dit que la vie est inséparable de l'idée même de l'âme.) D'ailleurs, dit saint Thomas, adaptant à sa propre manière de voir l'argument tiré de l'aspiration de l'âme à l'immortalité, « tout être désire naturellement l'existence à sa manière, et chez les êtres qui ont la faculté de connaître, le désir suit la connaissance. Or, tandis que les sens ne peuvent connaître l'existence que dans les limites de l'espace et du temps (*cognoscit esse sub hic et nunc*), l'intelligence l'embrasse d'une manière absolue et par rapport à tout temps. C'est pourquoi les êtres doués d'intelligence désirent naturellement exister toujours, et un désir naturel ne peut pas exister en vain. » (*Sum. Theol.*, I, 75, 6.)

Telles sont les idées de saint Thomas sur la nature essentielle de l'âme. Dans une discussion séparée, il considère l'union de l'âme et du corps. Il examine si le principe intellectuel est uni au corps comme sa *forme*. Il dit que tout ce qui donne l'actualité à un être est sa forme ; que le principe qui rend le corps vivant est l'âme, laquelle lui donne la croissance, le sentiment, le mouvement et aussi l'*intelligence*. Et à moins qu'il n'existe alors entre l'intelligence et le corps le rapport intime de la forme à la matière, nous ne pouvons pas comprendre comment les actions de celle-là peuvent être attribuées à l'homme comme lui appartenant. Saint Thomas répudie la doctrine platonicienne qui veut que l'âme soit simplement le principe moteur du corps. A tout cela il ajoute que plus une forme est élevée, moins elle est mêlée à la matière, et plus elle surpasse la matière dans ses opérations. Et, comme l'âme humaine est la plus noble de toutes les formes, une partie de ses opérations, c'est-à-dire les opérations de l'intelligence, n'ont rien de commun avec la matière.

A l'exemple de son maître Albert le Grand, saint Thomas prouve que la faculté nutritive, la faculté sensitive et la faculté intellectuelle appartiennent à une seule et même âme. Autrement, dit-il, l'homme ne serait pas réellement un, car l'unité d'un objet vient de la forme même qui lui donne l'être. D'ailleurs, l'identité de ces facultés ressort de ce fait, que toute opération de l'âme, lorsqu'elle est exécutée avec énergie, empêche toutes les autres. Ainsi la forme supérieure renferme réellement la forme inférieure — l'âme sensitive et l'âme nutritive d'Aristote. (Cette opinion fut reconnue comme dogme par le concile de Vienne, en 1311.)

Saint Thomas pense, avec Plotin, que l'âme tout entière est présente dans le corps entier et dans chacune de ses parties. Mais il distingue avec soin trois sortes de totalité. L'âme n'est pas présente dans chaque partie comme un tout dans un sens quantitatif, ni dans l'ensemble de ses facultés. Cette présence comme un tout dans chaque partie, doit s'entendre dans le sens de la présence de sa nature et de son essence tout entière.

Lorsqu'il étudie les facultés de l'âme, saint Thomas admet qu'elles ne restent pas toutes quand l'âme est séparée du corps. Certaines facultés se rattachent à l'âme seule, telles que l'intelligence et la volonté ; elles subsistent dans l'âme séparée du corps. D'autres sont jointes au corps, telles que la faculté sensitive et la faculté nutritive ; elles disparaissent au point de vue de l'action effective, en même temps que leurs organes corporels, quoiqu'elles restent encore en puissance dans l'âme. Aristote divise l'intelligence en intelligence active, théorisante ou reproductive (*intellectus agens*), et intelligence passive ou réceptive (*intellectus patiens*). Il faut une intelligence active pour que les formes des objets matériels, qui sont mêlées à la matière, soient rendues actuellement intelligibles. Cette intelligence active appartient à l'âme ; car, quoique nous puissions supposer (selon les idées platoniciennes) une intelligence supérieure et séparée, de laquelle participe l'intelligence de l'homme, — ce que saint Thomas admet dans un sens, puisque la Divinité est pour lui une intelligence semblable — cependant il nous faut supposer que cette participation donne à l'intelligence humaine la faculté de séparer l'universel du particulier ; ce qui revient à admettre l'exercice d'une intelligence active au dedans de l'âme.

Le tableau suivant montre la différence entre la théorie

d'Aristote et celle de saint Thomas. Les lignes pleine représentent la substance matérielle, et les lignes pointillées la substance immatérielle. Voici la théorie d'Aristote :

    A. *Ame des plantes.*
——————— sans conscience.
    B. *Ame animale.*
.... Corps et esprit inséparables.
    C. *Ame humaine* — νοῦς — *Intelligence.*
I. Intelligence passive.
——————————————— Corps et esprit inséparables.
II. Intelligence active — Connaissance des principes les plus élevés.
.... Forme pure ; détachée de la matière ; substance céleste ; immortelle.

Voici maintenant celle de saint Thomas :

    A. *Ame végétale ou nutritive.*
——————————————— Contient une partie immatérielle, quoique inconsciente.
    B. *Ame animale.*
.... Contient une partie immatérielle, consciente.
    C. *Intelligence.*
.... Purement immatérielle.

Duns Scot (fin du treizième siècle) abandonne jusqu'à un certain point la position avancée prise par saint Thomas. Selon lui, Dieu seul est une forme absolument pure ;

tous les êtres créés, y compris les anges et l'âme, sont composés de forme et de matière. La matière de l'âme est cependant bien différente de la matière des corps ; c'est quelque chose de créé, base de toute existence finie, y compris la matière corporelle elle-même.

Mais cette protestation resta sans effet. Saint Thomas avait triomphé ; la limite extrême de la séparation dans le dualisme était atteinte.

Si nous passons maintenant aux temps modernes, nous devons reconnaître Descartes comme étant, par excellence, le philosophe de l'immatérialisme (il ne se sert pas du mot spiritualisme). Cependant il n'est pas improbable que Jean Calvin, qui vint un siècle avant lui, ait beaucoup contribué à faire adopter cette doctrine comme seule orthodoxe.

CALVIN adopte en substance la doctrine de saint Thomas. Nous trouvons ses idées dans ses « Institutes », et dans un petit traité « du sommeil de l'âme, » destiné à réfuter l'opinion de ceux qui veulent que l'âme sommeille depuis la mort jusqu'à la résurrection, opinion vers laquelle penchaient quelques-uns des réformateurs, pour ne pas admettre l'existence du purgatoire. Voici, en résumé, ce que dit Calvin dans ses Institutes. L'âme est une essence immortelle, la plus noble partie de l'homme ; ce n'est pas une émanation, mais bien une création véritable ; elle est essence sans mouvement, et non mouvement sans essence. Son pouvoir de distinguer le bien et le mal, la rapidité et l'étendue de ses facultés, si différentes de celles des bêtes, celle surtout de concevoir le Dieu invisible, — prouvent qu'elle est incorporelle, puisque toutes ces facultés sont incompatibles avec le corps. Quant à la question si discutée de ses rapports avec l'espace, l'âme n'est pas, à proprement parler, bornée par l'espace; cependant elle a pour séjour le corps, elle en anime les parties et rend ses organes capables de remplir leurs diverses fonctions. La force du raisonnement de Calvin est toujours l'argument tiré du « point d'honneur. »

Arrivons maintenant à DESCARTES. On l'appelle souvent le père de la philosophie moderne, à cause de la force avec laquelle il a insisté sur la distinction fondamentale entre la matière et l'esprit. La matière, dont l'essence est l'étendue, nous est connue par les sens, et c'est ainsi que le physicien l'étudie ; l'esprit, dont l'essence est la pensée, ne peut être connu que par la conscience, organe ou faculté du métaphysicien. Descartes fait la distinction (sur laquelle Reid a tant insisté dans sa « Recherche ») entre l'élément spirituel et l'élément physique qui composent la sensation ; la sensation que nous appelons chaleur étant une chose, et la propriété physique du feu étant une chose différente. Il pose ce principe fondamental, que rien de ce que nous pouvons concevoir par la puissance de l'imagination, ne saurait jeter aucune lumière sur les opérations de la pensée ; ce qui revient simplement à dire que les sentiments et les pensées de l'esprit sont quelque chose de bien différent d'un arbre, d'un champ, d'une rivière ou d'un palais, ou de quelque autre chose que ce soit dans le monde de l'étendue. Il soutient l'immatérialité de l'agrégat spirituel, ou principe pensant.

Descartes avait sa théorie à lui sur les attributs physiques du principe immatériel. Il assignait à l'âme une place ou un centre défini dans le cerveau ; c'était, selon lui, le petit corps situé près de la base de cet organe, et connu sous le nom de glande pinéale. Il expliquait l'action du cerveau par le mouvement des esprits animaux le long des nerfs ; mais l'effet de ces esprits animaux se bornait aux manifestations de la vie animale, et ne se rattachait pas au principe pensant ou à l'âme proprement dite. On sait que Descartes refusait l'esprit aux bêtes, et les traitait comme des automates ou des machines. Dans le cinquième chapitre de son « Discours de la méthode, » il développe ce qu'il appelle les différences infranchissables qui séparent l'homme de la brute.

Il faut surtout louer Descartes d'avoir exprimé nettement la différence entre la matière et l'esprit ; c'est désormais un fait établi. Mais la doctrine d'une substance immatérielle qu'il y ajoute, n'est qu'une hypothèse ; et, quand même des arguments suffiraient pour la rendre intelligible et soutenable, ceux de Descartes étaient, en tout cas, singulièrement insuffisants. Il s'appuie sur la distinction, si souvent répétée, entre la divisibilité de la matière et l'indivisibilité de l'esprit ; mais quoique cet argument pût avoir quelque poids même pour l'évêque Butler, il n'a guère plus arrêté les matérialistes que n'aurait pu le faire une simple toile d'araignée. Il est vrai qu'un lingot de cuivre est divisible ; mais faites-en une montre, et vous ne pouvez plus couper le cuivre en deux sans détruire la montre. Vous ne pouvez pas plus partager un cerveau humain en deux cerveaux remplissant leurs fonctions, que vous ne pouvez couper en deux son intelligence.

Descartes eut, de son temps même, un rival redoutable ; je veux parler de Hobbes, pour qui la substance était corps ou matière, et rien autre. Le mot *esprit* ne signifiait pour lui qu'un fluide invisible et subtil, l'éther par exemple (et il n'en tient même pas compte dans sa philosophie) ; ou bien, c'était un fantôme, une pure imagination. Mais voyons comment le xviii° siècle a envisagé cette question.

Locke ne fait allusion à ce sujet qu'avec sa sagacité et sa brièveté ordinaires. Il ne veut pas que nous soyons, en aucune façon, tenus de croire à la nature immatérielle de l'esprit, puisque le Tout-Puissant pourrait, pour ce que nous en savons, aussi facilement joindre directement à la matière la faculté de penser, que la joindre à une substance immatérielle qui doit être elle-même jointe à la matière. Voici les termes dont il se sert : — « Celui qui voudra bien considérer librement, et examiner la partie obscure et compliquée de chaque hypothèse, aura peine à trouver que sa raison puisse le déterminer avec sûreté pour ou contre la matérialité de l'âme. »

Vers la fin de la carrière de Locke, commence le grand mouvement matérialiste du siècle dernier, mouvement dont on peut dire que Priestley est l'expression la plus énergique. Avant Priestley, les noms les plus importants que nous puissions citer du côté du matérialisme sont ceux de Toland et de Collins; en même temps, Samuel Clarke, un des chefs du camp opposé, attaque plus spécialement le matérialisme de Dodwell, qui est maintenant oublié. Priestley eut pour adversaire Price, qu'il traita toujours avec respect, et Baxter, spiritualiste extrême, maintenant fort effacé. L'évêque Butler, dans son livre intitulé « Analogie, » avait soutenu le spiritualisme, mais sans rien dire de neuf en sa faveur. Nous nous contenterons de dire quelques mots du rôle joué par Priestley dans la discussion entre les philosophes anglais; mais auparavant il faut parler de La Mettrie et des matérialistes du continent, qui appartiennent à la première moitié du xviiie siècle.

L'historien Carlyle nous présente LA METTRIE parmi les joyeux compagnons de Frédéric-le-Grand, dans la première partie de son règne. C'était un bon vivant, grand dîneur, bel-esprit et en même temps philosophe ; et il est probable que sa fin tragique a souvent été citée comme avertissement contre l'abus des plaisirs de la table. Ses livres de *L'homme-Machine* et de *L'homme-Plante*, sont écrits avec une grande vivacité, et ses vues y sont développées avec une habileté qui dut certainement avoir de l'influence sur les plus sceptiques de ses contemporains. Ces ouvrages contiennent surtout des développements abondants sur l'influence qu'exerce sur nos sentiments telle ou telle condition physique, comme, par exemple, la nourriture, les stimulants, etc. « Quelle énorme puissance il y a dans un repas ! Il fait renaître la joie dans un cœur désolé ; il la fait passer dans l'âme de tous les convives, qui l'expriment par une conversation aimable ou une musique agréable ! » Et plus loin : « La viande crue donne la férocité aux animaux, et produirait le même effet sur l'homme. Cela est si vrai, que les Anglais, qui mangent leur viande saignante, semblent avoir plus ou moins de cette férocité, qui se montre dans leur orgueil, leur haine ou leur mépris pour les autres nations. ». De même, « l'homme a été dompté et apprivoisé par degrés, comme les autres animaux... Nous sommes ce que nous sommes, d'abord par notre organisation, et ensuite par l'instruction...... L'homme est fait de matériaux qui ne valent pas mieux que ceux dont sont faits les autres animaux; la nature y a employé une seule et même pâte — seulement elle y a mis un levain différent... Nous pouvons dire du corps que c'est une machine éclairée... C'est une horloge qui a pour ressort le chyle frais fourni par la nourriture. » Il se contente d'effleurer la question de savoir si la matière a une activité propre, et cite des exemples en faveur de l'affirmative; mais nous verrons ce point mieux discuté par Priestley. La Mettrie ne veut pas se prononcer sur l'existence de Dieu, tant les arguments pour et contre se balancent dans son esprit; il est également indécis sur l'immortalité, mais il pense que le matérialisme est la doctrine la plus intelligible, puisqu'elle se contente d'une seule substance; la plus commode, et *la plus favorable à la bienveillance universelle*.

Les mêmes arguments, avec moins d'esprit et un enchaînement plus logique, se retrouvent dans le *Système de la nature* du baron D'HOLBACH; mais il est inutile de nous y arrêter davantage.

JOSEPH PRIESTLEY fut en même temps écrivain abondant et habile sur la théologie, la philosophie, l'histoire et bien d'autres sujets, et physicien et chimiste distingué, comme le prouvent ses découvertes bien connues. Dans son ouvrage intitulé *Le Matérialisme*, il commence par en appeler à ce qui était par excellence la logique du dix-huitième siècle — non la logique d'Aristote, ni même celle de Bacon, mais la logique de Newton : car Newton fut logicien par la théorie aussi bien que par la pratique ; ses quatre règles philosophiques n'étaient pas seulement inscrites en tête de tous les ouvrages de physique de son temps, mais elles étaient apprises par cœur et appliquées dans toutes les recherches scientifiques. Priestley aussi, grâce à ses études scientifiques, était pleinement en état de répondre à l'argument grossier et inexact, souvent invoqué en faveur du spiritualisme, d'après lequel la matière est une substance solide, impénétrable, inerte, absolument passive et indifférente au repos ou au mouvement, tant qu'elle n'est pas soumise à l'action de quelque force étrangère. Pour réfuter cet argument, Priestley démontre que la matière est essentiellement douée de propriétés actives, de forces d'attraction et de répulsion; son impénétrabilité même suppose l'existence de forces répulsives. Priestley est même disposé à adopter la théorie de Boscovich, d'après laquelle la matière n'est qu'une agrégation de centres de force, de points d'attraction et de répulsion réciproques. Après avoir ainsi reconnu l'activité inhérente de la matière, pourquoi ne pas admettre aussi qu'elle est capable d'exercer l'activité spéciale de la pensée, puisqu'après tout la sensation et la perception ne se rencontrent jamais que dans un système matériel organisé? Puisque c'est une règle rigoureuse de la logique de Newton, de ne pas multiplier les causes sans nécessité, nous devons accepter la doctrine d'une seule substance jusqu'à ce qu'il soit démontré, ce qui est impossible jusqu'à présent, que les propriétés de l'esprit sont incompatibles avec celles de la matière. A l'appui de sa théorie, Priestley présente un résumé bien ordonné des faits qui se rapportent à la coexistence du corps et de l'esprit, et il réfute habilement l'opinion de ceux qui disent que le corps gêne l'exercice de nos facultés, en remarquant que, d'après cette théorie, les facultés de notre esprit devraient aller en s'accroissant à mesure que nous approchons de notre fin. Il insiste sur les difficultés que présente l'existence d'un rapport de lieu entre la matière et une substance immatérielle et sans étendue, ainsi que l'action mécanique de celle-ci sur la matière — deux points qui n'ont, en effet, jamais été éclaircis à la satisfaction des spiritualistes eux-mêmes. Comme les Pères de l'Eglise l'ont souvent dit, il ne saurait y avoir d'influence réciproque là où il n'y a pas de propriété commune. Priestley s'indigne tout particulièrement contre ceux qui prétendent couvrir une absurdité du nom vénérable de *mystère*. Il voudrait évidemment voir appliquer la règle de Newton contre la multiplication des causes, pour interdire de multiplier les mystères sans nécessité. Et, en général, quand il s'agit d'une substance spirituelle, le vulgaire, comme les anciens et les premiers Pères, ne pourra jamais voir la différence qui existe entre elle et rien. Priestley examine ensuite la question au point de vue de l'Écriture, et s'efforce de prouver que le langage de l'Ancien Testament signifie seulement une seule substance douée de propriétés ou d'attributs spirituels; que cette même manière de voir est tout à fait conforme au Nouveau Testament; et que la doctrine d'une âme séparée est un embarras pour le Christianisme tout entier. Il va sans dire que Priestley n'admet point un état intermédiaire entre la mort et la résurrection; il n'admet pas non plus qu'un état semblable de séparation du corps ait rien de commun avec l'immortalité de l'âme, et appuie sa croyance exclusivement sur les témoignages d'une résurrection générale contenus dans l'Écriture.

Tel est le résumé du plaidoyer certainement le plus habile que nous ait légué le siècle dernier en faveur de la doctrine de l'unité de substance. Cette doctrine compta de nombreux partisans à la fin du dix-huitième siècle et au commencement du dix-neuvième. Le célèbre Robert Hall fut, pendant bien des années, un matérialiste de l'école de Priestley ; et la manière dont il changea de sentiment peut difficilement être considérée comme une réfutation de cette doctrine. Il nous dit, en parlant de lui-même, « qu'il enterra son matérialisme dans la tombe de son père. »

Si nous passons au dix-neuvième siècle, nous pouvons prendre Dugald Stewart comme représentant d'une manière satisfaisante les métaphysiciens de ce siècle. Il fait profession de repousser le matérialisme; mais lorsque nous examinons ce qu'il entend par là, nous voyons qu'il veut dire en réalité la confusion de l'esprit et de la matière en un seul phénomène, en un ensemble de propriétés — les propriétés matérielles; comme dans ces mots échappés à Hume, « cette petite agitation du cerveau que nous appelons la pensée; » car, bien qu'une agitation du cerveau *accompagne* la pensée, cette agitation n'est pas elle-même la pensée [1]. Steward dit que « quoique nous ayons

---

[1]. Il est rare de trouver chez les modernes des exemples de matérialisme avec substance unique, ou de double matérialisme, si ce n'est lorsque quelque expression leur échappe par mégarde. Robert Hooke (cité par Reid, « Intellectual powers », Essai II, chap. IX) se

les preuves les plus fortes qu'il y a en nous un principe pensant et sensible essentiellement distinct de la matière, cependant nous n'avons aucune preuve directe de la possibilité pour ce principe d'exercer ses diverses facultés séparément du corps. Au contraire, l'union des deux principes, tant qu'elle subsiste, est évidemment de la nature la plus intime. » Et le philosophe poursuit en citant quelques-uns des faits qui montrent la dépendance de l'esprit par rapport au corps. Il ajoute que le philosophe doit s'occuper de constater « les lois qui règlent l'union des deux substances, sans chercher à expliquer de quelle manière elles sont unies. »

Le professeur FERRIER, qui dans ses « *Institutes of Metaphysics* » a exposé, avec une nomenclature qui lui est particulière, l'opposition entre l'esprit et la matière, traite avec un dédain assez prononcé le lieu commun du spiritualisme. Voici comment il s'exprime :

« C'est en vain que les spiritualistes cherchent un argument en faveur de l'existence d'une substance immatérielle distincte, dans la prétendue impossibilité pour les

---

laisse aller à une profession de foi matérialiste assez semblable à celle de quelques philosophes anciens. « Dans ses leçons sur la lumière, il présente les idées comme des substances matérielles, et admet que le cerveau est muni d'une espèce de matière particulière pour fabriquer les idées de chaque sens. Les idées de vue sont, selon lui, formées d'une espèce de matière qui ressemble à la pierre de Bologne, ou à une sorte de phosphore.

Un matérialisme du même genre se trouve dans la *Zoonoma* de Darwin, dans laquelle Mill signale les expressions suivantes (*Logique*, Erreurs, chap. III, § 8) : — Le mot *idée* « est défini comme étant une contraction, un mouvement ou une configuration des fibres qui constituent l'organe sensitif immédiat; » et ailleurs : « Nos *idées* sont des mouvements animaux de l'organe sensitif. »

phénomènes intellectuels et les phénomènes physiques d'appartenir à la fois à la même substance. Cette artillerie qui tire à blanc n'a rien d'effrayant pour la matérialité. L'artifice est si inoffensif qu'il mérite à peine d'être traité comme une observation sérieuse. Une pareille hypothèse n'a vraiment rien de solide. Qui doit commander à la nature, et lui indiquer quels phénomènes ou quelles qualités appartiennent à telle ou telle substance, quels effets résultent de telle ou telle cause? La matière est en évidence, comme entité reconnue — c'est un fait admis de part et d'autre. L'esprit, considéré comme entité indépendante, n'est pas si évidemment devant nous. Par conséquent, comme il ne faut point multiplier les entités sans nécessité, nous ne sommes pas en droit d'invoquer une cause nouvelle, tant qu'il est *possible* d'expliquer les phénomènes par une cause déjà existante; et l'on n'a jamais encore prouvé que cette possibilité n'existe point. »

HAMILTON observe que nous ne pouvons localiser l'esprit sans le revêtir des attributs d'étendue et de lieu; et, si l'on dit que son siége n'est qu'un point, on ne fait qu'accroître la difficulté. Nous n'avons nullement le droit de borner l'esprit à une certaine partie de l'organisme; il est incontestable qu'il sent au bout des doigts. Tout ce que nous savons sur l'union de l'esprit et du corps, c'est que les modifications de l'esprit dépendent de certaines conditions corporelles; mais sur la nature de ces conditions nous ne savons rien (*Lectures on Metaphysics*, II, 127).

On peut répondre à Hamilton que, dans un sens, il est exact de dire que nous ne savons rien des conditions corporelles de l'esprit, c'est-à-dire que nous ne savons pas si elles sont essentiellement différentes de l'esprit lui-même, si elles ne peuvent pas se ramener à l'esprit, et si l'esprit ne peut se ramener à ces conditions. Dans un autre sens, cependant, nous en savons beaucoup sur ces conditions matérielles, et peut-être saurons-nous un jour tout ce qui peut se savoir là-dessus. Et, en réalité, on en sait quelque chose depuis que l'homme a commencé à observer.

Il est bien vrai, comme le dit Hamilton, que localiser l'esprit c'est tomber dans la contradiction et l'absurdité. Mais nous pouvons éviter cet écueil, si nous avons soin de choisir des expressions qui soient en rapport avec la nature particulière du sujet ; quand il s'agit de l'esprit, il ne faut pas parler d'étendue ou de lieu.

MANSEL (*Prolegomena Logica*, p. 138) s'exprime ainsi : — « Jusqu'ici nous ignorons comment la matière et l'esprit agissent l'un sur l'autre. Nous ne savons pas comment les réfractions matérielles de l'œil se rattachent à la partie spirituelle de la vision, ni comment la détermination de la volonté agit pour produire le mouvement des muscles. » Nous voilà donc en présence de l'opinion erronée que la puissance ou *l'efficience* appartient à l'esprit considéré séparément. Admettons au contraire l'alliance de l'esprit et de la matière, et la recherche de l'explication de leur action mutuelle ne semble plus sans espoir. Cette alliance elle-même est un fait inexplicable, parce que c'est un fait ultime ; la seule explication qui puisse s'y appliquer est la généralisation la plus grande possible.

Mansel dit encore : « Nous pouvons étudier séparément

les phénomènes de la matière et ceux de l'esprit, de même que nous pouvons étudier à part la constitution de la terre et l'architecture des cieux; nous cherchons la ligne suivant laquelle ils se rencontrent, comme l'enfant poursuit l'horizon, mais c'est pour découvrir que cette ligne fuit devant nous à mesure que nous la poursuivons. » Notre erreur consiste dans la recherche même de cette ligne de rencontre. Nous pouvons chercher la limite entre deux paroisses, deux propriétés, deux tissus contigus de l'organisme animal; mais entre le corps doué d'étendue et l'esprit sans étendue, la recherche d'une ligne de rencontre est illusoire et n'a pas de sens.

Arrivons maintenant à la dernière phase de cette histoire si remplie.

Un mouvement en faveur du Matérialisme s'est produit en Allemagne depuis une vingtaine d'années; c'est en partie une réaction contre la philosophie exagérée qui avait si longtemps régné, et en partie l'application à l'esprit de la science physique de notre siècle, de même que déjà Priestley avait appliqué à l'esprit la science physique du siècle dernier.

Il faut remarquer, cependant, que le spiritualisme, sous la forme de dualisme, n'a jamais été la croyance philosophique de l'Allemagne. Kant, qui a également tourné en ridicule le matérialisme et l'idéalisme, n'a pas cependant attribué à la matière une existence réelle à côté d'un principe spirituel indépendant. Fichte et Hegel, dominés par l'idée d'unité, ont dû faire un choix; et s'attachant de préférence au côté le plus digne, c'est-à-dire au côté spirituel, ils sont devenus panthéistes idéalistes, et ont ramené toute existence à l'esprit ou aux idées. En général, ceux qui sont fatigués de la théorie critique de Kant, deviennent ou matérialistes ou idéalistes, au lieu d'admettre l'existence de deux substances.

Pour le mouvement matérialiste contemporain, ce sont les hommes de science qui ont porté les premiers coups. Les premières déclarations énergiques, tendant à réhabiliter les forces de la matière sont parties d'hommes distingués, comme Müller, Wagner, Liebig et Du Bois Reymond. Mais le matérialisme franc et décidé commence avec Moleschott, qui publia en 1852 son *Circulus de la vie*, série de lettres adressées à Liebig. En 1854, Vogt entre en lice par une attaque contre Wagner, le grand physiologiste, qui avait dit que, quoique rien en physiologie n'indique l'existence d'une âme distincte, cependant cette existence était rendue nécessaire par les rapports moraux de l'homme. Dans une série d'ouvrages qu'il a publiés depuis, Vogt a soutenu, en termes exagérés et dont rien ne justifie l'âpreté, la dépendance de l'esprit vis-à-vis du corps. Le troisième et le plus populaire de ceux qui ont développé ces idées est Büchner, dont le livre intitulé *Matière et Force*, publié pour la première fois en 1856, a eu un très-grand nombre d'éditions, et a été traduit en anglais.

Il est inutile de nous étendre ici sur les idées de ces écrivains. Ils s'appuient en partie sur les preuves nombreuses, physiologiques et autres, de la dépendance de l'esprit vis-à-vis du corps, et en partie sur les théories les plus récentes de la matière et de la force, qui se résument par le grand principe général connu sous le nom de Corrélation, Conservation ou Persistance de la force. Ce principe leur fournit des arguments encore plus solides que ceux de Priestley en faveur de l'activité essentielle et inhérente de la matière, toutes les forces connues étant en réalité incorporées à la matière. « Point de matière sans force, et point de force sans matière, » telle est leur maxime favorite. La théorie d'une masse immobile et inerte, appelée matière, soumise à l'influence de forces du dehors ou surajoutées, est, disent-ils, plus que jamais impossible à soutenir. Les mouvements des planètes ne persistent-ils pas en vertu de la puissance inhérente de la matière ? Et, outre les deux grandes propriétés que nous nommons inertie et pesanteur, chaque portion de matière a une certaine température, qui consiste, à ce que l'on croit, en mouvements intérieurs des atomes, et qui peut réagir sur toute matière voisine qui se trouve être à une température inférieure. « Alors, disent-ils avec Priestley et Ferrier, pourquoi introduire une nouvelle entité, ou plutôt une non-entité, avant d'avoir vu ce que peuvent faire toutes ces activités de la matière ? Ils répondent aussi à l'argument spiritualiste fondé sur l'identité personnelle de l'esprit et le changement continuel du corps, par cette observation évidemment juste, que le corps aussi a son identité, identité de *type* ou de forme, bien que ses molécules constitutives puissent changer et être remplacées par d'autres.

Il ne faut pas supposer que ces écrivains dominent actuellement en Allemagne, ou que leur langage ne laisse rien à désirer au point de vue de la métaphysique. Néanmoins, comme ils ont écrit des livres intelligibles, qui s'appliquent aisément à une classe définie de faits palpables, ils ont eu beaucoup de lecteurs; et leurs idées, ou les faits scientifiques sur lesquels s'appuient ces idées, réagissent même sur le transcendentalisme le plus élevé de ce pays remarquable.

L'esquisse rapide que nous venons de faire semble nous ndiquer ce que doit être l'avenir. Les arguments en faveur des deux substances semblent avoir maintenant perdu toute leur force ; ils ne sont plus d'accord avec les résultats acquis par la science, et avec la clarté de la pensée. La substance unique, avec deux ordres de propriétés, deux faces, l'une physique, l'autre spirituelle — une *unité à deux faces* — semble plutôt satisfaire à toutes les exigences de la question. Nous devons considérer cette substance, selon le langage de la profession de foi Athanasienne, sans confondre les personnes ni diviser la substance. L'esprit est destiné à être le sujet d'une double étude — étude pour laquelle le métaphysicien devra s'associer au physicien ; et ce qu'Aristote n'avait fait qu'entrevoir pendant un instant, est enfin devenu une vision claire et durable.

APPENDICE

DES ERREURS GÉNÉRALEMENT RÉPANDUES AU SUJET DE L'ESPRIT.

Parmi les erreurs les plus générales au sujet de l'esprit, dont nous nous proposons de nous occuper ici, les unes se rapportent aux sentiments, et les autres à la volonté.

Sur l'esprit dans son ensemble, nous avons encore quelques restes d'une erreur autrefois universelle et profondément enracinée : je veux parler de l'opinion qui admettait, non-seulement que l'esprit est un fait entièrement différent du corps — ce qui est la vérité, et une vérité essentielle et fondamentale — mais encore que l'esprit est plus ou moins indépendant du corps. Autrefois on remarquait rarement, si l'on n'y était forcé par quelque circonstance extrême, que toute action de l'esprit est en même temps l'action d'un certain nombre d'organes corporels; qu'aucun sentiment ne peut prendre naissance, aucune pensée se produire, sans être accompagnée d'une série de phénomènes corporels. De nos jours, cependant, cette doctrine est généralement professée par les hommes de science. Une de ses conséquences a été l'amélioration du traitement de la folie. L'emploi d'un régime matériel pour entretenir les facultés intellectuelles en est une application également importante. Au lieu de supposer que l'esprit est quelque chose d'indéfini, d'élastique, d'inépuisable, — une sorte de mouvement perpétuel, ou de flacon magique, donnant toujours, sans rien recevoir — nous savons maintenant que chaque mouvement de plaisir, chaque élancement de souffrance, chaque intention, chaque pensée, chaque raisonnement, chaque idée exige une quantité déterminée d'oxygène, de carbone, et d'autres substances, qui se combinent et se transforment dans certains organes matériels. Et, comme l'étendue des transformations matérielles qui sont possibles dans l'organisme de chaque personne, est limitée, les forces qui en résultent ne peuvent être appliquées à un usage sans être perdues pour d'autres usages. Si l'on donne aux muscles plus que leur part, il en reste moins pour les nerfs ; si l'on exagère les fonctions cérébrales, d'autres fonctions s'en ressentent. Dans plusieurs des opinions généralement admises que nous allons critiquer, la cause première de l'erreur que l'on commet, vient de ce que l'on méconnaît cette vérité fondamentale.

I. — SENTIMENTS.

I. Commençons par les sentiments. Nous nous occuperons d'abord d'une recommandation souvent répétée, non-seulement par la foule de ceux qui ne réfléchissent pas, mais encore par des hommes de la plus haute réputation. Cette recommandation, la voici : pour être heureux, pour être vertueux, pour accomplir de grands desseins, il faut avoir le cœur léger, être gai.

Je citerai d'abord un passage d'un des Pères apostoliques, le pasteur d'Hermas, tel qu'il se trouve dans l'extrait des écrits de ce père, fait par le Dr Donaldson :

« Le dixième commandement affirme que la tristesse est sœur du doute, de l'hésitation et de la colère ; que c'est la pire de toutes les dispositions, et qu'elle afflige le Saint-Esprit. Elle doit donc être complètement bannie, et, en sa place, nous devons mettre la gaîté, qui est agréable à Dieu. Tout homme gai travaille bien, il a toujours de bonnes pensées, et il méprise la tristesse. Mais l'homme triste est toujours mauvais » [1].

Dugald Stewart recommande la bonne humeur comme un moyen de bonheur et de vertu, dans des termes qui signifient qu'il dépend de nous de l'avoir.

Dans l'ouvrage de M. Smiles intitulé *Self-Help*, nous trouvons des remarques du même genre :

« Cependant, pour attendre avec patience, il faut travailler avec gaîté. La gaîté est une excellente qualité de travail ; elle donne au caractère une grande élasticité. De même qu'un évêque a dit que « le caractère est les neuf dixièmes du christianisme ; » de même nous disons que la gaîté et l'activité — force énorme — sont les neuf dixièmes de la sagesse pratique. »

M. Arthur Helps, dans ses articles où la profondeur d'observation se trouve unie à un esprit sympathique et aux qualités les plus élevées du style, parle souvent de la tristesse, du manque d'enjouement et de gaîté du caractère anglais. Dans un passage, il cite d'une manière piquante un mot de Froissart sur nos ancêtres Saxons :

---

[1]. Donaldson, *History of Christian literature and Doctrine*, vol. I, p. 277.

« ils se divertirent moult tristement à la mode de leur pays. »

Il est certain que cette qualité est précieuse et fort désirable. Dans le récit de sa vie, Hume nous dit en parlant de lui-même, « qu'il était toujours disposé à voir le côté favorable des choses plutôt que leur côté défavorable; tournure d'esprit qui est plus précieuse que la possession d'un revenu de deux cent mille livres de rente. » Ce caractère élastique et heureux n'est qu'une autre forme de la gaîté, recommandée à tous les hommes.

Cependant, je soutiens que dire à un homme d'être généralement gai, s'il ne l'est déjà, est la même chose que de lui dire de tripler sa fortune, ou d'ajouter une coudée à sa taille. La gaîté et l'élasticité du caractère dépendent en partie de la nature primitive du tempérament — de même que les os, les muscles, la mémoire plus ou moins grande, l'aptitude aux sciences ou à la musique; elles sont, jusqu'à un certain point, le résultat de toute notre manière de vivre. Pour soutenir cette qualité, toutes les forces du système — les forces du corps servant à soutenir celles de l'esprit — doivent prendre une certaine direction; et, nécessairement, ces mêmes forces ne pouvant agir autre part, ce genre particulier de vigueur sera accompagné de certaines faiblesses, de certains défauts correspondants. Examinons rapidement les faits qui se rapportent à ce point.

La première présomption en faveur de ce que nous venons d'avancer, se fonde sur l'union du tempérament gai avec la jeunesse, la santé et une nourriture abondante. Ce tempérament se montre d'une manière remarquable avec tout ce qui contribue à la vigueur physique. Il se développe en partie pendant les vacances, dans les climats salubres, et par les occupations favorables à la santé; il se perd au milieu des fatigues, par la privation du bien-être, et par l'abattement physique. L'exception apparente de la gaîté qui peut exister avec le dépérissement du corps, le jeûne et les pratiques ascétiques, ne détruit pas le principe général, mais pose seulement un autre principe, celui de la possibilité de nourrir une partie du système en abaissant et en usant prématurément les autres.

Une seconde présomption nous est fournie encore par l'expérience de tous les jours. Le tempérament et le caractère joyeux et gai se montrent ordinairement associés à quelques signes bien marqués de vigueur physique. Les gens gais sont en général bien bâtis ; ils ont souvent une charpente solide et bien développée, une circulation et une digestion vigoureuses ; ils supportent bien la fatigue, la peine et les plaisirs. Nous avons eu dans Charles James Fox un exemple remarquable de cette constitution : sa sociabilité, son enjouement, sa gaîté, sa force de résistance aux plaisirs mondains, faisaient l'étonnement de son temps. Nous pourrions en trouver un autre exemple dans l'admirable constitution physique de lord Palmerston. Il est aussi impossible à une personne de constitution ordinaire de rivaliser avec la verve et l'animation de ces hommes, qu'il l'est de digérer avec l'estomac d'un autre ou d'accomplir les douze travaux d'Hercule.

Un troisième fait, moins en vue, mais également certain, c'est que les hommes d'un caractère gai et élastique, envisagent en général assez facilement les soins et les obligations de la vie. Ils ne sont guère portés à s'inquiéter et à se tourmenter de leurs propres affaires, et on ne doit pas s'attendre à ce qu'ils le fassent davantage pour celles des autres. Au fond, cette constitution est celle de la vertu un peu facile : elle ne se distingue guère par une observation stricte et rigide des obligations et des petits devoirs de la vie. Nous aurions tort d'accuser ces personnes d'égoïsme, plus grand tort encore de dire qu'elles ont le cœur froid : leur exubérance déborde sur les autres sous la forme de cordialité, d'enjouement, de jovialité, et même de générosité prodigue. Mais il est rare qu'elles aient beaucoup de prévoyance; elles ne prennent pas souvent l'attitude de circonspection pénible qu'exigent les entreprises difficiles. Elles ne sont pas consciencieuses pour les petites choses. Elles rejettent volontiers les fardeaux de la vie. Tout cela est d'accord avec notre principe. Se charger de fardeaux et de soucis, c'est tirer sur les forces vitales — c'est donc autant de moins pour la gaieté et la joie. Le même organisme ne peut suffire à une dépense exagérée de différents côtés à la fois. Fox ne savait pas voir les choses de loin, prévoir les maux, se charger du poids de malheurs possibles. Il est très-douteux que Palmerston eût pu jouer le rôle de Wellington en Espagne; son tempérament facile n'aurait pu se soumettre à toutes les inquiétudes et à toutes les précautions de cette vaste entreprise. Mais Palmerston était plein de vigueur et d'élasticité : à quatre-vingts ans il était encore premier ministre. Wellington, à soixante ans, était infirme.

A ces trois grandes preuves expérimentales nous pouvons ajouter la confirmation que nous fournit la grande doctrine connue sous les noms de Corrélation, Conservation, Persistance ou Limitation de la Force, appliquée à l'organisme et à l'esprit humains. Nous ne pouvons créer de force nulle part — nous nous approprions seulement la force existante. La chaleur de nos feux nous vient du feu solaire. Nous ne pouvons soulever un poids avec notre main sans brûler une certaine quantité de nourriture; nous ne pouvons concevoir une pensée sans une dépense semblable; et la force employée d'un côté ne peut plus l'être d'un autre. Tandis que nous dépensons largement en une certaine fonction — en exercice musculaire, en digestion, en pensée et en sentiment, — les autres fonctions doivent rester momentanément dans une inaction relative. Or, pour soutenir un sentiment de grande gaîté, notre organisme dépense incontestablement beaucoup de forces. Tous les faits confirment cette manière de voir. Il faut nécessairement au cerveau un afflux de sang artériel plus qu'ordinaire, quand même d'autres organes devraient en être privés en partie, et devraient par conséquent s'affaiblir, ou bien se détériorer avant le temps. Pour suffire à la demande exagérée de force dans un sens, il faut en donner moins aux autres fonctions. Un travail corporel pénible et une application d'esprit sérieuse sapent les fondements mêmes de la vivacité; ils peuvent ne pas entraîner une grande souffrance positive, mais ils sont presque incompatibles avec une gaîté exubérante. Il peut se trouver des organisations exceptionnelles, douées d'un *total* de force très-élevé, capables de supporter plus de travail, de résister à plus de privations, et cependant de montrer plus de vivacité que la moyenne des êtres humains, sans que la durée de leur vie en soit abrégée. Il est presque impossible d'être un très-grand homme, si l'on n'a reçu en partage une somme de vitalité plus grande que celle de ses semblables. Mais tant que, dans un cas particulier, cette supériorité exceptionnelle n'a pas été démontrée, nous sommes en droit de présumer qu'une faculté extraordinaire d'un côté implique un défaut de quelque autre côté. Nous devons surtout conclure, provisoirement du moins, qu'un tempérament élastique, confiant, joyeux, manque de quelques autres vertus, de quelques aptitudes, de quelques facultés, que l'on voit développées chez les hommes dont le tempérament est sombre et porté au découragement. Le plus ordinairement, la réunion de qualités qui s'excluent l'une l'autre, correspond à l'expression proverbiale d'une vie « courte et bonne. »

Revenons maintenant à l'idée que M. Helps a si fort à cœur — celle de réveiller et de tirer le peuple anglais de sa tristesse relative, pour l'amener à une existence plus animée et plus gaie. Voyons comment il est possible de le faire, d'après les principes qui précèdent. Ce ne sera certainement pas en exhortant la nation, même avec éloquence, à se lever et à s'amuser. Le procédé à suivre est plus compliqué.

La constitution morale du peuple anglais, — qui, nous pouvons l'admettre, est moins vif et moins facile à amuser que ne le sont les Irlandais, les Français, les Espagnols, les Italiens, ou même la branche allemande de la race teutonique, — cette constitution, dis-je, doit ses caractères à des causes naturelles, ou héréditaires, ou dues à l'action du climat et d'autres particularités locales. Combien de temps faudrait-il pour créer en nous une seconde nature, au point de vue de la gaîté, et quel en serait le moyen ?

D'un autre côté, en prenant le tempérament national tel qu'il est, il peut y avoir de grandes différences individuelles ; et il peut être possible, à l'aide de certaines circonstances, d'augmenter la gaîté et l'élasticité d'esprit d'une personne donnée. Un grand nombre d'Anglais sont eux-mêmes aussi joyeux et aussi réjouissants que l'Irlandais le plus gai, ou le plus vif des Français et des Italiens. Comment augmenter le nombre de ces caractères, de telle sorte qu'ils fassent la règle au lieu d'être l'exception ?

La seule réponse qui ne soit pas en désaccord avec les lois de la constitution de l'homme, la voici : *augmentez ce qui soutient la vie, et diminuez-en les fardeaux.*

Par exemple, si par un moyen quelconque vous pouvez accroître la moyenne de la santé et de la vie, vous aurez immédiatement fait un pas vers la solution cherchée. Mais quelle entreprise que celle-là ! Il ne s'agit pas seulement de prendre ce que nous appelons des dispositions sanitaires, dispositions qui ont une limite nécessaire, bientôt atteinte avec nos agglomérations de population — car comment assurer à ces masses d'hommes même la seule condition d'une quantité suffisante d'air respirable ? — La véritable difficulté, c'est qu'une moyenne élevée de santé exige des ressources de fortune bien au-dessus de celles dont dispose la majeure partie de la population existante ; en outre, les ressources les plus abondantes sont souvent neutralisées par quelque maladie héréditaire incurable. Ajoutons encore que l'humanité semble n'avoir pas encore pris à cœur la question de la santé.

En outre, il est absolument indispensable pour la gaîté de ne pas être surchargé de travail, comme le sont beaucoup d'entre nous, soit par choix, soit par nécessité. C'est là, je le crois, une considération fort importante. Un travail trop assidu épuise les forces de l'organisme, sans lui en laisser assez pour fournir à la gaîté. L'Irlandais qui n'a d'autre nourriture que trois repas, composés de pommes de terre, le montagnard d'Écosse, le lazzarone de Naples, qui ne dépensent que soixante centimes par semaine, sont très-pauvrement nourris ; mais leur vitalité dépense si peu en travail qu'ils ont peut-être plus d'élasticité d'esprit que l'homme bien nourri, mais qui travaille beaucoup. Et cependant, nous autres Anglais, nous ne voudrions pas changer de place avec eux ; notre idéal, c'est l'activité avec l'abondance ; mais aussi, notre activité calme notre tempérament, et nous dispose à la tristesse dont se plaint M. Helps. Peut-être arriverons-nous un jour à une moyenne plus favorable ; mais l'esprit humain se porte généralement avec plus de facilité vers les extrêmes.

De même, les races gaies s'inquiètent assez peu de leur constitution politique, du despotisme ou de la liberté ; elles jouissent de l'avantage précaire du sourire d'un despote ; s'il change et qu'il les écrase, elles se soumettent tranquillement. L'Anglais vit dans la crainte de la tyrannie. Sa liberté est pour lui une chose sérieuse ; c'est pour lui une préoccupation d'esprit. Or, tout ce qui préoccupe l'esprit est autant d'enlevé au bonheur ; la gaîté peut être la compagne de la pauvreté, mais elle ne s'associe pas facilement avec un caractère sérieux et prévoyant. La considération de l'avenir nous rend personnellement actifs et politiquement inquiets; c'est là un caractère que ne peuvent amuser ni les délassements que le Parisien trouve dans son café des boulevards, ni ceux que le Danois au cœur léger trouve dans ses refrains joyeux du dimanche. Les plaisirs mêmes de l'Anglais ont en eux je ne sais quoi de triste.

Et d'ailleurs, quels doivent être nos amusements? Par quels stimulants récréatifs réjouirons-nous la tristesse de nos heures d'oisiveté et de nos vacances? Sans doute, il est bien des amusements que nous devons aux bienfaiteurs de notre espèce : la société, les jeux, la musique, les fêtes publiques, les livres; et, en sachant varier à propos ces plaisirs, bien des hommes réussissent à passer leur temps avec assez de satisfaction. Mais tous ces plaisirs coûtent quelque chose; ils coûtent de l'argent ou directement, pour se les procurer, ou indirectement par l'éducation qu'il faut pour pouvoir en jouir. Il y a peu de plaisirs à très-bon marché. Il n'est pas très-difficile de se procurer des livres ; mais pour en jouir beaucoup, il faut un degré de culture d'esprit qui coûte fort cher.

De plus, voyons de quelles difficultés nos amusements sont entourés. Combien ils sont souvent fatigants! Combien il est difficile de répartir notre temps et nos forces entre eux et notre travail ou nos devoirs ! Il faut un certain art pour diriger sa marche au milieu d'une variété de plaisirs. De là vient qu'un peuple à l'esprit prudent sera toujours disposé à se contenter de plaisirs sûrs et en petit nombre; il imposera à ses désirs une certaine réserve que M. Helps pourra qualifier de tristesse, mais que beaucoup d'entre nous appelleront le moyen terme.

II. Une seconde erreur sur les limites des facultés humaines, consiste à prescrire à tous indistinctement certains goûts, certaines occupations et certains sujets d'intérêt, sous prétexte que ce qui est une source de jouissance pour un seul ou pour quelques-uns, doit nécessairement causer aux autres le même plaisir. Assurément, c'est une partie du bonheur que d'avoir quelque goût, quelque occupation qui puisse nous charmer et nous absorber — une passion dominante, une étude favorite. Aussi conseille-t-on souvent aux victimes de la tristesse et de l'ennui de se livrer à quelque occupation de ce genre. Kingsley, dans un petit livre intitulé « *Wonders of the Shore*[1] », prêchait à tous les hommes l'étude des animaux marins; et, il n'y a pas longtemps, les journaux ont publié une lettre de Carlyle, dans laquelle il exprime le regret de n'avoir pas étudié la faune des bords de nos routes. J'ai entendu recommander à un homme malade, hypocondriaque et oisif, de se mettre à étudier la botanique, la géologie ou la chimie, pour se distraire de ses souffrances. Une telle idée est plausible et spécieuse. L'entraînement vers un sujet quelconque, — botanique, zoologie, antiquités, musique — est inné en nous ; on l'a souvent dit avec raison. Les forces du cerveau doivent d'abord nous porter puissamment vers ce genre d'impressions, auxquelles viendront s'ajouter des années d'études absorbantes. Nous pouvons regarder d'un œil d'envie le botaniste penché sur son herbier, et désirer nous occuper d'une étude si attrayante; nous pourrions aussi bien désirer d'être Archimède sautant hors de son bain; un homme ne peut ni refondre son cerveau, ni recommencer

---

1. Les Merveilles du rivage.

sa vie. Un goût d'un ordre élevé, fondé sur des talents naturels, formé par l'éducation, et fortifié par un dévouement actif, se paie d'ailleurs par l'atrophie d'autres goûts, d'autres occupations et d'autres facultés. Carlyle aurait pu prendre intérêt aux grenouilles, aux araignées, aux abeilles et aux autres habitants des bords des chemins, mais pour cela il lui aurait fallu renoncer à quelque autre intérêt, et détourner son génie de sa voie actuelle. On ne peut à volonté détourner et ramener d'un sujet à un autre les fortes émotions de l'esprit. Si vous prenez un être humain dans sa jeunesse, vous pourrez imprimer à ses sentiments une direction particulière; vous pourrez même contrarier une tendance naturelle, et établir un goût sur une base de prédisposition peu étendue. Mettez un jeune homme au milieu d'artistes, et vous pourrez lui inspirer pour l'art un goût qui finira par être fort et décidé. Mais prenez le même homme, dans un âge plus avancé, et enfermez-le dans un laboratoire, afin d'en faire un chimiste enthousiaste : les limites de la nature humaine rendront probablement tous vos efforts inutiles.

Les goûts décidés qui donnent à la vie un charme puissant et durable, ne sont que la direction spéciale d'une exubérance naturelle de sentiment ou d'émotion. Un tempérament dont les émotions sont rares et faibles, aura sans doute des préférences, des goûts, des aversions, mais il n'a pas en lui la substance indispensable pour l'enthousiasme en quoi que ce soit.

Savoir déterminer de bonne heure les goûts naturels est une question d'un grand intérêt pratique. Nous nous contenterons, pour le moment, de dire qu'une éducation première sur les bases les plus larges est le meilleur moyen connu pour y arriver.

III. Une troisième erreur qui mérite d'être signalée, est une interversion singulière des rapports qui existent entre les sentiments et l'imagination. On a souvent affirmé, en critique et en philosophie, que les sentiments dépendent de l'imagination, ou que celle-ci en est la base.

Un écrivain habile et exercé, en discutant le caractère d'Edmond Burke, s'exprime ainsi : « Les passions de Burke étaient vives, ce qu'il faut attribuer en grande partie à l'intensité de son imagination. » Dugald-Stewart aussi, à propos de l'influence de l'imagination sur le bonheur, nous dit : « Toute cette partie de notre bonheur ou de notre malheur qui vient de nos *espérances* ou de nos *craintes*, doit son existence uniquement à la puissance de l'imagination. » Il va même jusqu'à affirmer que « la *lâcheté* n'est qu'une maladie de l'imagination. » Un autre écrivain explique la vivacité des facultés aimantes de Robert Burns par la force de son imagination.

Or, j'ose affirmer que cette manière de voir est presque l'opposé de la réalité. L'imagination est le résultat des sentiments, et non les sentiments celui de l'imagination. Intensité de sentiment, d'émotion, ou de passion, voilà le fait primitif ; l'intelligence dominée et dirigée par le sentiment, et produisant des formes qui correspondent à l'émotion existante, voilà l'imagination. Ce n'est point la faculté d'imagination qui donnait à Wordsworth, à Byron, à Shelley, et à tous les poètes en général, leur grande jouissance de la nature ; mais l'amour de la nature, préexistant en eux, tournait vers la nature leur attention et leurs pensées, et par conséquent remplissait leur esprit d'impressions, d'images, de souvenirs de la nature ; de là leurs images poétiques. L'imagination est un composé de puissance intellectuelle et de sentiment. La puissance intellectuelle peut être grande ; mais, si elle n'est accompagnée de sentiment, elle ne servira pas le sentiment, ou bien elle servira tour à tour plusieurs sentiments, sans en servir aucun en particulier. Sous le rapport de l'intelligence poétique, peu d'hommes ont surpassé Bacon. Son esprit était rempli d'images ; il savait présenter d'une manière variée et vive toutes les pensées qui lui venaient ; mais ces images ne touchaient à aucun sentiment profond ; elles étaient fraîches, originales, fermes, capricieuses, pittoresques, c'était un jeu d'esprit qui jamais ne touchait le cœur. Cet homme était naturellement froid ; il n'avait ni la profondeur ni l'étendue de sensibilité d'un Anglais. Peut-être son sentiment le plus fort, de quelque largeur ou de quelque générosité, fut-il en faveur des progrès de l'humanité ; mais ce sentiment ne s'élevait pas jusqu'à la passion, il n'avait ni ferveur, ni entraînement. Comparez-le avec Shelley sur le même sujet, et vous verrez la différence entre la tiédeur et l'intensité du sentiment. Ce que peut l'intelligence, sans un sentiment fort, nous le trouvons dans Bacon ; ce qu'est l'intelligence unie à un sentiment fort, nous le voyons dans Shelley. Le sentiment donne le ton aux pensées ; il met l'intelligence en œuvre pour trouver un langage qui ait la même intensité, pour accumuler les circonstances élevées et frappantes. Alors nous avons un poète, un orateur, des pensées vivantes et des expressions brûlantes. Bacon a écrit sur bien des sujets dignes d'intérêt — sur la vérité, l'amour, la religion, la mort, et sur chacune des vertus ; il est toujours original, clair, ingénieux ; si les facultés et les ressources de l'intelligence pouvaient donner à l'homme le sentiment, il aurait senti profondément ; mais il ne l'a jamais fait. La substance du sentiment ne se trouve pas dans l'intelligence ; il a sa source et sa place à part. Dans ses qualités intellectuelles seules, il n'y avait rien qui pût faire de Byron un misanthrope ; mais, étant donné cet état particulier de ses sentiments, son intelligence devait être retenue et absorbée par cet état ; elle devait le servir, le développer et le mettre au jour ; et l'intelligence ainsi employée est l'imagination.

Burke avait incontestablement une imagination puissante, et possédait les deux éléments : la puissance intellectuelle, ou l'esprit plein de connaissances et de force créatrice, et la puissance de sentiment, ou la force de la passion qui se laisse diriger par l'intelligence. Sa force intellectuelle se manifesta souvent, à la manière de Bacon, par des fantaisies légères et gaies. Dans bien des occasions, ses sentiments semblaient à peine éveillés. Il avait à soutenir certains points, à exprimer certaines vues, et il exposait des arguments, qu'il animait par des exemples choisis. En pareil cas, c'était un habile dialecticien, et rien de plus. Mais lorsque ses passions furent excitées jusque dans leurs plus intimes profondeurs par la révolution française, sa puissance intellectuelle, prenant un nouvel essor, lui fournit des figures d'une force terrible ; ce n'était plus un homme calme qui semblait se jouer, c'était un homme excité qui tonnait ; il nous parle alors « des pieds de ces hommes semblables à des pourceaux ; » — « de dix mille épées sortant du fourreau. » De tels sentiments n'étaient pas produits par l'imagination de l'orateur ; ils étaient produits par eux-mêmes ; ils avaient leur source indépendante dans la région du sentiment ;

unis à des facultés intellectuelles égales, ils éclataient en images puissantes [1].

Les Orientaux se distinguent presque tous par la vivacité de leur imagination. Leur religion, leur morale, leur poésie et leur science en fournissent de nombreux témoignages. Il faut en chercher l'explication dans l'énergie de leurs sentiments, unie à une certaine force intellectuelle. La même intelligence, sans les sentiments, aurait donné des résultats bien différents. Les Chinois seuls font exception. Ils manquent de sentiment et d'imagination. Ils sont inférieurs aux Européens à cet égard. Quand nous leur exposons les sujets où nous avons mis de l'imagination, notre manière de comprendre la religion, adaptée à notre tempérament particulier, nous ne faisons sur eux aucune impression. A nos mystères augustes ils répondent, non par un sentiment de respect, mais par une froide analyse.

On compare souvent l'un à l'autre le Celte et le Saxon

[1]. L'intensité de la passion se révèle dans les portraits que font d'eux-mêmes les hommes d'imagination. Nous ne citerons pas les exemples trop connus de Wordsworth, de Shelley ou de Burns; mais nous rappellerons un chapitre remarquable de la vie du fameux prédicateur écossais, Thomas Chalmers. Le seul titre du chapitre nous suffit. Ce chapitre, qui se rapporte à sa première jeunesse, est ainsi intitulé par l'auteur : « Une année d'Élysée intellectuel. » C'est tandis que l'on vit à une température égale à la chaleur blanche, que toutes les pensées et toutes les conceptions prennent un caractère élevé et hyperbolique; l'expression de ces pensées, au moment même ou plus tard, est l'imagination de l'orateur ou du poète.

L'étendue de l'erreur que nous combattons s'explique peut-être par ce fait, que l'imagination chez un homme est une cause de sentiment *chez les autres*. Wordsworth, par les couleurs de son imagition, a réveillé le sentiment de la nature chez un grand nombre de ceux qui visitent la région des lacs. Mais c'est là une chose bien différente. Nous accorderons aussi que le poète ajoute à l'intensité de ses propres sentiments en les personnifiant dans ses créations.

au point de vue de l'imagination; c'est au point de vue du sentiment qu'il faudrait les étudier d'abord.

II. — Volonté.

Examinons maintenant quelques-unes des difficultés et des erreurs qui se rapportent à la volonté. Ici se présentent les questions si souvent discutées du libre arbitre, de la responsabilité, de la capacité et de l'incapacité morales. Nous commençons maintenant à soupçonner qu'elles nous ont parfois égarés dans un labyrinthe construit par nous-mêmes.

I. Parlons d'abord d'une erreur qui a une certaine analogie avec quelques-unes des erreurs que nous venons d'étudier au sujet des sentiments. Lorsque nous parlons à des hommes pour stimuler leur activité, nous estimons souvent trop bas les efforts de volonté grands et énergiques. Pour la volonté, de même que pour le tempérament gai, nous trouvons une certaine faculté constitutionnelle, une certaine force de caractère naturelle, dont les bases physiques sont le cerveau, les muscles, et d'autres tissus; et ni la persuasion, ni même l'éducation ne peuvent très-sensiblement modifier ce caractère. S'il y a quelque chose dans les observations phrénologiques, c'est le lien qui existe entre la résolution énergique et le volume du cerveau. Mettez la main d'abord sur la tête d'un homme énergique, puis sur celle d'un homme irrésolu, et vous constaterez une différence qu'aucune explication ne saurait faire disparaître. Or, toutes les forces de la persuasion et de l'éducation combinées ne peuvent compenser une grande inégalité du cerveau. Certainement, des soins assidus produiront toujours un résultat; mais vouloir qu'un Alfred le Grand ou un Luther soit imité par un homme ordinaire, pour son énergie, sa persévérance, sa patience et son courage, c'est dépasser les bornes de l'organisation humaine. Une énergie soutenue d'un ordre élevé, de même que le tempérament nécessaire au bonheur, coûte beaucoup à l'organisme. Il faut pour la soutenir une large part des forces de la constitution de l'homme; et cet emploi des forces laisse souvent de grands défauts sur d'autres points du caractère, comme, par exemple, une sensibilité peu développée, et une humeur peu sympathique. Les hommes d'une vigueur et d'une activité extraordinaires — nos empereurs romains et nos conquérants — sont souvent brutaux et grossiers. La nature ne prodigue pas toutes les facultés de tous côtés; et une sympathie délicate exige à elle seule une très-grande partie des forces de l'organisme. Même au point de veu intellectuel, la faculté de sympathiser avec un grand nombre de conditions et d'esprits différents occuperait dans le cerveau autant de place qu'une langue ou un talent. Un homme à la fois énergique et sympathique, — un Périclès, un Alfred, un Cromwell — est un géant de la nature; ce sont plusieurs hommes réunis en un seul.

De toutes les faces de notre nature active, le courage est certainement la plus remarquable. Une grande énergie suppose généralement un grand courage, et le courage — pour les neuf dixièmes au moins — vient de la nature. Exhorter un homme à être courageux, c'est perdre ses paroles. Nous pouvons animer dans une occasion donnée une personne naturellement timide, en lui montrant qu'il n'y a aucun danger, et en prenant nous-mêmes un air d'assurance; mais la force absolue du courage est une chose à laquelle ni la personne elle-même, ni nous, ne pouvons rien ajouter. Une éducation longue et soignée pourrait légèrement accroître cette partie de la force du caractère comme les autres; nous ne pouvons dire jusqu'à quel point, car les essais sont très-rares, et les conditions mêmes de l'expérience n'ont pas été étudiées.

C'est également sans bien se rendre compte de ce qu'elles coûtent, que l'on parle des qualités morales que nous nommons prudence, prévoyance, circonspection. Les avantages de la prudence sont grands, mais ils coûtent beaucoup à l'homme prudent. Conserver toujours présent le sentiment de tous les maux, de tous les risques et de tous les accidents possibles dans la position d'un homme ordinaire — risques professionnels, risques de famille, risques personnels, — c'est marcher toujours avec un lourd fardeau; la différence entre une circonspection complète et une circonspection facile est une grande surcharge pour les forces du cerveau. La nécessité d'être toujours prêt à baisser la tête pour éviter chaque balle, est un travail pour les forces vitales; et cela est si vrai, qu'il arrive un point où il vaut mieux courir la chance d'être blessé, que d'entasser des précautions difficiles, et de supporter des anxiétés énervantes.

Enfin, nous pouvons faire des remarques semblables sur la faculté de notre nature active que nous nommons croyance, confiance, conviction. Cette grande qualité — le contraire de la méfiance et de la timidité, l'alliée du courage, la compagne d'un tempérament élastique — ne se nourrit pas d'air seulement. C'est une véritable qualité de l'esprit, un rejeton de notre nature spirituelle; cependant, quoiqu'elle ne soit pas matérielle, elle s'appuie sur certaines forces de notre constitution physique; elle s'accroît avec ces forces, elle est nourrie quand ces forces sont nourries. Les personnes qui ont une grande confiance en restent douées pendant leur vie entière, tout comme elles conservent une poitrine développée ou une bonne digestion. Les exhortations et l'éducation peuvent produire certains petits effets, et il faut s'en servir, pourvu que l'on tienne compte des barrières infranchissables de la nature, et que l'on ne s'imagine pas que l'on peut exercer un pouvoir magique. On raconte qu'Annibal fit fondre avec du vinaigre les rochers des Alpes qui lui barraient le passage; dans le monde moral, on ne fait disparaître les barrières ni avec de l'acide acétique ni avec du miel.

II. La question du libre arbitre nous permettrait également de discuter quelques-unes des erreurs les plus profondément enracinées dans l'esprit humain.

Et d'abord, il nous fournit l'occasion de faire quelques remarques sur l'influence exercée sur nos opinions par le sentiment de la dignité personnelle. De toutes les sources d'erreur, de tous les préjugés, de toutes les *idoles*, on peut dire que c'est là la première. Par exemple, certains philosophes ont posé en principe que, de deux opinions différentes, il faut préférer non pas celle qui est vraie, mais celle qui ennoblit et relève la nature humaine. Une des objections que l'on oppose sérieusement à la théorie de Darwin, c'est qu'elle humilie notre orgueil de race. De même, attribuer à nos facultés spirituelles un fondement matériel, c'est, dit-on, dégrader la partie la plus noble de notre être. Autre exemple : un philosophe de notre temps, W. Hamilton, a donné pour épigraphe à son principal ouvrage cette phrase pompeuse : « Sur la terre, il n'y a de grand que l'homme; dans l'homme, il n'y a de grand que l'esprit. » Or, on peut admettre qu'il y a sur la terre bien d'autres choses que l'homme méritant l'épithète de grandes ; et le mécanisme du corps est, sous tous les rapports, une œuvre tout aussi remarquable que celui de l'esprit. En sa qualité de disciple d'Aristote, Hamilton aurait dû faire un pas de plus, et dire : « Il n'y a dans l'esprit rien de grand que l'intelligence. » Sans doute, il ne faut pas disséquer une épigraphe; mais les épigraphes qui viennent pervertir la science ne sont pas innocentes; une flatterie si grossière à l'adresse de la vanité humaine déshonore un ouvrage philosophique.

Le sentiment de la dignité humaine a joué un grand rôle dans la question du libre arbitre. Chez Aristote, cette question n'était pas si compliquée que dans les temps modernes; mais déjà s'y montrait l'élément vicieux de cette importance personnelle factice, car c'est un des rares points sur lesquels l'esprit plein de justesse du philosophe s'est laissé influencer par ses sentiments personnels. Lorsqu'il soutient que le vice dépend de notre volonté, il dit que, si la vertu en dépend, le vice, qui est l'opposé de la vertu, doit également en dépendre; or, prétendre que la vertu n'est pas volontaire, ce serait la traiter avec indignité. C'est là la première fois que l'on voit le sentiment de la dignité personnelle associé à l'exercice de la volonté humaine.

C'est aux stoïciens que l'on attribue ordinairement la doctrine du libre arbitre. Ceci demande à être expliqué.

Un de leurs dogmes principaux était la distinction entre les choses qui sont en notre pouvoir et celles qui sont au-delà de notre pouvoir ; et ils étendaient beaucoup trop les limites de ce qui est en notre pouvoir. Considérant le sentiment de la mort, où l'idée est tout, et un grand nombre de nos désirs et de nos aversions, qui sont aussi une pure affaire de sentiment, c'est-à-dire, qui dépendent de notre éducation — comme, par exemple, l'orgueil de la naissance, — ils pensaient que les douleurs en général, même les douleurs physiques et le chagrin que nous cause la perte de nos amis, peuvent être annulées par une discipline de l'esprit, si nous les considérons intellectuellement comme n'étant pas des douleurs. Ils élevaient et grandissaient la puissance de la volonté, capable d'imposer une discipline si supérieure, et mêlaient une émotion d'*orgueil* à la conscience de cette grandeur de la volonté. Dans les siècles suivants, les poëtes et les moralistes reprirent ce sujet ; et l'appel à l'orgueil de la volonté peut être considéré comme un instrument permanent de persuasion morale. Cette association d'un point d'honneur ou de dignité avec notre volonté, est le principal appât qui nous a attirés dans l'impasse du libre arbitre et de la nécessité.

C'est à l'école d'Alexandrie qu'est réservé le second pas qui ait été fait dans la question. Philo Judæus parle de l'homme vertueux comme d'un homme libre, et du criminel comme d'un esclave. A part l'idée d'un compliment adressé à la vertu, le mot de liberté n'est pas très-bien choisi, puisqu'à la vertu la plus élevée s'attache l'idée de soumission ou de restriction, plutôt que celle de liberté.

A. Bain.

Les premiers Pères de l'Église firent passer la question à sa phase théologique, en la rattachant aux grandes doctrines du péché originel et de la prédestination ; dans cette phase, elle partagea toute les difficultés spéculatives attachées à ces doctrines. Cependant, le monde théologique a toujours été partagé entre le libre arbitre et la nécessité ; et peut-être les noms les plus imposants se trouvent-ils parmi les partisans de la nécessité. Jamais homme n'apporta dans les discussions théologiques un esprit plus pénétrant que Jonathan Edwards, et il s'est déclaré pour la nécessité.

Plus récemment cependant, depuis que la question est devenue une question de pure métaphysique, le libre arbitre a repris le dessus, comme convenant mieux à la dignité de l'homme, raison qui semble être sa principale recommandation, et le seul argument en sa faveur. Les raisons les plus fortes sont, je le crois, en faveur de la nécessité ; mais ce mot porte avec lui une apparence d'affront, et tous les raisonnements possibles ne peuvent suffire à faire accepter aux hommes un affront.

La controverse sur le libre arbitre met en lumière une autre faiblesse de l'esprit humain, qui mérite d'être citée, parce qu'elle sert à expliquer la prolongation de cette controverse ; je veux parler de la tendance que l'on a à regarder comme une négation d'un fait toute manière de reproduire ce fait qui s'écarte de la manière ordinaire. La rose à laquelle on donne un autre nom n'est pas seulement moins parfumée, mais ce n'est plus une rose du tout. Quelques-unes des questions les plus importantes ont souffert de cette faiblesse.

La théorie physique de la matière qui la résout en *points de force*, semblera à beaucoup supprimer la matière aussi complétement que le fait l'idéalisme de Berkley. Un univers de points mathématiques, s'attirant et se repoussant mutuellement, doit pour un esprit ordinaire remplacer d'une manière insuffisante la terre solide, et la voûte des cieux si belle, avec ses planètes, ses étoiles, et sa voie lactée. Il faut qu'un homme ait reçu une éducation particulière, pour accepter cette théorie ; et, quand même elle aurait toutes les qualités d'une hypothèse scientifique les manières de parler généralement adoptées seraient un obstacle durable à ce qu'elle fût acceptée comme doctrine populaire.

Mais les meilleurs exemples se rencontrent dans la morale et la métaphysique. Ainsi, certains moralistes s'efforcent de prouver que la conscience n'est pas une faculté de l'esprit primitive et distincte, comme la sensation de la couleur ou celle de la résistance, mais une faculté acquise et composée, à laquelle contribuent différentes impulsions primitives, ainsi que l'influence de l'éducation. A bien des reprises, cette manière de voir a été représentée comme une négation complète de la conscience. Le sentiment de la bienveillance a été traité exactement de la même façon. Quelques philosophes ont essayé de le ramener à des éléments plus simples de l'esprit, et ils ont été accusés de nier l'existence de ce sentiment. Hobbes, en particulier, a été traité ainsi. Parce qu'il considère la pitié comme une des formes de l'amour-propre, ses adversaires l'ont accusé d'avoir dit qu'il n'y a dans l'être humain ni pitié ni sympathie.

La question de l'union de l'esprit et de la matière nous

fournit un exemple encore plus remarquable de cette erreur. Il est impossible qu'aucune manière d'envisager cette union puisse effacer la distinction qui existe entre les deux modes d'existence — le mode matériel et le mode spirituel — entre les corps inertes et étendus, d'un côté, et les plaisirs et les peines, les pensées et les volontés de l'autre. Cependant, depuis que le monde est habitué à la doctrine cartésienne de deux substances distinctes — l'une à laquelle se rattachent les faits matériels, et l'autre pour les faits spirituels — tout penseur qui soutient que l'existence de la substance spirituelle séparée n'est ni prouvée ni nécessaire, se voit dénoncé comme voulant effacer notre existence spirituelle, et faire de nous des montres, des machines à vapeur, ou des machines à parler et à calculer. Celui qui n'admet qu'une seule substance, est obligé de protester qu'il ne nie pas l'existence du fait, ou des phénomènes que l'on nomme esprit, mais qu'il attaque seulement une hypothèse arbitraire et sans fondement dont on se sert pour représenter ce fait.

La controverse encore plus grande — distincte de la précédente, quoiqu'on les confonde souvent — sur la perception du monde matériel, est l'exemple le plus frappant de la faiblesse que nous étudions. On a sans cesse reproché à Berkley de soutenir que le monde matériel n'existe pas, uniquement parce qu'il avait dénoncé une contradiction dans la manière de le considérer, contradiction commune au vulgaire et aux philosophes, et qu'il avait proposé un moyen d'y échapper en présentant les faits d'une manière différente. Ce cas est tout à fait particulier. La manière de voir généralement admise, et entachée de contradiction, est excessivement simple et intelligible ; elle convient très-bien, non-seulement aux usages les plus ordinaires de la vie, mais même aux objets les plus scientifiques. La supposition d'un monde matériel indépendant, et d'un monde spirituel indépendant, créés séparément, et arrivant en contact — l'un composé des objets perçus, et l'autre de l'esprit qui perçoit — exprime (ou exprime trop) la division des sciences en sciences de la matière et sciences de l'esprit, et les lois les plus élevées du monde matériel, tout au moins, n'en sont nullement faussées. D'un autre côté, toute tentative pour exposer les faits du monde extérieur d'après le plan de Berkeley, ou d'après un plan quelconque exempt de contradiction, est embarrassante et presque impossible. Un exemple de ce fait, moins important, mais absolument semblable, nous est familier. Le mouvement journalier du soleil autour de la terre, supposée immobile, répond si exactement à tous les usages ordinaires, que, quoique cette idée soit fausse, nous la conservons dans le langage de la vie ordinaire. C'est une expression commode, quoique inexacte, et elle ne trompe personne. Et, c'est là ce qui arrivera très-probablement pour le monde extérieur, après que la contradiction aura été reconnue, et corrigée par une périphrase métaphysique. Les philosophes ne font encore que s'essayer à trouver une périphrase acceptable ; mais nous pouvons être presque sûrs que, dans la pratique, rien ne remplacera jamais l'idée du monde de l'esprit et du monde de la matière, distincts l'un de l'autre. Si, après la démonstration que nous a donnée Copernic de la position véritable du soleil, nous trouvons encore nécessaire de conserver la fiction de son mouvement diurne, à plus forte raison, après que se sera accomplie définitivement la révolution de Berkeley — et, selon moi, elle est inévitable — à plus forte raison, dis-je, conserverons-nous la fiction d'un monde extérieur indépendant ; seulement nous aurons alors trouvé quelque moyen d'exposer les faits, sans tomber dans la contradiction.

Revenons à la volonté. Le fait que nous voulons sauvegarder et représenter par des termes convenables, est celui-ci : — une action volontaire est une conséquence distincte et *sui generis*; un être humain qui évite le froid, qui cherche de la nourriture, qui s'attache à d'autres êtres, ne doit pas être confondu avec une conséquence purement matérielle, comme la pluie qui tombe, ou la poudre qui fait explosion. Des deux côtés, les phénomènes sont des phénomènes de conséquence, et de conséquence *régulière* ou *uniforme*; mais les éléments de ces conséquences sont très-différents ; dans l'une, un sentiment de l'esprit, ou une réunion de sentiments, est suivi d'un effort musculaire conscient; dans l'autre, les deux degrés se composent d'éléments purement matériels. C'est la différence entre une suite spirituelle et psychologique, et une suite matérielle ou physique — en un mot, la différence entre l'esprit et la matière, la plus grande opposition qu'il y ait dans toute la nature, dans l'univers. Or, il faut trouver un langage qui explique complètement cette opposition complète ; et je suis convaincu que rarement, dans l'usage de la parole humaine, on a fait un choix plus malheureux que celui des deux mots liberté et nécessité, pour exprimer l'idée qui nous occupe. Ces mots n'expriment pas le point réel, et ils apportent des idées étrangères à la question. Ils changent en reproche ce qui est la gloire du caractère de l'homme, quoiqu'ils aient été toujours destinés à lui faire un compliment ; la constance de la nature sensible de l'homme, sans laquelle notre vie serait un chaos, une impossibilité, il faut y renoncer pour la seule raison que, à un moment donné, une épithète maladroite a été employée pour désigner les suites spirituelles. La différence entre l'esprit et la matière est grande ; mais les mots de liberté et de nécessité représentent le point d'accord aussi bien que le point de différence ; et la répétition les ayant rendus familiers pour exprimer la différence, on suppose que la rectification renverse tout, et efface la distance énorme entre les deux natures.

III. Ce que l'on appelle capacité et incapacité morales est encore une confusion artificielle au sujet de la volonté, et pourrait aussi servir de texte à un sermon sur les erreurs généralement reçues. C'est plus particulièrement un exemple de ce que nous pouvons appeler *prendre une question par le mauvais bout*.

On reproche à un homme de se livrer à la boisson, et il répond pour s'excuser qu'il ne peut pas s'en empêcher — qu'il ne peut résister à la tentation. A la rigueur, ces mots peuvent passer. Mais que dire de cette réponse qu'on lui fait si souvent : — Vous pourriez vous en en empêcher, si vous le vouliez ? Assurément il y a là quelque malentendu ; ce n'est pas une de ces réponses claires que nous aimons dans les affaires pratiques. Qu'il s'agisse de la matière ou de l'esprit, nous devons indiquer un moyen clair et pratique d'arriver au but. Pour avoir une bonne récolte, nous labourons et nous fumons la terre ; pour enseigner les mathématiques à un jeune homme, nous l'envoyons à un bon professeur, et nous stimulons son attention par un système de récompenses et de punitions Il existe aussi des moyens intelligibles pour corriger les gens vicieux : éloignez-les de la tentation jusqu'à ce qu'ils aient pris d'autres habitudes ; attirez-les vers une autre manière de vivre, en leur offrant des objets plus attrayants ; ou tout au moins, faites leur craindre la punition. Par ces moyens, un grand nombre sont écartés du vice, et beaucoup aussi sont ramenés au bien après avoir failli. Mais dire à un homme, « vous pouvez être vertueux si vous le voulez, » ou n'a pas de sens, ou cache un sens réel. Si cela a un sens quelconque, — et on n'emploierait pas ces mots si on ne leur avait trouvé quelque efficacité, — ce sens doit être dans les circonstances indirectes qui les accompagnent. Quel est donc ce sens si mal exprimé ? En premier lieu, ces mots expriment le désir et la volonté sérieuse de celui qui parle ; ils disent, assez maladroitement : — « Je voudrais vous voir changer de conduite ; » cette dernière expression a une puissance réelle, plus ou moins grande, suivant l'estime que celui qui parle a su inspirer à son interlocuteur. En second lieu, ces mots présentent à l'esprit du coupable un idéal d'amendement, qui pourrait aussi être exprimé d'une manière plus correcte ; ainsi, l'on pourrait dire : — « Pensez à votre état, et comparez-vous à un homme de vie régulière. » Puis il y a un petit trait de la dignité et de l'orgueil de la volonté, si chers aux stoïciens. Enfin ces mots peuvent rappeler indirectement à l'esprit des conséquences bonnes ou mauvaises, ce qui est de tous les motifs le plus puissant. En donnant naissance à ces différentes idées, même cette expression inexacte peut avoir une efficacité réelle ; mais cela ne justifie nullement la forme elle-même, à laquelle aucune interprétation ne peut donner un sens.

L'expression d'incapacité morale signifie que les motifs ordinaires sont insuffisants, mais non pas tous les motifs. L'ivrogne ou le voleur endurci est arrivé à la phase de l'incapacité morale ; les motifs ordinaires qui empêchent les hommes de s'enivrer et de voler ont échoué. Mais il y a des motifs qui réussiraient, s'ils étaient à notre disposition. Les hommes guérissent quelquefois de l'intempérance, quand leur constitution est si altérée que tout excès est immédiatement suivi d'une souffrance. Et, tant que le plaisir et la souffrance, actuels et en perspective, agissent sur la volonté, tant que l'individu est dans un état dans lequel des motifs agissent, il peut y avoir faiblesse morale, mais il n'y a rien de plus. En pareil cas, la punition peut être employée avec succès comme moyen de réforme, et il y a des chances pour qu'elle réussisse. C'est là l'état que l'on appelle état responsable, ou, pour parler plus correctement, état punissable, car la responsabilité n'est qu'un incident qui se rattache à la faculté d'être puni. La faiblesse morale est une question de degré, et, à son point le plus bas, elle dégénère en aliénation mentale, état dans lequel les motifs ont perdu leur puissance ordinaire — dans lequel le plaisir et la douleur cessent d'être envisagés par l'esprit avec leur caractère propre. Quand on arrive à ce point, la punition est inutile ; l'incapacité morale s'est transformée en quelque chose d'analogue à l'incapacité physique ; l'absence de l'action volontaire est aussi complète que si les muscles étaient paralysés. Lorsqu'on invoque l'aliénation mentale en faveur d'un accusé, le devoir du jury est de s'assurer si l'accusé obéit aux motifs ordinaires — si la perspective de la souffrance agit sur lui de manière à le détourner d'une action. Si un homme est aussi disposé à sauter par la fenêtre qu'à descendre par l'escalier, ce n'est nécessairement plus un agent moral; mais tant qu'il observe de lui-même les précautions ordinaires qui doivent le garantir de tout mal personnel, il doit être puni de ses mauvaises actions.

Toutes ces questions sur la volonté, dès qu'on les dépouille des expressions qui les rendent obscures, ne sont pas très-difficiles à résoudre. Elles sont à peu près aussi faciles à comprendre que la machine pneumatique, la loi de la réfraction de la lumière, ou la théorie des atomes en chimie. Faussez-les par des métaphores inexactes, envisagez-les sous un point de vue faux, et vous pourrez les rendre plus difficiles que la proposition la plus difficile des principes de Newton. Mais, ce qui est bien pis encore, en entourant de contradictions inextricables un fait simple en lui-même, on a amené les hommes à reconnaître gravement la contradiction comme la condition propre et naturelle d'un certain ordre de questions. Il est bon d'être d'accord avec soi-même jusqu'à un certain point, et pour les affaires de la vie ordinaire; mais il y a une région plus élevée et sacrée où la conséquence n'est plus de mise; où les principes doivent être admis d'autant plus facilement qu'ils nous amènent à des contradictions. Dans les affaires ordinaires, le manque de conséquence est une preuve de mensonge; dans les sujets supérieurs c'est le signe de la vérité.

II

DE LA PUISSANCE RÉTENTIVE DE L'ESPRIT DANS SES RAPPORTS AVEC L'ÉDUCATION.

On a longtemps traité l'intelligence comme un faisceau de facultés, que l'on a nommées perception, conception, mémoire, abstraction, raison, jugement et imagination. Cependant les modes d'action auxquels on a donné ces noms ne sont pas des facultés distinctes, mais bien des applications différentes des mêmes facultés : la mémoire, la raison et l'imagination comprennent des fonctions intellectuelles communes. Les opérations réellement distinctes de notre intelligence peuvent se ramener aux trois suivantes : — 1° le discernement, ou la conscience de la différence, comme lorsque nous nous apercevons du passage de la lumière à l'obscurité, du bleu au rouge, de la ligne droite à la ligne brisée. Il ne peut y avoir de connaissance sans le sentiment de la différence, et plus ce sentiment est développé, plus est grande la portée de notre intelligence. 2° l'accord ou la ressemblance au milieu de la différence. Lorsqu'un fait déjà éprouvé se reproduit, il faut que nous soyons frappés ou réveillés par l'identité, et que nous nous rappelions l'occasion où ce fait s'était déjà présenté. Quand nous voyons un objet rond, nous nous apercevons de l'identité de l'impression qu'il produit, avec un grand nombre d'impressions antérieures, identité en vertu de laquelle nous désignons toutes ces impressions par le même nom. La reconnaissance, la classification, le raisonnement, l'imagination et plusieurs autres actions intellectuelles dépendent de cette faculté.

Ni l'une ni l'autre de ces deux fonctions principales de l'intelligence, ne sont, à proprement parler, susceptibles de progrès ; mais il est possible de procéder de manière à rendre leur action plus efficace. Ainsi, le discernement et l'identification sont facilités lorsque nous considérons les objets ensemble — comme, par exemple, une ligne droite à côté d'une ligne brisée, un billet de banque faux auprès d'un bon billet.

3° La *rétentivité*, la mémoire, ou la faculté de faire des acquisitions, physiques, intellectuelles, morales ; en un mot, ce qui nous rend capables d'éducation. De la bonne direction d'une qualité aussi remarquable que l'est la plasticité du système de l'homme, dépendent notre action physique et morale, et, directement et indirectement, notre bonheur. C'est de cette dernière fonction que nous allons nous occuper.

I. On sait que la répétition, la persistance ou la pratique est la première condition de toute acquisition. Celui qui veut apprendre doit s'appliquer avec assiduité à sa tâche ; plus il pratique, plus il fait de progrès. Cependant cette règle a ses exceptions. Elle est modifiée par deux circonstances, — la jeunesse ou la vigueur des organes, et les dispositions de celui qui apprend.

L'étude ou la pratique d'une leçon est sans résultat lorsque les organes nécessaires — muscles, sens ou cerveau — sont fatigués et épuisés. L'attention ne se soutient plus ; la plasticité du système nerveux est à bout. Aussi la faculté d'acquisition est-elle à son maximum dans les premières heures de la journée, et après les repas, en accordant, chez l'adulte, un intervalle pour la première phase de la digestion. Il est bon d'ajouter qu'un air pur est un élément de première importance.

Les leçons, commencées au moment de la pleine vigueur physique, doivent être continuées tant que dure cette vigueur, et jamais au delà. C'est l'observation du maître qui détermine ce point dans chaque cas particulier. Mais il est certaines considérations générales qui peuvent guider son jugement. En premier lieu, il doit tenir compte de l'âge de ses élèves : des enfants de sept ans ont une puissance d'attention bien moindre que des enfants de dix ans, et moindre encore que des élèves de quatorze ans. En second lieu, l'exercice régulier augmente la puissance d'attention ; quand il a été sept ou huit ans à l'école, l'élève peut étudier pendant bien plus longtemps sans fatigue, que ne pourra le faire un nouveau venu du même âge, qui n'a pas les mêmes habitudes de travail. Il faut encore tenir compte de la nouveauté du sujet; quand toutes les études sont nouvelles, la fatigue de l'élève s'en accroît d'autant. Le conscrit souffre souvent énormément pendant le premier mois qu'il passe sous les ordres de l'impitoyable sergent instructeur, et, après tout, ces souffrances manquent souvent leur but. Mais, lorsque l'élève est complètement maître des éléments d'une étude quelconque, sa situation n'est plus du tout la même : il se fatigue moins en deux heures qu'il ne le faisait d'abord en une demi-heure; il est moins novice, et devient de plus en plus un travailleur exercé. Je le répète, les exercices d'une classe, où chacun à son tour porte le poids de la leçon, sont nécessairement moins pénibles que le travail continu de l'élève particulier : et, en outre, ceux dont l'intelligence est au-dessus de la moyenne, sont dans une position plus favorable encore. Enfin, si un élève se refuse au travail, il faut le presser jusqu'à ce que son attention s'éveille. Ces différentes observations s'appliquent plus ou moins à tous les élèves : certaines individualités doivent être considérées à part. Les enfants de la campagne peuvent soutenir le travail plus longtemps que ceux des villes.

La détermination de la durée à donner aux classes, est compliquée par ce fait, qu'il faut un certain temps pour que les organes entrent complètement en jeu ; aussi, après la première enfance, n'y a-t-il peut-être aucun sujet et aucune circonstance qui ne permettent une classe d'une demi-heure. D'un autre côté, avec de jeunes enfants, il faut rarement consacrer plus d'une heure de suite au même genre de travail ; une courte interruption et un léger changement de sujet peuvent ranimer pour quelque temps l'attention chancelante. Mais il vaut encore mieux faire alterner l'effort intellectuel avec quelques moments d'exercice du corps.

L'usage des classes prolongées — de six heures par jour, par exemple, pour des élèves de dix, douze ou même seize ans, — est directement contraire à ces principes. Ils sont violés d'une manière plus désastreuse encore par le *piocheur* qui veille jusqu'à minuit, et s'imagine que chaque heure ajoutée à son travail, à quelque moment que ce soit, accroît ses richesses intellectuelles. L'homme fait, qui lit huit ou dix heures par jour, n'apprend pas ; il s'occupe surtout de *chercher* et de *noter* — ce qui est bien moins fatigant pour l'esprit.

La seconde limite du principe qui veut que la pratique mène à la perfection, se trouve dans les dispositions de l'élève. Pour bien profiter d'une leçon, l'esprit doit s'y appliquer tout entier; il ne doit songer à rien autre; ne désirer rien autre, son attention doit être pleinement éveillée sur son travail, et endormie pour tout le reste. Une absorption si entière ne peut venir que d'un goût prononcé pour le sujet qu'il étudie ; après ce motif d'action, le motif le plus énergique est un sentiment vif d'utilité pour l'avenir. Eveiller l'intérêt de l'élève, soit pour le présent, soit pour l'avenir, voilà le plus grand triomphe du professeur; dès lors les progrès sont assurés. Mais c'est là plutôt un idéal brillant qu'une réalité qui se produise souvent. On a plus de chance de découvrir et de satisfaire des goûts naturels ; *créer* l'intérêt est une figure qui dépasse la réalité.

Néanmoins, le professeur qui sait donner à ce qu'il enseigne même un attrait modéré ou un intérêt accessoire, en est récompensé par la certitude d'être écouté avec plus d'attention. S'il ne peut y arriver, il faut qu'il agisse par les punitions ou par la crainte, moyens moins efficaces, mais indispensables, surtout dans les commencements.

II. Les forces de la mémoire ou faculté d'acquisition peuvent être employées avec plus d'*économie*, mais le total n'en peut être augmenté. La force plastique totale de chaque constitution est une quantité limitée; ou, si elle peut s'accroître, c'est aux dépens de quelque autre faculté du système. Un homme peut augmenter sa faculté d'acquisition aux dépens d'une autre faculté intellectuelle, telle que la faculté d'invention; ou aux dépens de facultés qui ne sont pas intellectuelles, comme la susceptibilité d'émotion ; et enfin, aux dépens des forces physiques, dont il se peut que la nourriture soit détournée. Hors de ces hypothèses, ou de celle où le système tout entier serait fortifié par un régime convenable, je ne vois pas la possibilité d'ajouter au total d'aucune faculté, qui coûte à l'organisme une partie définie de sa vitalité. Tout ce que nous pouvons faire, c'est d'apprendre telle ou telle chose et d'en laisser d'autres de côté. Nous semblerons peut-être avoir une plus grande facilité à acquérir un certain sujet, tel qu'une langue, ou à faire un certain effort de mémoire, tel que celui d'apprendre des discours pour les prononcer en public ; mais il n'y aura pas là augmentation de la faculté plastique totale, ce n'en sera qu'une application spéciale et choisie, faite aux dépens d'autres applications. Si un homme semble acquérir une aptitude plus grande à retenir des mots — faculté qui diminue ordinairement avec l'âge — cet effet sera dû à l'habitude de concentrer son attention sur cette classe d'objets, et il est impossible de concentrer son attention sur un point, sans la retirer d'autres points. De même, si un orateur a cultivé la faculté d'apprendre des discours par cœur, il la paie par une diminution de puissance intellectuelle sous quelque autre forme. S'il n'avait qu'à écrire ses discours, sans les apprendre par cœur, le même effort intellectuel lui permettrait d'améliorer la qualité ou d'augmenter la quantité de ce qu'il compose.

Il est reconnu qu'on ne peut aller toujours en chargeant de plus en plus sa mémoire. L'étendue des acquisitions possibles est grande, et même merveilleuse ; elle indique une étendue et une complication énormes de l'organe physique, le cerveau, qui doit, de manière ou d'autre, fournir une voie de communication nerveuse distincte pour chaque acquisition distincte. Mais cet organe a ses limites, très-variables suivant les individus. Il se peut que nous ne cessions d'acquérir par la mémoire que dans une vieillesse fort avancée; mais le total dont nous disposons n'augmente pas pour cela, et il peut même diminuer longtemps avant la fin de la vie : les faits nouveaux déplacent les anciens. Supposons que, dans sa jeunesse, un homme apprenne l'anglais, le français, l'allemand, le latin et le grec, et que plus tard il habite l'Orient, et apprenne quatre ou cinq langues orientales ; les langues qu'il savait d'abord, il les oubliera inévitablement, parce qu'il a besoin des voies de communication nerveuses pour ses nouveaux vocabulaires.

Malgré les limites imposées aux acquisitions possibles de la mémoire, l'économie de la force plastique du système physique et moral a encore à jouer un rôle fort important. Il est rare que les limites de l'organisation nerveuse soient atteintes; d'autres circonstances restrictives nous forcent presque toujours à rester bien en deçà. Même les rapports et les associations possibles ne peuvent être cimentés sans une certaine concentration d'alimentation et d'activité physiques dans l'organe de l'esprit, et cette concentration n'est pas facile à concilier avec tous les autres besoins auxquels notre vitalité doit suffire. Il faut donc poser quelques principes d'économie.

1º Toutes nos acquisitions sont facilitées par tout ce qui entretient d'une manière générale la vigueur et le bon état du corps, par toutes les causes de santé, de force, d'élasticité de ton et d'esprit ; et, au contraire, nos acquisitions sont ralenties par tout ce qui affaiblit, abat, fatigue, détourne ou épuise les forces physiques. Un travail accablant — et tout travail pénible en général — les soucis, les inquiétudes et la maladie détruisent l'énergie plastique du système, et même effacent les acquisitions antérieures. C'est une des nombreuses raisons qui font de la jeunesse le temps des progrès : elle ne porte pas encore le poids des soucis qui accompagnent l'âge mûr. Pour bien étudier, il faut que le corps soit en bon état. Une certaine disposition enjouée et heureuse, qui ne s'épuise pas en émotions, et qui ne se laisse pas aller à une molle indolence, est un bon fondement pour toute espèce de travail intellectuel, aussi bien que pour tout travail physique.

2° Une application soutenue donne de meilleurs résultats que les accès et les soubresauts, ou les efforts violents coupés de moments de complète oisiveté. Dans l'armée, cette école modèle de dressage, les exercices ne sont jamais négligés. Un artiste ne doit jamais perdre l'habitude du travail. Il n'en est plus de même, si d'étudiant on devient simple travailleur. Pour une entreprise difficile, dans laquelle le temps même est un des ennemis, il faut souvent excéder les forces humaines, et cet effort exagéré exige ensuite un repos absolu. Cette manière d'agir est celle qui convient aux nécessités réelles de la vie, et non à l'éducation qui nous prépare à ces nécessités. L'élève qui amasse des matériaux pour l'avenir, ne doit jamais, dans un jour, dépasser une mesure raisonnable, ni rester au-dessous ; il ne doit ni surcharger ses forces, ni leur donner trop peu à faire. Les leçons du jour doivent utiliser la force du jour, sans en abuser. La paresse au commencement d'une saison d'études, et des veilles prolongées à la fin, peuvent être agréables aux penchants naturels, mais sont contraires aux lois du développement et des progrès du corps et de l'esprit. Je ne dis pas qu'un élève ne doive jamais avoir un jour de congé complet — qu'il ne doive jamais avoir une semaine à lui ; au contraire, je pense que la vie humaine ne doit pas être sacrifiée tout entière à la seule idée du progrès. Je ne fais ici que poser le principe du maximum d'acquisitions, laissant à chacun le soin de modérer ce principe et de faire la part des autres intérêts. Il est démontré que les efforts exagérés faits par un élève à la veille d'un examen, sont bien loin de donner d'aussi bons résultats qu'un travail soutenu pendant toute l'année. Le chanteur et l'acteur, qui demandent à leurs talents tout ce qu'ils peuvent donner, ne peuvent réussir s'ils ne travaillent que par accès ; il en est de même pour le médecin, l'avocat ou l'ingénieur.

3º Une alternation ou une variété d'études convenablement choisie, est un moyen d'économie. Lorsque nous sommes fatigués d'un certain exercice, ou d'un genre d'étude, nous pouvons passer à un autre avec une certaine facilité, mais à deux conditions : d'abord, que nous n'ayons pas poussé notre premier travail jusqu'à l'épuisement *général* de nos forces ; et, en second lieu, que le nouveau travail diffère de l'autre en réalité, et non pas seulement par le nom ou l'apparence. Si un élève a passé quatre ou cinq heures à travailler une question de mathématiques, il ne lui reste que bien peu de forces pour une autre étude, quelle qu'elle soit. Mais après un temps limité consacré à une étude, l'esprit peut passer avec une certaine vigueur à un autre sujet, pourvu qu'il soit assez différent du premier pour dépendre d'une autre partie du cerveau.

C'est là un plaisir, et non une charge nouvelle. Des mathématiques on peut passer aux langues, puis à la musique, puis aux exercices du corps. Ce n'est pas un changement qui repose, que de passer d'une science à une autre, — de la physique à la chimie ; ou d'une langue à une autre, — comme du latin au grec. Autant vaudrait poursuivre le même sujet dans un autre auteur, ou dans une autre de ses parties.

Il se peut que l'on aborde trop d'études différentes à la fois. Ainsi, c'est une faute de commencer à la fois deux langues étrangères. Et, quand un esprit n'a pas une aptitude spéciale pour les sciences, il se peut que nous lui présentions un trop grand nombre d'éléments scientifiques : trois sciences telles que les mathématiques, la chimie et la botanique, sont trop à la fois pour une intelligence un peu faible. Si une certaine étude offre de grandes difficultés à un élève, il est évident qu'il ne faut pas alors lui présenter d'autres difficultés encore.

4° Nous pouvons dire ici quelques mots des méthodes de mémoire artificielle, ou des systèmes imaginés à différentes époques pour aider l'esprit à apprendre les langues, les nombres, les faits historiques, et d'autres choses encore. Le succès de ces méthodes a toujours été douteux. Il est certains petits artifices mis en usage par les professeurs de mnémonique, lesquels sont réellement fondés sur les lois de la mémoire. Par exemple, la mémoire *topique* des orateurs anciens consistait à placer par la pensée les différentes parties d'un discours dans les appartements d'un édifice bien connu — ils trouvaient plus facile de se rappeler chaque division par son rapport avec une chambre, que par celui qu'elle pouvait avoir avec toute autre partie de l'édifice; la différence ne pouvait pas être bien grande, mais cependant c'était peut-être quelque chose. Un autre moyen consiste à faire entrer une série de dates dans une phrase intelligible et facile à retenir; cette phrase nous aide à conserver les dates dans notre esprit. On peut aussi arranger une série de mots de manière à établir un rapport entre le sens de chaque mot et celui du mot suivant; les mots porte, chambre, fenêtre, lumière, jour, mois, sont plus faciles à retenir dans cet ordre, que si on les dispose ainsi : fenêtre, mois, porte, jour, chambre, lumière. L'ordre alphabétique, ou l'allitération peuvent être également utiles.

Mais au lieu d'enseigner ces différents artifices, et de laisser à l'habileté de l'élève le soin de les appliquer, il vaut mieux lui fournir des moyens tout faits de retenir quelques-uns des détails les plus difficiles de la chronologie, de la géographie, des langues, et du reste. Dans l'histoire d'Angleterre, le professeur ne manque pas de faire remarquer que le seizième siècle se partage entre les règnes de Henri VIII et d'Elisabeth; que la date de la mort de Shakespeare est représentée par deux 16 ; que Cromwell avait l'âge du siècle; que l'année 1832 vit mourir Bentham, Walter Scott, et Gœthe. L'artifice mnémonique le plus ingénieux que l'on ait trouvé jusqu'ici, est celui des cinq vers latins qui contiennent toute la théorie du syllogisme en logique. Des récompenses publiques devraient être accordées aux auteurs de ces moyens d'aider la mémoire.

Enfin, il est inutile d'ajouter que la mémoire est aidée et économisée par tout ce qui contribue à une bonne exposition, — par la méthode, l'ordre et la clarté dont le maître fait preuve. Et parmi ces moyens, le plus remarquable et le plus naturel est l'art d'établir et d'exposer les *généralités*. C'est en identifiant tout ce qui est identique que nous simplifions les complications de la nature, parce que nous donnons à la fois la clef de plusieurs centaines de détails ; et ces identités sont exprimées par une règle générale — loi, principe ou idée. Sans doute, pour établir ces généralités il ne faut rien moins que les efforts du génie scientifique. Ce n'est pas un maître d'école quelconque qui les trouvera par hasard. Il a fallu un Newton pour généraliser la pesanteur, un Franklin pour établir l'identité de l'électricité et de la foudre, un Dalton pour nous donner la théorie atomique de la chimie. Cependant il y a un peu de l'esprit et du sentiment des généralités scientifiques dans tout bon enseignement, je ne dis pas seulement des sciences, mais d'un sujet quelconque. Un professeur de musique lui-même a besoin de sentir la différence qu'il y a entre ce qui est typique, constant, général, et ce qui n'est qu'accidentel, passager, ou spécial, et il doit insister, dans ses leçons, sur tout ce qui offre le premier de ces deux caractères.

En disant qu'il faut éviter d'encombrer la mémoire de ce qui est inutile et plus qu'inutile, nous proposons plutôt un idéal que nous n'enseignons une méthode exacte à suivre. Si nous atteignions cet idéal, nous aurions résolu tout le problème de l'éducation, puisque nous saurions ce qui est le meilleur, et que nous aurions trouvé le moyen d'y arriver.

Montrons maintenant ces différents principes sous un autre jour, qui les rendra peut-être encore plus clairs, en examinant par ordre les principaux sujets de nos études. Ils peuvent se diviser en six classes : — études mécaniques, linguistiques, scientifiques, artistiques, pratiques et morales.

I. Les acquisitions mécaniques comprennent les différentes opérations manuelles, l'exercice militaire, les exercices du corps, et la faculté de manipulation en général, considérée dans ses applications les plus vulgaires comme dans les plus relevées. Les aptitudes *naturelles* pour ces acquisitions dépendent : 1° de l'activité ou des organes actifs, et 2° de la délicatesse du sens qui sert au travail — toucher, vue, ouïe, etc. ; ces deux conditions sont susceptibles de perfectionnement. Pour l'activité, il faut une certaine vigueur physique des muscles, ainsi que les qualités des centres nerveux qui se révèlent par une exubérance de mouvement, et par la flexibilité, l'étendue et la mesure. Pour le sens, toute perfection se résume dans la finesse et la délicatesse.

Or, la première partie des acquisitions mécaniques est un travail d'association ou d'enchaînement, pour fondre en une action complexe plusieurs mouvements séparés, ou pour en former une chaîne, dont un anneau indique l'anneau suivant. Ces agrégations et ces enchaînements forment une part considérable, mais non pas la totalité du travail. Et pour les organes et pour le sens mis en jeu, nous avons souvent à interpoler plusieurs degrés nouveaux, plusieurs positions nouvelles, dont la détermination est une affaire de temps, et absorbe une part notable de la plasticité du système. Pour arriver à introduire trois ou quatre degrés nouveaux de force dans un coup donné avec le bras, ou à doubler le nombre des nuances de couleur ou de son que distingue l'œil ou l'oreille, il faut une pratique incessante de plusieurs mois. Toutes les conditions générales d'économie d'acquisition s'appliquent à ce cas particulier : — Vigueur des organes, alternatives de repos, travail régulier et soutenu, et tout le reste.

II. Les complications sont bien plus grandes pour les acquisitions linguistiques, qui occupent une part considérable de tout esprit, cultivé ou non. Une langue, de même qu'un art mécanique, exige le concours des organes d'action et de ceux des sens : la langue parlée met en jeu la voix et l'oreille ; la langue écrite emploie, en outre, l'œil et la main. L'aptitude à bien prononcer, ou la parole proprement dite, est fondée en partie sur l'activité, la flexibilité, et l'action graduée des muscles de la voix et de la bouche, et surtout sur la délicatesse de l'oreille. Une bonne mémoire générale, ou une intelligence douée de la faculté de retenir, est aussi fort importante pour une acquisition intellectuelle qui comporte tant de détails différents.

Toutes les conditions générales d'économie que nous avons établies pour une étude quelconque, sont éminemment applicables à celle des langues. Vigueur de jeunesse, esprit dégagé de préoccupations, application soutenue, absence de causes de distraction, et un certain intérêt chez l'élève : telles sont les conditions principales. Mais c'est pour cette étude, plus que pour toute autre, que l'on a cherché des artifices mnémoniques et des moyens ingénieux de diminuer le travail ; pour les langues, plus même que pour la géométrie, on voudrait avoir un chemin royal. Apprendre quelques milliers de mots, sans parler de leurs combinaisons pour former des locutions, des propositions et des périodes, n'est pas un petit travail, et nous nous tournons avec empressement vers les moyens de le diminuer qu'on nous propose.

Les règles d'économie que nous nous sommes efforcé de fonder sur les lois reconnues de notre constitution physique et intellectuelle, doivent sans doute diminuer le travail de l'acquisition des langues, aussi bien que celui de toute autre étude. Mais il ne faudrait pas s'exagérer les avantages de ces règles. Entre un bon enseignement ordinaire et le meilleur idéal d'enseignement, la différence n'est pas assez grande — du moins à mon avis — pour que nous proposions ou d'augmenter le nombre des langues inscrites aux programmes actuels de nos écoles, ou d'en conserver le nombre actuel en augmentant les études scientifiques ou les études générales. J'admettrai sans peine la possibilité d'obtenir, avec un enseignement parfait, une économie de vingt-cinq ou trente pour cent sur les résultats donnés par un bon enseignement moyen ; mais cela ne nous permettrait pas d'apprendre trois langues dans le temps que nous mettons à en apprendre deux ; cela ne nous donnerait pas non plus, sans d'autres modifications, les moyens d'introduire dans le programme d'une école ou d'un collége une science importante de plus.

Examinons de près quelques-uns des moyens préconisés comme devant nous permettre d'absorber les langues, en quelque sorte, sans nous en apercevoir. On insiste avec raison sur la facilité apparente avec laquelle les enfants les apprennent. Pour un enfant, apprendre la langue des personnes au milieu desquelles il vit, semble n'exiger aucun effort, ne gêner aucune étude, être, en un mot, un bénéfice net. Or, tout avantage que l'on présente comme ne coûtant rien, est fort suspect; et, quand il s'agit d'acquisitions intellectuelles, nous pouvons être sûrs que l'affirmation ainsi posée est inexacte. Il est *peut-être* vrai que les langues ainsi apprises par les enfants leur coûtent peu, et ne gênent d'une manière sérieuse ni leurs plaisirs, ni d'autres études ; bien que cette affirmation, même avec les restrictions que nous y apportons, ne doive pas être reçue sans une certaine hésitation. Quoi qu'il en soit, c'est une habitude fort en honneur de donner aux enfants des bonnes et des institutrices françaises et allemandes, de les faire voyager de bonne heure, et de leur apprendre ainsi les mots et la prononciation des langues étrangères en même temps que ceux de leur langue maternelle.

Examinons un instant ce qui se passe dans la *Nursery* pendant cette opération trilinguale. Tous ceux qui ont travaillé à initier un enfant à sa langue maternelle, savent que ce n'est pas un jeu, ni une chose qui se fasse sans effort. Les premières articulations coûtent bien des luttes difficiles, et il en est bien peu qui soient apprises sans peine. Après que la faculté de prononcer s'est développée, et que l'oreille a appris à saisir les sons, l'enfant apprend assez vite les mots ; mais il n'en est pas un qui puisse être retenu sans absorber l'attention pendant quelques instants. Chaque mot occupe pendant un temps appréciable la faculté de concentration de l'enfant, c'est-à-dire qu'en réalité il devient un fardeau pour ses forces intellectuelles, toujours limitées, bien qu'assez étendues. Même lorsqu'il n'y a aucun effort apparent imposé à l'esprit, le travail de concentration intellectuelle est toujours le même ; l'exercice auquel l'enfant se prête le plus volontiers n'est pas exempt des conditions physiques auxquelles l'esprit est soumis : tant qu'il continue, il y a consommation de force ; l'attention est détournée de tout autre sujet, et il y a dépense.

Mais pour l'enfant polyglotte il faut multiplier ces instants de concentration; les rares moments d'attention donnée à d'autres sujets, qui restent à l'enfant élevé dans une famille aisée, doivent être encore diminués par le travail de la bonne française et de l'institutrice allemande. Or, ces moments réservés ne sont pas nécessairement perdus, comme on le croit communément; une grande partie en doit être employée à accumuler l'expérience des sens qui est la base de la connaissance des objets qui nous environnent. Et, quoiqu'il ne faille rien affirmer à la légère dans un sujet où tout est une affaire de quantité ou de degré, et où il est impossible d'arriver à une mesure exacte, cependant nous ne craignons pas de nous tromper en affirmant que l'absorption d'esprit qu'il faut pour commencer trois langues peut nuire considérablement à d'autres acquisitions importantes de l'enfance. Tout au moins doit-on reconnaître que ce fait n'est pas impossible; et les résultats donnés par la pratique ne sont pas en désaccord avec l'objection que nous présentons.

Dans une *nursery* bien organisée, on dispose de nombreuses ressources d'une économie réelle, laquelle ne s'appuie pas sur l'hypothèse qu'on peut apprendre deux langues de plus sans dépenser autre chose que le prix payé à ceux qui les enseignent. C'est là que l'on peut épargner à l'enfant la peine d'apprendre une foule de choses qu'il lui faudra désapprendre plus tard, — prononciations et expressions vicieuses, idées fausses, préjugés et faiblesses morales, qui pèsent sur le reste de sa vie. Quintilien insiste beaucoup sur cette économie énorme, dans le plan qu'il propose pour l'éducation d'un homme public.

Quand on dit qu'avec certaines méthodes perfectionnées on peut enseigner le latin, par exemple, en moins de deux ans, au lieu d'en faire traîner l'étude pendant plus de sept, il y a là évidemment une équivoque sur laquelle on n'a pas suffisamment insisté. La grammaire, les mots les plus usités et les constructions ordinaires de la langue latine peuvent être appris avec assez de facilité en deux ans par un élève de douze ans, ou environ ; mais ce latin ne pourra servir qu'à des sujets connus et familiers : celui qui s'occupe de sciences ou de droit pourra lire des traités latins sur ces matières ; il pourra probablement aborder les historiens les plus faciles. Dans les colléges d'autrefois, où les leçons se faisaient en latin, la préparation nécessaire pour comprendre ces leçons, ou même pour les composer, ne pouvait pas être bien difficile. Il ne fallait pas être un grand érudit pour écrire le latin des Principes de Newton. Mais de nos jours, cette utilité spéciale de la langue latine a disparu, sauf quelques cas isolés. Le latin nécessaire au juriste, le latin et le grec que l'on demande en théologie, pourraient être appris comme faisant partie des études spéciales à ces professions, et il ne serait nullement nécessaire de les faire entrer dans le programme des études générales.

Mais par les auteurs classiques on entend quelque chose de plus que cela, et ce quelque chose de plus est un nombre infini de détails minutieux qu'aucune méthode, quelle qu'elle soit, ne saurait réduire à n'occuper qu'un court espace de temps. Après avoir écrit les Principes, Newton n'était probablement pas encore en état de lire un livre des Odes d'Horace. Si l'on veut comprendre Virgile, Horace, Tite-Live et Cicéron, il faudra au moins doubler les deux ans dont nous parlions tout à l'heure, même en admettant les circonstances les plus favorables. Les connaissances minutieuses nécessaires pour comprendre ces auteurs exigent à elles seules des années pour être accumulées; et, si les études classiques doivent s'entendre dans ce sens plus étendu, je les crois tout à fait incompatibles avec l'introduction sur une grande échelle des études modernes dans le programme d'une éducation libérale.

III. Les sciences, prises en général, présentent les difficultés les plus sérieuses à la grande masse de ceux qui les étudient, quoique pas toutes au même degré. Celles qui s'occupent du monde extérieur, considéré par opposition à l'esprit, sont entre les deux extrêmes, — entre les sciences tout à fait abstraites, comme les mathématiques, et les sciences concrètes et expérimentales, telles que l'histoire naturelle, la physiologie et la chimie. La majorité des esprits peut-être, ne sont pas propres aux premières; les secondes, qui s'adressent plus aux sens, et qui demandent une manipulation active, conviennent à un bien plus grand nombre de personnes.

Ce qui fait à la fois la gloire et la difficulté de la science, c'est sa généralité. Aussi a-t-elle recours à des termes très-abstraits, et à des symboles bizarres, qui ont tous un caractère représentatif. Lorsque, dans l'étude des sciences, un objet quelconque est cité, ce n'est jamais pour lui-même ; si le professeur montre un levier, l'élève ne doit pas se contenter de le bien regarder et de n'y plus penser. L'esprit qui ne sait pas se représenter, en même temps que le levier qu'il a vu, bien d'autres leviers qu'il ne voit pas, n'est pas arrivé à une conception scientifique. Cette nécessité d'envisager les objets que l'on ne voit pas, en même temps que ceux que l'on voit, est un effort pour les facultés, et ne peut jamais être par elle-même un exercice attrayant. L'habileté d'un professeur n'est jamais autant mise à l'épreuve que par l'enseignement des éléments des sciences. Les conditions premières de toute acquisition — flexibilité des organes, leçons peu prolongées, application soutenue, limitation à une ou deux sciences à la fois — doivent être rigoureusement observées, lorsqu'on veut développer les faibles capacités scientifiques d'une intelligence ordinaire.

Si l'éducation scientifique portait plutôt sur les sciences concrètes, comme l'histoire naturelle, la chimie, la physique expérimentale, le caractère plus attrayant de ces sciences, leurs applications plus immédiates à la pratique, la nécessité moins grande des raisonnements abstraits, rendraient sans doute plus grand le nombre de ceux qui peuvent réussir dans ces études. En estimant à trente pour cent la proportion des esprits absolument incapables de l'effort particulier qu'exigent les sciences — quelques-uns, peut-être, par suite de grandes aptitudes naturelles dans une autre direction, comme par exemple, celle des Beaux-Arts, — sur les soixante-dix pour cent qui restent, il y en aura peut-être moins de trente pour cent qui seront propres aux mathématiques, tandis que tous pourraient réussir dans l'une ou l'autre des sciences concrètes. Mais dans cette branche de l'enseignement, plus que dans les autres, le succès des élèves dépendra surtout du professeur.

Nous laisserons de côté les acquisitions intellectuelles nécessaires aux affaires et aux Beaux-Arts, pour nous occuper de certaines lois de la mémoire qui ont rapport à l'éducation morale. Envisagée dans son acception la plus large, cette expression s'applique non-seulement aux éléments des devoirs sociaux, c'est-à-dire à ce que nous devons aux autres, mais encore à la direction à donner à nos sentiments, à nos appétits et à notre volonté, pour assurer notre propre bonheur. Apprendre à attacher nos goûts et nos répulsions à des objets convenables, est une partie importante et essentielle de l'éducation.

Cette étude importante est soumise à toutes les restrictions et à toutes les conditions que nous avons posées pour les acquisitions intellectuelles en général. En outre, comme il faut tenir compte des limites de la plasticité du corps et de l'esprit, nous ne devons pas oublier que cette étude est aussi fort pénible, et qu'elle ne peut être poussée indéfiniment; elle se trouve d'ailleurs un obstacle très-grand dans l'exagération des études purement intellectuelles. Une leçon de morale exige les mêmes circonstances favorables que toute autre leçon; elle ne peut se graver dans un esprit trop fatigué, ou distrait, ou occupé de quelque travail intellectuel. Pour affermir une association agréable, pour convertir en affection durable une explosion de sentiment tendre, il faut le temps, l'occasion, et la concentration d'un esprit bien disposé et dans sa vigueur. Pour triompher d'une antipathie déraisonnable, telle que la crainte que les insectes inspirent aux enfants, la nécessité de conditions favorables est encore plus urgente, s'il est possible.

Les époques de la vie qui conviennent le mieux à l'éducation morale, prise dans son sens le plus large, sont d'abord celle qui précède le commencement de l'éducation intellectuelle, quand on va donner à l'enfant des habitudes d'obéissance et les premières formes de l'affection; puis les intervalles qui séparent les travaux absorbants de l'intelligence; et enfin, le moment où la partie la plus pénible de l'éducation est terminée, et où les difficultés et les travaux plus importants de la vie n'ont pas encore commencé; ou bien encore, les intervalles de repos entre ces travaux. La discipline de l'école nous fait prendre plusieurs habitudes morales très-importantes : l'amour du travail, la régularité, la persévérance et l'obéissance. Mais ce à quoi la discipline de l'école est impuissante, c'est à nous inspirer les affections plus délicates qui adoucissent et réchauffent le reste de la vie.

Voici les deux conditions qui sont spéciales à l'éducation morale : 1° une initiative puissante; 2° le soin de ne pas exposer les élèves à des épreuves qui dépassent la force qu'ils ont acquise. C'est lorsqu'il s'agit de réprimer les appétits et les élans désordonnés, que l'on reconnaît toute l'importance de ces deux conditions.

Par une initiative puissante nous entendons quelque grande influence d'autorité, d'exemple ou de résolution personnelle dès le début. Supposons qu'il s'agisse de substituer à la paresse et au manque de suite dans le travail l'habitude d'une application soutenue. Pour prendre rapidement cette habitude, il faut quelque motif sérieux qui engage l'enfant à rester au travail pendant les heures prescrites. Ou l'autorité d'un supérieur, ou un motif dominant dans l'esprit de l'élève est indispensable pour triompher de l'aversion qu'inspire naturellement un labeur journalier et persistant. Pour l'éducation intellectuelle, la nécessité d'une forte initiative n'est pas tout à fait aussi grande. On peut, quoique avec une certaine difficulté, apprendre à lire et à écrire en travaillant par accès, et d'une manière un peu capricieuse; mais il est dans la nature des acquisitions morales de triompher de l'opposition intérieure, et cette opposition, avant d'être vaincue par l'habitude, doit l'être par quelque autre influence. C'est là ce que nous entendons par une initiative suffisante.

En second lieu, pour établir une habitude morale, il est essentiel que l'élève ne soit pas exposé à une épreuve qui dépasse la force qu'il a acquise. Si nous voulons enseigner aussi rapidement que possible la tempérance à un jeune homme, nous ne devons jamais l'exposer à une tentation au-dessus de ses forces. Tout échec dans une lutte fait perdre du terrain au vaincu. Quelquefois, il est vrai, un échec est accompagné d'une souffrance salutaire, qui peut être un avertissement pour l'avenir; mais c'est un point sur lequel il ne faut pas compter, et qui manque dans la plupart des cas. Pour prendre un exemple extrême, si nous cherchons à inspirer la confiance et le courage à une nature timide, nous devons bien nous garder de l'exposer à une épreuve qui soit au-dessus de la force qu'elle a acquise. Il suffit d'une seule frayeur pour renverser un édifice qui a coûté plusieurs mois de travail. De même, pour les habitudes morales en général, une tentation à laquelle on cède anéantit une partie des résultats. Nous ne tentons pas un enfant en laissant des friandises à sa portée, ni, un peu plus tard, en lui confiant de l'argent sans le compter. Quelque difficile qu'il soit de remplir cette condition, le principe est incontestable. Il est évident par lui-même quand il s'agit des exercices du corps, qui ne doivent jamais aller jusqu'à nuire aux muscles, ou jusqu'à affaiblir les fonctions du cœur. Nous ne prétendons pas former le caractère moral en écartant toute tentation ; ce serait là une erreur en sens contraire : cela peut être bon au commencement, mais ce serait dérisoire à la fin. Il y a un temps où l'enfant doit être protégé contre le rude contact des épreuves, et un temps où il doit y être exposé peu à peu. C'est comme lorsque nous endurcissons le corps au froid et à la fatigue ; nous ne devons pas nous exposer à attraper une maladie dans le début ; car toute maladie, dans ces conditions, serait une brèche faite à nos travaux ; ce serait une cause de faiblesse, qui ne pourrait disparaître que par un régime long et ennuyeux.

III

LA LOI DE RELATIVITÉ ET SES VIOLATIONS.

Par Relativité nous entendons cette loi générale de notre nature en vertu de laquelle nous ne ressentons pas une impression, nous ne devenons pas conscients sans un changement d'état ou d'impression. Une action invariable exercée sur un de nos sens est équivalente à une absence totale d'action. Nous ne sentons pas la pression de l'atmosphère. Une température égale, comme celle dont jouissent les poissons dans les mers tropicales, ne produit sur l'esprit absolument aucune impression de chaud ou de froid. Nous ne pouvons ni sentir ni savoir sans reconnaître deux états distincts : aussi toute connaissance est-elle double, c'est-à-dire que c'est la connaissance de contrastes ou de contraires; ce qui est lourd ne l'est que par rapport à ce qui est léger; le haut suppose le bas; être éveillé suppose l'état de sommeil.

I. — Un grand nombre des conséquences de cette loi sont suffisamment reconnues, ou, si elles ne le sont pas, c'est moins par ignorance que par d'autres motifs. C'est une faiblesse morale, plutôt qu'intellectuelle, qui nous fait penser que le premier mouvement d'un grand plaisir, qu'une joie nouvelle ou un succès nouveau, persistera avec la même force. Le pauvre ne s'exagère probablement pas la joie que lui causerait la richesse si elle lui venait tout à coup; ce dont il ne se rend pas compte, c'est la manière dont la continuité du bien-être et de l'abondance émousse la sensation nouvelle. L'auteur de *Romola*, parlant de son héros et de son héroïne aux premiers moments de leur affection, dit qu'ils ne pouvaient prévoir le temps où leurs baisers seraient des choses ordinaires. Il en est de même de tous les objets que nous avons recherchés avec ardeur; le premier sentiment de bonheur peut ne pas nous désappointer; mais à mesure que nous nous éloignons de l'état de privation, à mesure que s'efface le souvenir de notre expérience antérieure, la vivacité de la jouissance actuelle s'efface aussi. Il en est de même des changements en mal : la douleur d'une grande perte est d'abord accablante; mais peu à peu nous nous habituons à notre nouvel état, et la souffrance diminue. Ce que l'on appelle en pareil cas force de l'habitude, n'est que l'application de la loi de changement, de comparaison ou de relativité.

C'est une expérience souvent faite par l'homme, quoiqu'il n'en croie pas facilement le témoignage d'autrui, que les plaisirs du repos et de la retraite sont complétement relatifs au travail et à la peine passés ; après le premier moment de transition, ces plaisirs sont de moins en moins sensibles, et ils ne se renouvellent qu'après que le travail lui-même a été renouvelé. La description que nous présente le Paradis perdu du délicieux repos d'Adam et d'Ève dans le paradis, est trompeuse ; le poëte leur accorde une intensité de plaisir qui ne peut être ressentie que par l'homme travaillant à la sueur de son front, après la malédiction divine.

Les plaisirs de la science sont relatifs à l'ignorance qui les a précédés ; car, quoique la possession de la science soit à plusieurs égards un bien durable, cependant tout le charme n'en est senti qu'au moment où l'on passe du mystère à l'explication, de l'absence d'impression à la possession intellectuelle. Cette forme de plaisir ne se soutient que par de nouvelles acquisitions et de nouvelles découvertes. De plus, dans les formes inférieures du plaisir que nous cause la connaissance, nous n'échappons jamais à la loi de relativité ; la puissance nous enchante par rapport à notre impuissance antérieure. Platon supposait que dans la connaissance nous avions un exemple de plaisir *pur*, c'est-à-dire de plaisir indépendant de toute privation ou de toute douleur antérieure ; mais une telle pureté est un fait stérile, qui ressemble assez à l'air pur d'un désert sans végétation et sans eau. Un état de santé constante, quoique ce soit une des premières conditions du bonheur, est en soi un état de neutralité ou d'indifférence. L'homme qui n'a jamais été malade ne peut chanter les joies de la santé; il n'y a que le valétudinaire qui puisse être éloquent sur ce sujet.

De tout temps ces exemples ont été cités. Nous avons la faiblesse de nous laisser entraîner par tout sentiment vif actuel, comme si ce sentiment devait durer toujours, et cette faiblesse morale aveugle chacun de nous à son tour sur la sévère réalité des faits. Mais il existe des cas nombreux de Relativité dans lesquels nous perdons plus ou moins de vue, et nous refusons de reconnaître le corrélatif indispensable. Ce sont les erreurs de relativité proprement dites, lesquelles appartiennent à la classe nombreuse des erreurs de confusion. Nous nous proposons de montrer ici quelques-unes de ces erreurs qui se présentent dans des questions d'importance pratique.

Quand Carlyle et d'autres avec lui nous disent que la parole est d'argent, et le silence d'or, ils veulent parler d'un état de choses dans lequel il y a eu excès de parole; sans cet excès, le mot n'est pas juste. On pourrait aussi bien parler des jouissances de la faim, du froid, de l'emprisonnement cellulaire, sous prétexte qu'il y a des moments où l'on peut avoir trop de nourriture, de chaleur, ou de société, et où les états contraires seraient un changement agréable.

La relativité des plaisirs, quoique reconnue dans bien des cas particuliers, a souvent été mal comprise. On dit souvent qu'il ne peut y avoir de plaisir sans une peine qui l'ait précédé; mais c'est là pousser le principe un peu trop loin. Un plaisir ne peut durer toujours; mais une simple suspension du plaisir, sans aucune douleur, nous suffit pour y revenir ensuite. Un homme en bonne santé jouit de ses repas, sans avoir eu à souffrir sensiblement de la faim. Pour lire un poème nouveau, il n'est pas indispensable de se préparer par un certain temps d'affliction. Il est vrai que, si le sentiment de privation a été vif, le plaisir en est proportionnellement accru, et que peu de plaisirs très-vifs commencent par l'indifférence ; mais cependant, l'interruption et le changement peuvent nous préparer à une jouissance nouvelle, sans aucun sentiment de souffrance.

Paley, dans sa recherche des éléments du bonheur, s'appuie assez capricieusement sur le principe de comparaison. Il s'en sert avec force et d'une manière heureuse pour déprécier certains plaisirs, tels que la grandeur, le rang, la position ; puis il s'abstient de l'appliquer aux plaisirs qu'il défend plus particulièrement, — comme les affections sociales, l'exercice des facultés et la santé.

Les grands éloges que l'on accorde souvent à la simplicité de style en littérature, sont un exemple de la suppression du corrélatif dans un cas de rapports mutuels. La simplicité n'est pas un mérite absolu ; ce n'est souvent qu'un mérite relatif. Ainsi, lorsqu'un certain sujet n'a jamais été traité qu'en langage abstrait et difficile, un homme de grand talent qui l'expose en langage simple et intelligible, fait un ouvrage dont le plus grand éloge est exprimé par le mot simplicité. De même, après les écrits artificiels, compliqués et trop travaillés du siècle dernier, la réaction de Cowper et de Wordsworth en faveur de la simplicité fut un changement agréable et un repos, et plut surtout par le changement. Wordsworth ne semble pas avoir compris ce fait évident ; pour lui, une simplicité qui ne coûtait rien à l'écrivain, et qui n'offrait rien de nouveau au lecteur, avait cependant un mérite transcendant.

Souvent, de nos jours, on a fait l'éloge de l'instruction. Bien des orateurs éloquents se sont étendus sur le bonheur et la supériorité de l'homme dont l'esprit est éclairé et cultivé. Or, la proposition corrélative ou obverse doit être également vraie ; une dégradation et une incapacité correspondantes doivent être attachées à l'ignorance et au manque d'instruction. Cette déclaration corrélative et également importante est supprimée dans certains cas, et par des hommes qui sont les premiers à faire l'éloge de l'instruction. On nous parle souvent du bon sens naturel, de la sagacité, des admirables instincts du peuple, c'est-à-dire des ignorants et des hommes sans éducation. Aussi est-il indispensable, dans toute exposition, de faire suivre chaque principe de la déclaration contraire qui en dépend, et de faire voir ce qui est nié par l'affirmation du principe. Si l'instruction est une chose très-bonne, l'ignorance, qui est le contraire de l'instruction, est une chose très-mauvaise. Il n'y a pas de milieu.

La manière dont certaines personnes se servent de l'argument tiré de l'autorité, contient souvent une contradiction dont on ne s'aperçoit pas, parce qu'on ne songe pas à la proposition corrélative qui est contenue dans cet argument. Si je m'appuie sur le témoignage de quelqu'un comme donnant du poids à mon avis, je dois être également influencé en sens contraire, lorsque le même témoignage est contre moi. Le plus ordinairement cependant, nous faisons beaucoup de bruit quand le témoignage est en notre faveur, et nous n'en tenons aucun compte lorsqu'il nous est contraire. Cette manière d'agir est tout spécialement en usage vis-à-vis des philosophes de l'antiquité. Nous citons avec complaisance Socrate, Platon et Aristote lorsqu'ils sont d'accord avec nos idées ; mais sur les points où ils sont en contradiction avec nos théories favorites, nous les traitons avec une sorte de pitié comme des païens peu éclairés. On ne voit pas que des hommes capables de commettre des erreurs aussi grossières que celles qu'on leur reproche, — sur la morale, par exemple, — perdent par ce seul fait toute autorité sur les sujets qui s'y rattachent, comme par exemple, sur la politique, à propos de laquelle Aristote est encore cité comme une autorité.

Un grand nombre des fautes contre la relativité viennent d'exagération de rhétorique. En voici quelques exemples remarquables.

Quand un système de rangs et de dignités est établi, on attache à certaines conditions et à certaines occupations une idée de dignité ou d'indignité. La profession militaire est plus relevée que le commerce ; un chirurgien est plus honorable qu'un horloger. Dans cet état de choses, un rhétoricien brillant, poussé par le désir de faire disparaître toutes les inégalités entre les hommes, se met à prêcher la dignité de *tout* travail. Il y a là une contradiction. Si vous rendez tout travail également digne, il n'y a plus de dignité du tout ; vous abolissez la dignité en la privant du contraste sur lequel elle repose.

Pour exciter la jeunesse à redoubler d'efforts dans ses études, on lui répète souvent cette maxime d'Homère : « Supplantez tous les autres et soyez les premiers. » Ce mot ne manque jamais son effet : c'est de la rhétorique capiteuse. Et cependant, il n'y a qu'un élève qui puisse être le premier, et cette exhortation s'adresse à un millier d'élèves à la fois [1].

Dans la discussion et l'enseignement des devoirs moraux et des vertus, a régné, de tout temps, une certaine tendance à supprimer les faits corrélatifs, et à affirmer sans condition ce qui n'est vrai que sous condition. Ainsi la nature admirable de la justice, et le bonheur de l'homme juste sont des sujets dignes de l'éloquence la plus élevée. Tous les peuples civilisés, les païens aussi bien que les chrétiens, les ont célébrés. Dans les dialogues de Platon, la justice occupe le premier rang, et il l'orne de tout l'éclat de son génie. Aristote, dans un de ses rares accès de poésie, dit que la justice est « plus grande que l'étoile du soir ou l'étoile du matin. » Or, ce panégyrique n'est admissible que dans l'hypothèse de la justice *réciproque*. Platon, il est vrai, a eu la hardiesse de dire que l'homme juste est heureux par lui-même, et en vertu de sa justice, même quand les autres seraient

---

[1]. Nous citerons ici une anecdote caractéristique empruntée à la vie de Lord Carlisle. Ayant été nommé Lord Recteur du collége Marischal, à Aberdeen, il lui fallut faire un discours aux élèves de ce collége sur l'amour du travail et l'espoir du succès dans leurs études. En consultant les discours de ses devanciers, pour y chercher un modèle, il trouva dans celui de son prédécesseur immédiat, Lord Eglinton, la maxime d'Homère dont nous venons de parler. Elle ne lui sembla pas juste, et il l'avoua aux élèves. Il ne pouvait admettre qu'un seul s'élevât par l'humiliation des autres. Dans un langage plus digne d'une époque civilisée, il exhorta ses auditeurs à rechercher l'excellence pour elle-même, sans y attacher, comme corollaire nécessaire, le désir de supplanter ou de faire descendre ses camarades. Il est probable qu'ici il se laissa aller à une faute de relativité ; car l'excellence est purement relative, elle repose sur d'autres degrés inférieurs ; mais du moins elle comporte bien des modes différents auxquels un grand nombre peuvent arriver, et qui ne sont pas forcément le partage d'un seul ou de quelques élus.

injustes envers lui; mais cette proposition n'est pas soutenable. Un homme est heureux de sa justice si elle lui procure la justice en retour; de même qu'un citoyen est heureux de son obéissance aux lois, si elle lui assure leur protection en retour. Il y a deux parties en présence, et le moraliste doit s'adresser à toutes deux; il doit amener la première à s'acquitter de sa part avant de promettre à la seconde le bonheur de la justice et de l'obéissance. C'est peut-être une belle phrase de rhétorique, mais ce n'est pas une vérité que de dire que la justice donne le bonheur dans une société où elle n'est pas réciproque. Dans de telles circonstances, la justice est éminemment noble, digne de louange, vertueuse; mais le fait même de ces grands compliments prouve qu'elle ne donne pas le bonheur, et qu'ils sont destinés à servir de compensation. Il existe une certaine tendance, pas très-grande dans l'état actuel de la nature humaine, en vertu de laquelle la justice engendre la justice en retour — la vertu sociale d'un côté la produit de l'autre. Cela peut encourager chacun de nous à faire son devoir, dans l'espoir que les autres feront de même. Cependant, la réciprocité manque de temps en temps, et avec elle disparaît le bien que pouvait attendre de la justice celui qui l'avait observée. Il est indispensable d'insister auprès de chaque homme, et surtout auprès de la jeunesse, sur la nécessité de remplir ses devoirs envers la société; il est également entendu, et également indispensable que la société s'acquitte de ses devoirs envers les particuliers. Supprimer l'obligation corrélative de l'État envers l'individu, c'est supprimer une des parties contractantes; le motif de cette suppression est, sans doute, que la société ne manque pas souvent à ses devoirs envers les individus, tandis que ceux-ci manquent souvent à leurs devoirs envers la société. Cela peut être vrai en général, mais ne l'est pas toujours. Cela n'est pas vrai dans les pays où les lois sont mauvaises et l'administration corrompue. Cela n'est pas vrai dans les pays où les restrictions imposées à la liberté sont plus grandes que ne l'exigent les nécessités de l'État. Cela n'est pas vrai, tant qu'il y a une seule trace de persécution pour opinions. La véracité absolue, par exemple, dans une société qui limite la discussion et l'expression des opinions, est plus que cette société n'a le droit d'exiger.

La même erreur se retrouve dans un sujet qui se rattache au précédent — celui des joies de l'amour et de la bienveillance. Que l'amour et la bienveillance donnent un grand bonheur, cela n'est pas douteux; mais aussi ce sentiment doit être mutuel; il exige la réciprocité. L'amour ou la bienveillance qui n'est que d'un côté est une *vertu*, ce qui revient à dire que *ce n'est pas* un plaisir. Les charmes de la bienveillance sont ceux de la bienveillance réciproque; jusqu'à ce qu'on le paye de retour, sous une forme ou une autre, l'homme bienveillant a pour lui, en réalité, le sacrifice et rien de plus. Bien des gens se refusent à admettre cette vérité toute nue, ou du moins à l'ériger en théorie, car elle est complétement admise dans la pratique. Nous la dissimulons en admettant que la bienveillance sera toujours récompensée tôt ou tard; que, si les objects de cette bienveillance se montrent ingrats, d'autres nous en tiendront compte, ou tout au moins Dieu. Or, ces adoucissements sont fort à propos, fort bons à présenter, après avoir reconnu cette simple vérité, que la bienveillance est en soi un sacrifice, un acte pénible; et que cet acte est compensé, et bien plus que compensé, par une juste réciprocité de bienveillance. Cet aveu est le seul moyen pour nous d'échapper à une foule de contradictions. Comme la justice en soi, la bienveillance en soi est pénible; toute vertu commence par être une peine, bien que, lorsqu'elle est payée de retour, elle cause un plaisir encore plus grand que la peine. Il peut y avoir des actes de bonté qui ne coûtent rien à celui qui les acccomplit, ou qui lui soient même agréables; mais ces exemples ne doivent pas être présentés comme la règle ou le type. C'est l'essence des actes de vertu, le caractère dominant de cet ordre d'actions, de coûter à leur auteur, de le priver de quelque satisfaction dont il pourrait jouir; c'est de là que nous devons partir; nous pourrons alors expliquer comment et quand, et dans quelles circonstances, et dans quelles limites, l'homme vertueux, que sa vertu soit justice ou bienveillance, en devient plus heureux.

C'est une erreur de suppression du corrélatif, que de présenter la vertu comme déterminée par la *nature morale de Dieu*, en tant qu'opposée à sa volonté arbitraire. L'essence de la morale est l'obéissance à un supérieur, à une loi; dès qu'il n'y a point de supérieur, rien n'est plus ni moral ni immoral. La puissance suprême est incapable d'un acte immoral. Le Parlement peut faire quelque chose de nuisible, il ne peut rien faire d'illégal. De même, la Divinité peut être bienfaisante ou malfaisante; elle ne peut être morale ou immorale.

Parmi les différentes solutions du problème difficile de l'action réciproque de la matière et de l'esprit, qui furent proposées au xviie siècle, la solution connue sous le nom de « Théorie des causes occasionnelles, » n'était autre chose qu'un certain mode d'intervention divine. D'après cette théorie, Dieu travaillait, par un *miracle perpétuel*, à produire les changements de l'esprit correspondant aux actions physiques exercées sur nos sens par la lumière, le son et les autres agents matériels. Or, dans ce mode d'action supposé, il n'y a rien de contradictoire; mais dans l'emploi du mot miracle il y a une faute de relativité. Le mot miracle signifie une intervention exceptionnelle; il suppose un état habituel auquel il fait exception. Si toutes les actions sont également miraculeuses, alors il n'y a plus de miracle.

II. — Nous consacrerons la fin de ce travail à une classe d'erreurs encore plus remarquables, qui proviennent de la suppression d'un des deux membres corrélatifs du même couple; nous voulons parler des erreurs qui se rapportent au mot de mystère, mot dont on a beaucoup abusé, de bien des manières, et surtout en ne tenant pas compte de son caractère relatif. Tout mystère suppose certaines choses qui sont simples, intelligibles, compréhensibles, révélées; et, par opposition à ces choses, le mot mystère s'applique à certaines autres choses qui sont obscures, inintelligibles, incompréhensibles, non révélées. Quand la conduite d'un homme est toute simple, droite, bien expliquée, nous disons qu'elle est facile à comprendre; quand nous sommes embarrassés par les détours d'un caractère rusé, caché, nous disons qu'il est très-mystérieux. De même dans la nature, nous croyons comprendre divers phénomènes, — comme la pesanteur, et toutes ses conséquences, la chute des corps, le cours des rivières, les mouvements des planètes, les marées, etc. D'un autre côté, les tremblements de terre et les volcans sont très mystérieux ; nous ne savons de quoi ils dépendent, comment ou dans quelles circonstances ils se produisent. Nous comprenons certaines actions des corps vivants, comme, par exemple, l'action du cœur pour la propulsion mécanique du sang ; d'autres actions, et c'est le plus grand nombre, sont mystérieuses ; par exemple, le procédé de la germination et de la croissance. Ainsi, le contraste qui existe entre les choses que nous comprenons bien et celles que nous ne comprenons pas, donne au mot mystère un sens bien défini. Dans certains cas, un mystère résulte d'une contradiction apparente ; c'est ce qui a lieu pour le mystère théologique du libre-arbitre et de la prescience divine : ici encore, nous retrouvons un contraste avec la grande masse des choses conséquentes et conciliables. Mais maintenant, quand des écrivains qui visent à l'effet viennent nous dire que *tout est mystérieux;* que les phénomènes les plus simples de la nature, la chute d'une pierre, les oscillations d'un pendule, le mouvement ascensionnel d'une balle lancée en l'air, sont étonnants, merveilleux, miraculeux — notre intelligence est confondue : puisqu'il n'y a rien d'intelligible, alors il n'y a rien de mystérieux. Le merveilleux sort de l'ordinaire, de même que ce qui est élevé ne l'est que par rapport à quelque chose de plus bas ; s'il n'y a rien d'ordinaire, alors il n'y a rien de merveilleux ; si tous les phénomènes sont mystérieux, rien n'est mystérieux ; si nous devons être stupéfaits de ce que trois fois quatre font douze, quel phénomène pourrons-nous prendre pour type du simple et de l'intelligible ? Il faut toujours avoir un type de l'ordinaire, du facile, du compréhensible, si l'on doit regarder d'autres choses comme merveilleuses, difficiles, inexplicables.

Le caractère véritable d'un mystère et de ce qui constitue l'explication d'un fait a souvent été mal compris. Les changements d'opinion sur ces points composent tout un chapitre de l'histoire de l'éducation de l'esprit humain. Peut-être le changement le plus décisif date-t-il de la publication de l'Essai de Locke sur l'Entendement, livre qui avait pour but, comme le dit l'auteur dans les termes à la fois simples et énergiques de sa préface, de reconnaître ce dont notre intelligence est capable; de voir quels sujets elle peut traiter, et où elle doit s'arrêter. Citons les paroles mêmes du philosophe :

« Si par cette recherche sur la nature de l'Entendement je puis en découvrir les facultés; si je puis voir jusqu'où elles vont, à quelles choses elles sont proportionnées et où elles nous manquent, je suppose que je rendrai quelque service en montrant à l'esprit toujours inquiet de l'homme qu'il faut user de prudence en touchant à des choses qui dépassent sa compréhension; qu'il doit s'arrêter quand il a tendu autant que possible la corde par laquelle il est attaché ; enfin qu'il faut se résigner à ignorer les choses qui, après examen, sont reconnues au-delà de nos facultés..... Le flambeau qui brûle en nous, donne assez de lumière pour tous nos besoins. Les découvertes que nous pouvons faire à sa lueur doivent nous satisfaire. Et ce sera faire un bon usage de notre entendement que de considérer tous les objets de la manière et dans la proportion qui conviennent à nos facultés, et au point de vue auquel ils peuvent nous être proposés... Il est fort utile pour le matelot de connaître la longueur de sa ligne de sonde, quoique avec elle il ne puisse mesurer toutes les profondeurs de l'Océan. »

L'étude des sciences physiques devait nous donner la même leçon salutaire. Le grand contemporain de Locke, qui fut en même temps son ami, Isaac Newton, travailla avec lui à cet enseignement; il ne faut pas non plus oublier ici Bacon, quoique tous ne soient pas d'accord sur l'étendue et le caractère de son influence. L'action combinée de ces grands maîtres de la pensée se manifeste par le changement qui s'opéra alors dans les idées des hommes de science au sujet des objets qu'il convient d'étudier, et de la direction qu'il est bon de donner aux recherches. Il y eut dès lors une tendance à renoncer à la poursuite des essences mystérieuses et des grandes unités générales, pour reconnaître d'une manière précise les faits et les lois des phénomènes naturels. Alors commença l'étude de l'astronomie à l'Observatoire de Greenwich. Les expériences de Priestley et de Franklin, au XVIIIe siècle, nous ont donné la clef des secrets de l'univers.

La leçon ainsi développée par Newton, Locke et leurs successeurs, il nous reste encore à l'introduire dans la métaphysique, et à l'y appliquer. Voici comment nous l'exprimerions, pour l'appliquer à ce qui constitue le mystère et à ce qui constitue l'explication, c'est-à-dire la manière de rendre compte des apparences.

D'abord, l'Entendement ne peut jamais dépasser les bornes de sa propre expérience, de sa connaissance acquise, soit physique, soit métaphysique. Ce que nous savons par nos sens mis en rapport avec le monde extérieur, et par notre sens intime, est le fondement, l'A-B-C de tout ce que nous sommes capables de savoir. Nous connaissons les couleurs, et nous connaissons le son ; nous connaissons le plaisir et la douleur, et les diverses émotions appelées étonnement, crainte, amour, colère. S'il existe quelque être doué de sens différents des nôtres, nous ne pouvons entrer en communion avec cet être. S'il y a des phénomènes qui échappent à nos sens bornés, ils sont au-dessus de notre connaissance.

Cependant, il faut tenir compte des facultés de combinaison et de construction de l'esprit. Nous avons le champ libre pour combiner de bien des manières différentes les lettres de notre alphabet de sensations et d'expériences. Nous pouvons imaginer un paradis ou un enfer, mais il nous faudra le composer des choses bonnes ou mauvaises que nous connaissons. Les limites de cette puissance de construction sont bientôt atteintes. Nous ne réussissons même pas à nous figurer les sentiments de nos semblables, lorsque leur caractère et leur position diffèrent beaucoup des nôtres. Le jeune homme de vingt ans ne conçoit pas bien les sentiments d'un homme de quarante. L'homme qui s'est toujours bien porté ne peut comprendre la vie du valétudinaire.

III. — Passons aux applications pratiques. Les grandes idées que nous nommons temps et espace ne nous sont connues que dans les conditions de l'action de nos sens. Nous connaissons le temps par toutes nos actions, tous nos sens, tous nos sentiments, et par la succession de nos pensées; nous en avons l'expérience comme étant une continuation et une répétition de mouvement, de vue, de son, de crainte ou de tout autre état de sentiment ou de pensée. Un certain mouvement ou une certaine sensation se prolonge plus qu'un autre; ou il se répète plus fréquemment après une interruption, et nous donne ainsi la mesure numérique du temps, comme le font les oscillations du pendule. De cette façon nous mesurons les secondes, les minutes, les heures, les jours. Alors notre faculté de construction peut entrer en jeu pour concevoir des espaces de temps plus considérables — un siècle ou cent siècles. Et même, nos facultés arithmétiques nous permettent d'exprimer en chiffres, ou de concevoir symboliquement — ce qui est la plus maigre de toutes les conceptions — des millions de millions de siècles, lesquels ne sont après tout que des composés de notre alphabet de sensations et de pensées persistantes ou répétées. Nous pouvons appliquer cette représentation arithmétique au temps passé ou au temps à venir, et il n'y a point de limite aux nombres que nous pouvons ainsi écrire. Mais il est une chose que nous ne pouvons faire, c'est de déterminer le point où le temps ou la succession a commencé, ou encore celui où le temps finira. C'est là une opération au-dessus de nos facultés; la simple supposition en est impossible. Nous ne pouvons concevoir l'idée d'un état de choses dans lequel le fait de la durée ne tienne aucune place; il serait inutile de l'essayer. Le temps est inséparable de la nature de notre esprit; tout ce que nous imaginons, nous sommes forcés de l'imaginer comme ayant une durée. Quelques philosophes ont supposé que nous avons dû recevoir de la nature la conception du temps, avant de commencer à exercer nos sens; mais la difficulté serait de nous priver de cette qualité sans éteindre notre nature intellectuelle. Donnez-nous la sensibilité, et vous ne pouvez nous refuser l'élément du temps. L'hypothèse de Kant et d'autres philosophes, qui veulent que la notion de temps soit implantée en nous comme une forme vide, avant que nous ne commencions à exercer nos sens sur les objets extérieurs, est inutile; car, dès que nous bougeons, que nous voyons, que nous entendons, que nous pensons, que nous éprouvons quelque plaisir ou quelque souffrance, nous créons le temps. Et notre notion du temps en général est exactement ce que la font ces impressions, agrandie seulement par la faculté constructive dont j'ai déjà parlé.

Tandis que tous nos sens et tous nos sentiments nous donnent la notion de temps, c'est notre expérience du mouvement et de la résistance, — le côté énergique ou actif de notre nature seulement — qui nous donne celle d'espace. Le trait le plus simple de l'espace, c'est l'alternation de la résistance et de la non-résistance, de l'obstacle au mouvement et de la liberté de mouvement. La main appuie avec force sur un obstacle; cet obstacle cède et laisse le mouvement libre; ces deux expériences opposées sont les éléments de deux faits opposés — la matière et l'espace. Aucun des cinq sens, par son caractère pur et propre de sens, ne pourrait nous fournir ces expériences; aussi, à l'époque où les études métaphysiques étaient encore peu avancées, et où nos cinq sens étaient considérés comme la source de toutes nos connaissances, on ne donnait aucune explication satisfaisante de la notion d'espace ou d'étendue. L'espace comprend quelque chose de plus que cette simple opposition du résistant et du non-résistant; il comprend ce que nous nommons le coexistant ou le contemporain, le grand ensemble du monde étendu, comme existant à un moment donné, idée un peu compliquée, dont je n'ai pas à m'occuper en ce moment d'une manière spéciale. Pour faire comprendre les limites imposées à notre connaissance par nos impressions, au sujet de la nature de l'espace, il suffit d'appeler l'attention sur les deux expériences, qui se complètent l'une l'autre, de la matière et du vide; l'une résistant au mouvement, et donnant le sentiment de la résistance ou d'un effort impuissant, l'autre permettant le mouvement, et donnant le sentiment du libre jeu de nos membres. Quelque autre chose qu'il puisse y avoir dans l'espace, cette liberté de se mouvoir, de s'élever, de s'étendre — en contraste avec celle d'être enfermé, gêné, retenu — est une partie essentielle de cette conception, et nous vient de nos impressions d'activité ou de mouvement. Or, au point de vue du mouvement, il n'y a pour nous que deux états possibles : ou nous faisons un effort sans produire de mouvement, parce que nous trouvons devant nous des obstacles que nous nommons matière; ou nous exerçons un effort qui ne trouve pas de résistance et qui produit un mouvement, et c'est là ce que nous entendons par espace vide. Ces deux résultats sont les seuls possibles, dès que nous exerçons une force active. Où finit la résistance et commence la liberté, là est l'espace; où finit la liberté et commence l'obstacle, là est la matière. Nous trouvons que notre vie sensitive se compose, au point de vue du mouvement, d'un certain nombre et d'une certaine étendue de ces deux alternations; en d'autres termes, elle se compose d'espaces libres et de barrières résistantes. Nous pouvons d'ailleurs, grâce à la puissance de combinaison dont j'ai déjà parlé, imaginer d'autres proportions de ces deux expériences; nous pouvons supposer que le champ du mouvement, l'absence d'obstacles augmente de plus en plus, et s'étende à des milliers et à des millions de lieues ; mais la seule limite que nous puissions imaginer est une résistance, un obstacle inerte. Nous pouvons concevoir que les espaces stellaires s'élargissent et se prolongent d'une voie lactée à une autre, à travers des espaces énormes d'une amplitude toujours croissante ; mais lorsque nous cherchons à penser à la fin de ces espaces, nous ne pouvons imaginer autre chose qu'une muraille solide. Nos facultés ne sauraient trouver d'autre limite à l'espace ; et cette limite n'est pas une fin de l'étendue, car nous savons que la matière solide, envisagée à d'autres points de vue que celui de l'obstacle qu'elle oppose au mouvement, partage avec l'espace vide la propriété de l'étendue. Il faut en conclure que les limites imposées à nos moyens de connaissance, rendent impossible pour nous d'imaginer une fin soit pour le temps soit pour l'espace. Les plus grands efforts de notre faculté de combinaison ne peuvent dépasser les éléments qui lui sont présentés, et ces éléments ne contiennent rien qui puisse lui montrer l'espace se terminant sans un obstacle qui commence.

En présence de ces faits, il est plus qu'inutile de demander si le temps et l'espace sont finis ou infinis. Bien des philosophes ont fait cette question, et y ont même répondu : ils disent que le temps n'a ni commencement ni fin, et que l'espace n'a pas de limites ; ou, en d'autres termes, que le temps et l'espace sont infinis, réponse si vague qu'elle exprime également les derniers excès de l'extravagance et de la contradiction, ou bien seulement l'aveu innocent et raisonnable de la nature bornée de nos facultés.

Ainsi, ceux qui nous parlent de l'infini à propos du temps et de l'espace, peuvent donner à cette expression un seul sens intelligible; d'ailleurs ce mot ne convient pas à des propositions scientifiques, et son emploi ne peut aboutir qu'à des contradictions. L'infini est une expression de sens très-divers; c'est surtout un mot employé pour rendre nos impressions, et pour rendre nos désirs et nos aspirations; c'est un terme de poésie, d'imagination, de prédication, et non un mot dont la science doive s'occuper; aucune définition intellectuelle ne rendrait bien l'émotion qu'il est destiné à représenter.

IV. — La seconde propriété de notre intelligence est le pouvoir de généraliser un grand nombre de faits en un seul. Saisissant l'accord qui existe entre les nombreuses apparences des objets, nous pouvons comprendre dans le même principe un nombre énorme de détails. La seule loi de la pesanteur exprime la chute d'une pierre, le cours des fleuves, la force qui retient la lune dans l'orbite qu'elle décrit autour de la terre. Or, cette généralisation est un progrès réel dans nos connaissances, c'est un degré de plus dans l'intelligence, un pas vers la centralisation de l'empire de la science. Bien plus, c'est là le seul sens véritable du mot EXPLICATION. Une difficulté est résolue, un mystère est expliqué lorsque nous pouvons montrer qu'il ressemble à quelque chose d'autre, que c'est un exemple d'un fait déjà connu. Le mystère c'est l'isolement, l'exception, peut-être même une contradiction apparente; la solution du mystère se trouve dans l'assimilation, l'identité, la fraternité. Quand toutes les choses sont assimilées, autant qu'elles peuvent l'être, autant que leur ressemblance le permet, alors l'explication est achevée; alors est complété tout ce que l'esprit peut faire, ce qu'il peut désirer avec intelligence.

Ainsi, lorsque Newton eut généralisé la pesanteur, en assimilant l'attraction terrestre qui se manifeste par la chute des corps, à l'attraction céleste du soleil et des planètes, et lorsque, par une présomption légitime, la même puissance eut été étendue aux étoiles les plus éloignées; lorsque aussi la *loi* eut été déterminée, de sorte que les mouvements des différents corps pussent être calculés et prédits, il ne resta plus rien à faire; l'explication était épuisée. A moins que nous ne découvrions quelque autre force à assimiler à la pesanteur, de manière à faire des deux une unité encore plus générale, il faut en rester à la pesanteur comme au dernier point accessible à nos facultés. Il n'y a point de modification ou de substitution concevable qui puisse rendre notre position meilleure. Avant Newton, la force qui retient la lune et les planètes dans leurs orbites était un mystère; l'assimilation des planètes aux corps qui tombent a donné la solution de ce mystère. Mais, me dira-t-on, la pesanteur elle-même n'est-elle pas un mystère? Nous répondons que non : la pesanteur a passé par toutes les phases d'explication légitime et possible; de tous les faits physiques c'est celui qui a reçu la plus grande généralisation, et aucune transformation imaginable ne pourrait la rendre plus intelligible qu'elle ne l'est. Elle est singulièrement facile à comprendre; la loi en est connue avec exactitude; et, sauf les détails du calcul, dans ses parties les plus compliquées, il n'y a rien dont on puisse se plaindre, rien à rectifier, rien que l'on puisse prétendre ignorer; c'est le vrai modèle, la perfection de la connaissance. Depuis les temps modernes, la science marche vers la généralité, et sa route devient de plus en plus large, jusqu'à ce que nous arrivions aux lois les plus élevées, les plus larges de chaque ordre de faits ; là, l'explication est terminée, le mystère finit et nous avons la vision parfaite.

FIN.

TABLE DES MATIÈRES

CHAPITRE I.
Exposé de la question.................................... 1

CHAPITRE II.
Union de l'esprit et du corps............................. 6

CHAPITRE III.
L'union considérée comme correspondance, ou variation simultanée.. 18

CHAPITRE IV.
Lois générales de l'union de l'esprit et du corps : — les sentiments et la volonté................................. 45

CHAPITRE V.
L'intelligence.. 84

CHAPITRE VI.
Comment l'esprit et le corps sont-ils unis?............... 125

CHAPITRE VII.
Histoire des théories de l'âme............................ 144

APPENDICE.

I. — Des erreurs généralement répandues sur l'esprit..... 203
La gaîté... 204
Diversité des goûts...................................... 214
Les sentiments base de l'imagination..................... 216
Le libre arbitre... 223
La conception nouvelle d'une chose passe pour sa négation. 227
L'incapacité morale...................................... 231
II. — La mémoire et l'éducation........................... 235
III. — La loi de relativité et ses violations............. 258
Le mystère... 269
Le temps et l'espace..................................... 273
L'explication.. 278

Coulommiers. — Typographie Paul BRODARD.

BIBLIOTHÈQUE SCIENTIFIQUE INTERNATIONALE

Le premier besoin de la science contemporaine, — on pourrait même dire d'une manière plus générale des sociétés modernes, — c'est l'échange rapide des idées entre les savants, les penseurs, les classes éclairées de tous les pays. Mais ce besoin n'obtient encore aujourd'hui qu'une satisfaction fort imparfaite. Chaque peuple a sa langue particulière, ses livres, ses revues, ses manières spéciales de raisonner et d'écrire, ses sujets de prédilection. Il lit fort peu ce qui se publie au delà de ses frontières, et la grande masse des classes éclairées, surtout en France, manque de la première condition nécessaire pour cela, la connaissance des langues étrangères. On traduit bien un certain nombre de livres anglais ou allemands; mais il faut presque toujours que l'auteur ait à l'étranger des amis soucieux de répandre ses travaux, ou que l'ouvrage présente un caractère pratique qui en fait une bonne entreprise de librairie. Les plus remarquables sont loin d'être toujours dans ce cas, et il en résulte que les idées neuves restent longtemps confinées, au grand détriment des progrès de l'esprit humain, dans le pays qui les a vues naître. Le libre échange industriel règne aujourd'hui presque partout; le libre échange intellectuel n'a pas encore la même fortune, et cependant il ne peut rencontrer aucun adversaire ni inquiéter aucun préjugé.

Ces considérations avaient frappé depuis longtemps un certain nombre de savants anglais. En venant en France pour chercher à réaliser cette idée, ils devaient naturellement s'adresser à la *Revue scientifique*, qui marchait dans la même voie, et qui projetait au même moment, après les désastres de la guerre, une entreprise semblable destinée à étendre en quelque sorte son cadre et à faire connaître plus rapidement en France les livres et les idées des peuples voisins.

La *Bibliothèque scientifique internationale* n'est donc pas une entreprise de librairie ordinaire. C'est une œuvre dirigée par les auteurs mêmes, en vue des intérêts de la science, pour la populariser sous toutes ses formes, et faire connaître immédiatement dans le monde entier les idées originales, les directions nouvelles, les découvertes importantes qui se font jour dans tous les pays. Chaque savant exposera les idées qu'il a introduites dans la science et condensera pour ainsi dire ses doctrines les plus originales.

La *Bibliothèque scientifique internationale* ne comprend point seulement des ouvrages consacrés aux sciences physiques et naturelles; elle aborde aussi les sciences morales, comme la philosophie, l'histoire, la politique et l'économie sociale, la haute législation, etc.; mais les livres traitant des sujets de ce genre se rattachent encore aux sciences naturelles, en leur empruntant les méthodes d'observation et d'expérience qui les ont rendues si fécondes depuis deux siècles.

Cette collection paraît à la fois en français, en allemand, en russe et en italien; à Paris, chez Germer Baillière; à Londres, chez Mac Kegan et Cie; à New-York, chez Appleton; à Leipzig, chez Brockhaus; à Milan, chez Dumolard.

OUVRAGES PARUS

Voir la liste derrière le faux-titre.

OUVRAGES EN PRÉPARATION

Auteurs français.

CHANTRE. L'âge du bronze.
BROCA. Les primates.
HENRI SAINTE-CLAIRE DEVILLE. Introduction à la chimie générale.
C. VOGT. Les animaux fossiles.
H. DE LACAZE-DUTHIERS. La zoologie depuis Cuvier.
TAINE. Les émotions et la volonté.
CHAUVEAU. Physiologie des virus.
GÉNÉRAL FAIDHERBE. Le Sénégal.
ALFRED GRANDIDIER. Madagascar.
A. GIARD. L'embryogénie générale.
DEBRAY. Les métaux précieux.
P. BERT. Les êtres vivants et les milieux cosmiques.

Auteurs anglais.

HUXLEY. Mouvement et conscience.
W. B. CARPENTER. Géographie physique des mers.
RAMSAY. Structure de la terre.
SIR J. LUBBOCK. Premiers âges de l'humanité.
CHARLTON BASTIAN. Le cerveau comme organe de la pensée.
W. ODLING. La chimie nouvelle.
LAUDER LINDSAY. L'intelligence chez les animaux inférieurs.
MICHAEL FOSTER. Protoplasma et physiologie cellulaire.
ED. SMITH. Aliments et alimentation.
AMOS. La science des lois.
THISELTON DYER. Les inflorescences.
K. CLIFFORD. Les fondements des sciences exactes.

Auteurs allemands.

VIRCHOW. Physiologie des maladies.
HERMANN. La respiration.
LEUCKART. L'organisation des animaux.
O. LIEBREICH. La toxicologie.
REES. Les plantes parasites.
LOMMEL. L'optique.
STEINTHAL. La science du langage.
WUNDT. L'acoustique.
F. COHN. Les Thallophytes.

Auteurs américains.

J. DANA. L'échelle et les progrès de la vie.
AUSTIN FLINT. Les fonctions du système nerveux.

Auteurs russes.

KOSTOMAROF. Les chansons populaires et leur rôle dans l'histoire de Russie.
MAÏNOF. Les hérésies socialistes en Russie.
PODCOWINE. Histoire de la morale.
LOUTSCHITZKY. Le développement de la philosophie de l'histoire.
JACOBY. L'hygiène publique.
KAPOUSTINE. Les relations internationales.

ANCIENNE LIBRAIRIE GERMER BAILLIÈRE et Cie
FÉLIX ALCAN, ÉDITEUR

CATALOGUE

DES

LIVRES DE FONDS

(PHILOSOPHIE — HISTOIRE)

TABLE DES MATIÈRES

	Pages.
BIBLIOTHÈQUE DE PHILOSOPHIE CONTEMPORAINE	
Format in-12	2
Format in-8	4
COLLECTION HISTORIQUE DES GRANDS PHILOSOPHES	6
Philosophie ancienne	6
Philosophie moderne	7
Philosophie écossaise	7
Philosophie allemande	7
Philosophie allemande contemporaine	8
Philosophie anglaise contemporaine	8
Philosophie italienne contemporaine	9
BIBLIOTHÈQUE D'HISTOIRE CONTEMP.	10
BIBLIOTHÈQUE HISTORIQUE ET POLITIQUE	12
RECUEIL DES INSTRUCTIONS DIPLOMATIQUES	12
INVENTAIRE ANALYTIQUE DES ARCHIVES DU MINISTÈRE DES AFFAIRES ÉTRANGÈRES	12
PUBLICATIONS HISTORIQUES ILLUSTRÉES	13
ANTHROPOLOGIE ET ETHNOLOGIE	13
REVUE PHILOSOPHIQUE	14
REVUE HISTORIQUE	14
ANNALES DE L'ÉCOLE LIBRE DES SCIENCES POLITIQUES	15
BIBLIOTHÈQUE SCIENTIFIQUE INTERNATIONALE	16
OUVRAGES DIVERS NE SE TROUVANT PAS DANS LES BIBLIOTHÈQUES	22
BIBLIOTHÈQUE UTILE	30

On peut se procurer tous les ouvrages qui se trouvent dans ce Catalogue par l'intermédiaire des libraires de France et de l'Étranger.

On peut également les recevoir *franco* par la poste, sans augmentation des prix désignés, en joignant à la demande des TIMBRES-POSTE FRANÇAIS ou un MANDAT sur Paris.

PARIS

108, BOULEVARD SAINT-GERMAIN, 108
Au coin de la rue Hautefeuille.

JUILLET 1886

Les titres précédés d'un *astérisque* sont recommandés par le Ministère de l'Instruction publique pour les Bibliothèques et pour les distributions des prix des lycées et collèges. — Les lettres V. P. indiquent les volumes adoptés pour les distributions de prix et les Bibliothèques de la Ville de Paris.

BIBLIOTHÈQUE DE PHILOSOPHIE CONTEMPORAINE
Volumes in-12 brochés à 2 fr. 50.

Cartonnés toile. 3 francs. — En demi-reliure, plats papier. 4 francs.

Quelques-uns de ces volumes sont épuisés et il n'en reste que peu d'exemplaires imprimés sur papier vélin; ces volumes sont annoncés au prix de 5 francs.

ALAUX, professeur à la Faculté des lettres d'Alger. **Philosophie de M. Cousin.**
AUBER (Ed.). **Philosophie de la médecine.**
BALLET (G.), professeur agrégé à la Faculté de médecine. **Le Langage intérieur** et les diverses formes de l'aphasie.
* BARTHÉLEMY SAINT-HILAIRE, de l'Institut. **De la Métaphysique.**
* BEAUSSIRE, de l'Institut. **Antécédents de l'hégélianisme dans la philosophie française.**
* BERSOT (Ernest), de l'Institut. **Libre Philosophie.** (V. P.)
* BERTAULD, de l'Institut. **L'Ordre social et l'Ordre moral.**
— **De la Philosophie sociale**.
BINET (A.). **La Psychologie du raisonnement**, expériences par l'hypnotisme.
BOST. **Le Protestantisme libéral.**
* BOUTMY (E.), de l'Institut. **Philosophie de l'architecture en Grèce.** (V. P.)
* CHALLEMEL-LACOUR. **La Philosophie individualiste**, étude sur G. de Humboldt.
COIGNET (Mme C.). **La Morale indépendante.**
COQUEREL Fils (Ath.). **Transformations historiques du Christianisme.**
— **La Conscience et la Foi.**
— **Histoire du Credo.**
COSTE (Ad.). **Les Conditions sociales du bonheur et de la force.** 3e édit. (V. P.)
* ESPINAS (A.), professeur à la Faculté des lettres des Bordeaux. **La Philosophie expérimentale en Italie.**
FAIVRE (E.), professeur à la Faculté des sciences de Lyon. **De la Variabilité des espèces.**
FONTANÈS. **Le Christianisme moderne.**
FONVIELLE (W. de). **L'Astronomie moderne.**
FRANCK (Ad.), de l'Institut. **Philosophie du droit pénal.** 2e édit.
— **Des Rapports de la Religion et de l'Etat.** 2e édit.
— **La Philosophie mystique en France au XVIIIe siècle.**
* GARNIER. **De la Morale dans l'antiquité.** Papier vélin. 5 fr.
GAUCKLER. **Le Beau et son histoire.**
HAECKEL, professeur à l'Université d'Iéna. **Les Preuves du transformisme.** 2e édit.
— * **La Psychologie cellulaire.**
HARTMANN (E. de). **La Religion de l'avenir.** 2e édit.
— **Le Darwinisme**, ce qu'il y a de vrai et de faux dans cette doctrine. 3e édit.
HERBERT SPENCER. **Classification des sciences**, traduit par M. Cazelles. 2e édit.
— **L'Individu contre l'État**, traduit par M. Gerschel.
* JANET (Paul), de l'Institut. **Le Matérialisme contemporain.** 4e édit.
— * **La Crise philosophique.** Taine, Renan, Vacherot, Littré.

— * Philosophie de la Révolution française. 3ᵉ édit.
— * Saint-Simon et le Saint-Simonisme.
— Les Origines du Socialisme contemporain.
* LAUGEL (Auguste). L'Optique et les Arts. (V. P.)
— * Les Problèmes de la nature.
— * Les Problèmes de la vie.
— * Les Problèmes de l'âme.
— * La Voix, l'Oreille et la Musique. Papier vélin.   5 fr.
LEBLAIS. Matérialisme et Spiritualisme.
* LEMOINE (Albert), maître de conférences à l'Ecole normale. Le Vitalisme et l'Animisme.
— * De la Physionomie et de la Parole.
— * L'Habitude et l'Instinct.
* LIARD, directeur de l'Enseignement supérieur. Les Logiciens anglais contemporains. 2ᵉ édit.
LEOPARDI. Opuscules et Pensées, traduit par M. Aug. Dapples.
LEVALLOIS (Jules). Déisme et Christianisme.
* LÉVÊQUE (Charles), de l'Institut. Le Spiritualisme dans l'art.
— * La Science de l'invisible.
* LOTZE (H.). Psychologie physiologique, traduit par M. Penjon.
MARIANO. La Philosophie contemporaine en Italie.
* MARION, chargé de cours à la Faculté des lettres de Paris. J. Locke, sa vie, son œuvre.
* MILSAND. L'Esthétique anglaise, étude sur John Ruskin.
ODYSSE BAROT. Philosophie de l'histoire.
PI Y MARGALL. Les Nationalités, traduit par M. L. X. de Ricard.
* RÉMUSAT (Charles de), de l'Académie française. Philosophie religieuse
RÉVILLE (A.), professeur au Collège de France. Histoire du dogme de la divinité de Jésus-Christ.
RIBOT (Th.), direct. de la *Revue philos*. La Philosophie de Schopenhauer. 3ᵉ édit.
— * Les Maladies de la mémoire. 4ᵉ édit.
— Les Maladies de la volonté, 3ᵉ édit.
— Les Maladies de la personnalité.
ROISEL. De la Substance.
SAIGEY. La Physique moderne. 2ᵉ tirage. (V. P.)
* SAISSET (Emile), de l'Institut. L'Ame et la Vie.
— * Critique et Histoire de la philosophie (fragm. et disc.).
SCHMIDT (O.). Les Sciences naturelles et la Philosophie de l'inconscient.
SCHOEBEL. Philosophie de la raison pure.
SCHOPENHAUER. Le Libre arbitre, traduit par M. Salomon Reinach. 3ᵉ édit.
— Le Fondement de la morale, traduit par M. A. Burdeau. 2ᵉ édit.
— Pensées et Fragments, traduit par M. A. Burdeau. 6ᵉ édit.
SELDEN (Camille). La Musique en Allemagne, étude sur Mendelssohn. (V. P.)
SICILIANI (P.). La Psychogénie moderne.
STRICKER. Le Langage et la Musique, traduit par M. Schwiedland.
* STUART MILL. Auguste Comte et la Philosophie positive, traduit par M. Clémenceau. 2ᵉ édit. (V. P.)
— L'Utilitarisme, traduit par M. Le Monnier. (V. P.)
TAINE (H.), de l'Académie française. L'Idéalisme anglais, étude sur Carlyle.
— * Philosophie de l'art dans les Pays-Bas. 2ᵉ édit.
— * Philosophie de l'art en Grèce. 2ᵉ édit.
— * De l'Idéal dans l'art. Papier vélin.   5 fr.
— * Philosophie de l'art en Italie. Papier vélin.   5 fr.
— * Philosophie de l'art. Papier vélin.   5 fr.

TARDE. La Criminalité comparée. 2 fr. 50
TISSANDIER. Des Sciences occultes et du Spiritisme. Pap. vélin. 5 fr.
* VACHEROT (Et.), de l'Institut. La Science et la Conscience.
VÉRA (A.), professeur à l'Université de Naples. Philosophie hégélienne.
ZELLER. Christian Baur et l'École de Tubingue, traduit par M. Ritter.

BIBLIOTHÈQUE DE PHILOSOPHIE CONTEMPORAINE

Volumes in-8.

Brochés à 5 fr., 7 fr. 50 et 10 fr.
Cart. anglais, 1 fr. en plus par volume. Demi-reliure. 2 francs.

* AGASSIZ. De l'Espèce et des Classifications. 1 vol. 5 fr.
* BAIN (Alex.). La Logique inductive et déductive. Traduit de l'anglais par M. Compayré. 2 vol. 2ᵉ édit. 20 fr.
— * Les Sens et l'Intelligence. 1 vol. Traduit par M. Cazelles. 10 fr.
— * L'Esprit et le Corps. 1 vol. 4ᵉ édit. 6 fr.
— * La Science de l'Éducation. 1 vol. 4ᵉ édit. 6 fr.
— Les Émotions et la Volonté. Trad. par M. Le Monnier. 1 vol. 10 fr.
* BARDOUX, sénateur. Les Légistes, leur influence sur la société française. 1 vol. 5 fr.
* BARNI (Jules). La Morale dans la démocratie. 1 vol. 2ᵉ édit. précédée d'une préface de M. D. Nolen, recteur de l'académie de Douai. 5 fr.
BEAUSSIRE (Émile), de l'Institut. Les Principes de la morale. 1 vol. 5 fr.
BERTRAND (A.), professeur à la Faculté des lettres de Lyon. L'Aperception du corps humain par la conscience. 1 vol. 5 fr.
BUCHNER. Nature et Science. 1 vol. 2ᵉ édit. Traduit par M. Lauth. 7 fr. 50
CLAY (R.). L'Alternative, contribution à la psychologie. 1 vol. Traduit de l'anglais par M. A. Burdeau, député, ancien professeur au lycée Louis le Grand. 10 fr.
EGGER (V.), professeur à la Faculté des lettres de Nancy. La Parole intérieure. 1 vol. 5 fr.
ESPINAS (Alf.), professeur à la Faculté des lettres de Bordeaux. Des Sociétés animales. 1 vol. 2ᵉ édit. 7 fr. 50
FERRI (Louis), correspondant de l'Institut. La Psychologie de l'association, depuis Hobbes jusqu'à nos jours. 1 vol. 7 fr. 50
* FLINT, prof. à l'Université d'Edimbourg. La Philosophie de l'histoire en France. Traduit de l'anglais par M. Ludovic Carrau, directeur des conférences de philosophie à la Faculté des lettres de Paris. 1 vol. 7 fr. 50
— La Philosophie de l'histoire en Allemagne. Traduit de l'anglais par M. Ludovic Carrau. 1 vol. 7 fr. 50
* FOUILLÉE (Alf.), ancien maître de conférences à l'École normale supérieure. La Liberté et le Déterminisme. 1 vol. 2ᵉ édit. 7 fr. 50
— Critique des systèmes de morale contemporains. 1 vol. 7 fr. 50
FRANCK (A.), de l'Institut. Philosophie du droit civil. 1 vol. 5 fr.
* GUYAU. La Morale anglaise contemporaine. 1 vol. 2ᵉ édit. 7 fr. 50
— Les Problèmes de l'esthétique contemporaine. 1 vol. 5 fr.
— Esquisse d'une morale sans obligation ni sanction. 1 vol. 5 fr.
— L'irréligion de l'avenir. 1 vol. (*Sous presse.*)

HERBERT SPENCER. **Les premiers Principes**, Traduit par M. Cazelles.
1 fort volume. 10 fr.
— **Principes de biologie**. Traduit par M. Cazelles. 2 vol. 20 fr.
— ***Principes de psychologie**. Trad. par MM. Ribot et Espinas. 2 vol. 20 fr.
— * **Principes de sociologie** :
Tome I. Traduit par M. Cazelles. 1 vol. 10 fr.
Tome II. Traduit par MM. Cazelles et Gerschel. 1 vol. 7 fr. 50
Tome III. Traduit par M. Cazelles. 1 vol. 15 fr.
— * **Essais sur le progrès**. Traduit par M. A. Burdeau. 1 vol. 7 fr. 50
— **Essais de politique**. Traduit par M. A. Burdeau. 1 vol. 2ᵉ édit. 7 fr. 50
— **Essais scientifiques**. Traduit par M. A. Burdeau. 1 vol. 7 fr. 50
* — **De l'Education physique, intellectuelle et morale**. 1 vol. 5ᵉ édit. 5 fr.
— * **Introduction à la science sociale**. 1 vol. 6ᵉ édit. 6 fr.
— * **Les Bases de la morale évolutionniste**. 1 vol. 3ᵉ édit. 6 fr.
— * **Classification des sciences**. 1 vol. in-18. 2ᵉ édit. 2 fr. 50
— **L'Individu contre l'État**. Traduit par M. Gerschel. 1 vol. in-18. 2 fr. 50
— **Descriptive Sociology, or Groupes of sociological facts**. French compiled by James COLLIER. 1 vol. in-folio. 50 fr.

* HUXLEY, de la Société royale de Londres. **Hume, sa vie, sa philosophie**. Traduit de l'anglais et précédé d'une Introduction par G. COMPAYRÉ. 1 vol. 5 fr.

* JANET (Paul), de l'Institut. **Les Causes finales**. 1 vol. 2ᵉ édit. 10 fr.
— **Histoire de la science politique dans ses rapports avec la morale**. 2 forts vol. in-8. 2ᵉ édit. 20 fr.

LAUGEL (Auguste). **Les Problèmes** (Problèmes de la nature, problèmes de la vie, problèmes de l'âme). 1 vol. 7 fr. 50

* LAVELEYE (de), correspondant de l'Institut. **De la Propriété et de ses formes primitives**. 1 vol. 4ᵉ édit. (*Sous presse*.)

* LIARD, directeur de l'enseignement supérieur. **La Science positive et la Métaphysique**. 1 vol. 2ᵉ édit. 7 fr. 50
— **Descartes**. 1 vol. 5 fr.

MARION (H.), chargé de cours à la Faculté des lettres de Paris. **De la Solidarité morale**. Essai de psychologie appliquée. 1 vol. 2ᵉ édit. (V. P.) 5 fr.

MATTHEW ARNOLD. **La Crise religieuse**. 1 vol. 7 fr. 50

MAUDSLEY. **La Pathologie de l'esprit**. 1 vol. Trad. par M. Germont. 10 fr.

* NAVILLE (E.), correspondant de l'Institut. **La Logique de l'hypothèse**. 1 vol. 5 fr.
— **La Physique moderne**. 1 vol. 5 fr.

PÉREZ (Bernard). **Les trois premières années de l'enfant**. 1 fort volume in-8. 3ᵉ édit. 5 fr.
— **L'Enfant de trois à sept ans**. 1 fort vol. in-8. 5 fr.

PREYER, professeur à la Faculté d'Iéna. **Éléments de physiologie**. Traduit de l'allemand par M. J. Soury. 1 vol. 5 fr.
— **L'Ame de l'enfant**. 1 vol., traduit de l'allemand par H. de Varigny. 10 fr.

* QUATREFAGES (De), de l'Institut **Ch. Darwin et ses précurseurs français**. 1 vol. 5 fr.

RIBOT (Th.). **L'Hérédité psychologique**. 1 vol. 2ᵉ édit. 7 fr. 50
— * **La Psychologie anglaise contemporaine**. 1 vol. 3ᵉ édit. 7 fr. 50
— * **La Psychologie allemande contemporaine**. 1 vol. 2ᵉ édit. 7 fr. 50

* SAIGEY (Emile). **Les Sciences au XVIIIᵉ siècle**. La physique de Voltaire. 1 vol. 5 fr.

SCHOPENHAUER. **Aphorismes** sur la sagesse dans la vie. 2ᵉ édit. Traduit par Cantacuzène. 1 vol. 5 fr.
— **De la quadruple racine du principe de la raison suffisante**, suivi d'une *Histoire de la doctrine de l'idéal et du réel.* Trad. par Cantacuzène. 1 vol. 5 fr.
SÉAILLES, professeur au lycée Janson de Sailly. **Essai sur le génie dans l'art.** 1 vol. 5 fr.
* STUART MILL. **La Philosophie de Hamilton.** 1 vol. 10 fr.
— * **Mes Mémoires.** Histoire de ma vie et de mes idées. Traduit de l'anglais par M. E. Cazelles. 1 vol. 5 fr.
— * **Système de logique** déductive et inductive. Traduit de l'anglais par M. Louis Peisse. 2 vol. 20 fr.
— * **Essais sur la Religion.** 2ᵉ édit. 1 vol. 5 fr.
SULLY (James). **Le Pessimisme.** Traduit par MM. Bertrand et Gérard. 1 vol. 7 fr. 50
VACHEROT (Et.), de l'Inst. **Essais de philosophie critique.** 1 vol. 7 fr. 50
— **La Religion.** 1 vol. 7 fr. 50
WUNDT. **Éléments de psychologie physiologique.** 2 vol. avec fig. 20 fr.

ÉDITIONS ÉTRANGÈRES

Éditions anglaises.

AUGUSTE LAUGEL. The United States during the war. In-8. 7 shill. 6 p.
ALBERT RÉVILLE. History of the doctrine of the deity of Jesus-Christ. 3 sh. 6 p.
H. TAINE. Italy (Naples et Rome). 7 sh. 6 p.
H. TAINE. The Philosophy of Art. 3 sh.
PAUL JANET. The Materialism of present day. 1 vol. in-18, rel. 3 shill.

Éditions allemandes.

JULES BARNI. Napoléon Iᵉʳ. In-18. 3 m.
PAUL JANET. Der Materialismus unsere Zeit. 1 vol. in-18. 3 m.
H. TAINE. Philosophie der Kunst. 1 volume in-18. 3 m.

COLLECTION HISTORIQUE DES GRANDS PHILOSOPHES

PHILOSOPHIE ANCIENNE

ARISTOTE (Œuvres d'), traduction de M. BARTHÉLEMY SAINT-HILAIRE.
— **Psychologie** (Opuscules), trad. en français et accompagnée de notes. 1 vol. in-8............ 10 fr.
— **Rhétorique**, traduite en français et accompagnée de notes. 1870, 2 vol. in-8............ 16 fr.
— **Politique**, 1868, 1 v. in-8. 10 fr.
— **Traité du ciel**, 1866; traduit en français pour la première fois. 1 fort vol. grand in-8..... 10 fr.
— **La Métaphysique d'Aristote.** 3 vol. in-8, 1879......... 30 fr.
— **Traité de la production et de la destruction des choses**, trad. en français et accomp. de notes perpétuelles. 1866. 1 v. gr. in-8. 10 fr.
— **De la Logique d'Aristote**, par M. BARTHÉLEMY SAINT-HILAIRE. 2 vol. in-8............ 10 fr.
* SOCRATE. **La Philosophie de Socrate**, par M. Alf. FOUILLÉE. 2 vol. in-8................ 16 fr.
* PLATON. **La Philosophie de Platon**, par M. Alfred FOUILLÉE. 2 vol. in-8................ 16 fr.

* PLATON. **Études sur la Dialectique dans Platon et dans Hegel**, par M. Paul JANET. 1 vol. in-8.................. 6 fr.
* ÉPICURE. **La Morale d'Épicure** et ses rapports avec les doctrines contemporaines, par M. GUYAU. 1 vol. in-8. 3ᵉ édit.... 7 fr. 50
* ÉCOLE D'ALEXANDRIE. **Histoire de l'École d'Alexandrie**, par M. BARTHÉLEMY SAINT-HILAIRE. 1 v. in-8................. 6 fr.
MARC-AURÈLE. **Pensées de Marc-Aurèle**, traduites et annotées par M. BARTHÉLEMY SAINT-HILAIRE. 1 vol. in-18................ 4 fr. 50
BÉNARD. **La Philosophie ancienne**, histoire de ses systèmes. Première partie : *La Philosophie et la sagesse orientales. — La Philosophie grecque avant Socrate. — Socrate et les socratiques. — Études sur les sophistes grecs.* 1 vol. in-8. 1885. 9 fr.
* FABRE (Joseph). **Histoire de la philosophie, antiquité et moyen âge.** 1 vol. in-18..... 3 fr. 50
OGEREAU. **Essai sur le système philosophique des Stoïciens.** 1 vol. in-8. 1885. 5 fr.

PHILOSOPHIE MODERNE

* LEIBNIZ. **Œuvres philosophiques**, avec Introduction et notes par M. Paul JANET. 2 vol. in-8. 16 fr.
LEIBNIZ. **Leibniz et Pierre le Grand**, par FOUCHER DE CARREIL. 1 vol. in-8............ 2 fr.
LEIBNIZ. **Leibniz, Descartes et Spinoza**, par FOUCHER DE CAREIL. 1 vol. in-8............ 4 fr.
— **Leibniz et les deux Sophie**, par FOUCHER DE CAREIL. 1 vol. in-8................ 2 fr.
DESCARTES, par Louis LIARD. 1 vol. in-8................ 5 fr.
— **Essai sur l'Esthétique de Descartes**, par KRANTZ. 1 v. in-8. 6 fr.
* SPINOZA. **Dieu, l'homme et la béatitude**, trad. et précédé d'une Introduction par M. P. JANET. 1 vol. In-18.............. 2 fr. 50
— **Benedicti de Spinoza opera quotquot reperta sunt, recognoverunt** J. Van Vloten et J.-P.-N. Land, édition publiée par la commission de la statue de Spinoza. 2 forts vol. in-8 sur papier de Hollande. 45 fr.
* LOCKE. **Sa vie et ses œuvres**, par M. MARION. 1 vol. in-18. 2 fr. 50
* MALEBRANCHE. **La Philosophie de Malebranche**, par M. OLLÉ-LAPRUNE. 2 vol. in-8...... 16 fr.
* VOLTAIRE. **Les Sciences au XVIIIe siècle**. Voltaire physicien, par M. Em. SAIGEY. 1 vol. in-8. 5 fr.
FRANCK (Ad.). **La Philosophie mystique en France au XVIIIe siècle**. 1 vol. in-18... 2 fr. 50
* DAMIRON. **Mémoires pour servir à l'histoire de la philosophie au XVIIIe siècle**. 3 vol. in-8. 15 fr.
* MAINE DE BIRAN. **Essai sur sa philosophie**, suivi de fragments inédits, par JULES GÉRARD. 1 fort vol. in-8. 1876......... 10 fr.

PHILOSOPHIE ÉCOSSAISE

* DUGALD STEWART. **Éléments de la philosophie de l'esprit humain**, traduits de l'anglais par L. PEISSE. 3 vol. in-12... 9 fr.
* HAMILTON. **La Philosophie de Hamilton**, par J. STUART MILL. 1 vol. in-8............ 10 fr.
* BERKELEY. **Sa vie et ses œuvres**, par PENJON. 1 v. in-8. 1878. 7 fr. 50
* HUME. **Sa vie et sa philosophie**, par Th. HUXLEY, trad. de l'anglais par G. COMPAYRÉ. 1 vol. in-8. 5 fr.

PHILOSOPHIE ALLEMANDE

KANT. **Critique de la raison pure**, trad. par M. TISSOT. 2 v. in-8. 16 fr.
— Même ouvrage, traduction par M. Jules BARNI. 2 vol. in-8.. 16 fr.
* — **Éclaircissements sur la Critique de la raison pure**, trad. par J. TISSOT. 1 volume in-8... 6 fr.
* — **Éléments métaphysiques de la doctrine du droit** (*Première partie de la Métaphysique des mœurs*), suivi d'un Essai philosophique sur la paix perpétuelle, trad. par M. J. BARNI. 1 vol. in-8. 8 fr.
— **Principes métaphysiques de la morale**, augmentés des *Fondements de la métaphysique des mœurs*, traduct. par M. TISSOT. 1 v. in-8. 8 fr.
— Même ouvrage, traduction par M. Jules BARNI. 1 vol. in-8... 8 fr.
* — **La Logique**, traduction par M. TISSOT. 1 vol. in-8... 4 fr.
* KANT. **Mélanges de logique**, traduction par M. TISSOT. 1 v. in-8. 6 fr.
* KANT. **Prolégomènes à toute métaphysique future qui se présentera comme science**, traduction de M. TISSOT. 1 vol. in-8... 6 fr.
* — **Anthropologie**, suivie de divers fragments relatifs aux rapports du physique et du moral de l'homme, et du commerce des esprits d'un monde à l'autre, traduction par M. TISSOT. 1 vol. in-8..... 6 fr.
— **Traité de pédagogie**, trad. J. BARNI; préface par Raymond THAMIN. 1 vol. in-12. 2 fr.
* FICHTE. **Méthode pour arriver à la vie bienheureuse**, traduit par Fr. BOUILLIER. Vol. in-8. 8 fr.
— **Destination du savant et de l'homme de lettres**, traduit par M. NICOLAS. 1 vol. in-8. 3 fr.
— **Doctrines de la science**. Principes fondamentaux de la science de la connaissance. Vol. in-8. 9 fr.

SCHELLING. **Bruno**, ou du principe divin, trad. par Cl. Husson. 1 vol. in-8.............. 3 fr. 50
— **Écrits philosophiques** et morceaux propres à donner une idée de son système, trad. par Ch. Bénard. 1 vol. in-8.......... 9 fr.
* HEGEL. **Logique.** 2ᵉ édit. 2 vol. in-8................ 14 fr.
* — **Philosophie de la nature.** 3 vol. in-8............ 25 fr.
* — **Philosophie de l'esprit.** 2 vol. in-8............ 18 fr.
* — **Philosophie de la religion.** Tomes I et II.......... 20 fr
— **Essais de philosophie hégélienne**, par A. Véra. 1 vol. 2 fr. 50
— **La Poétique**, trad. par Ch. Bénard. Extraits de Schiller, Gœthe Jean, Paul, etc., et sur divers sujets relatifs à la poésie. 2 v. in-8. 12 fr.

HEGEL. **Esthétique.** 2 vol. in-8, traduit par M. Bénard...... 16 fr.
— **Antécédents de l'Hegelianisme dans la philosophie française**, par Beaussire. 1 vol. in-8................ 2 fr. 50
* — **La Dialectique dans Hegel et dans Platon**, par Paul Janet. 1 vol. in-8............ 6 fr.
HUMBOLDT (G. de). **Essai sur les limites de l'action de l'État.** 1 vol. in-18.......... 3 fr. 50
— * **La Philosophie individualiste**, étude sur G. de Humboldt, par Challemel-Lacour. 1 vol. in-18. 2 fr. 50
* STAHL. **Le Vitalisme et l'Animisme de Stahl**, par Albert Lemoine. 1 vol. in-18.... 2 fr. 50
LESSING. **Le Christianisme moderne.** Étude sur Lessing, par Fontanès. 1 vol. in-18.. 2 fr. 50

PHILOSOPHIE ALLEMANDE CONTEMPORAINE

L. BUCHNER. **Nature et Science.** 1 vol. in-8. 2ᵉ édit...... 7 fr. 50
— * **Le Matérialisme contemporain**, par M. P. Janet. 4ᵉ édit. 1 vol. in-18........ 2 fr. 50
CHRISTIAN BAUR et **l'École de Tubingue**, par Ed. Zeller. 1 vol. in-18.............. 2 fr. 50
HARTMANN (E. de). **La Religion de l'avenir.** 1 vol. in-18.. 2 fr. 50
— **Le Darwinisme**, ce qu'il y a de vrai et de faux dans cette doctrine, traduit par M. G. Guéroult. 1 vol. in-18, 3ᵉ édition........ 2 fr. 50
HAECKEL. **Les Preuves du transformisme**, trad. par M. J. Soury. 1 vol. in-18.......... 2 fr. 50
— **Essais de psychologie cellulaire**, traduit par M. J. Soury. 1 vol. in-18.......... 2 fr. 50
O. SCHMIDT. **Les Sciences naturelles et la philosophie de l'inconscient.** 1 v. in-18. 2 fr. 50
LOTZE (H.). **Principes généraux de psychologie physiologique**, trad. par M. Penjon. 1 v. in-18. 2 f. 50
PREYER. **Éléments de physiologie.** 1 vol. in-8....... 5 fr.

SCHOPENHAUER. **Essai sur le libre arbitre.** 1 vol. in-18... 2 fr. 50
— **Le Fondement de la morale**, traduit par M. Burdeau. 1 vol. in-18................ 2 fr. 50
— **Essais et fragments**, traduit et précédé d'une Vie de Schopenhauer, par M. Bourdeau. 1 vol. in-18.............. 2 fr. 50
— **Aphorismes sur la sagesse dans la vie.** 1 vol. in-8.. 5 fr.
— **De la quadruple racine du principe de la raison suffisante.** 1 vol. in-8...... 5 fr.
— **Schopenhauer et les origines de sa métaphysique**, par L. Ducros. 1 vol. in-8...... 3 fr. 50
RIBOT (Th.). **La Psychologie allemande contemporaine** (Herbart, Beneke, Lotze, Fechner, Wundt, etc.). 1 vol. in-8. 7 fr. 50
STRICKER. **Le Langage et la Musique**, traduit de l'allemand par Schwiedland. 1 vol. in-18. 2 fr. 50
WUNDT. **Psychologie physiologique.** 2 vol. in-8 avec fig. 20 fr.

PHILOSOPHIE ANGLAISE CONTEMPORAINE

STUART MILL *. **La Philosophie de Hamilton.** 1 fort vol. in-8. 10 fr.
— * **Mes Mémoires.** Histoire de ma vie et de mes idées. 1 v. in-8. 5 fr.
— * **Système de logique déductive et inductive.** 2 v. in-8. 20 fr.
— **Essais sur la Religion.** 1 vol. in-8. 2ᵉ édit............ 5 fr.

STUART MILL *. **Auguste Comte et la philosophie positive.** 1 vol. in-18.................. 2 fr. 50
— **L'Utilitarisme**, traduit par M. Le Monnier. 1 vol. in-18... 2 fr. 50
HERBERT SPENCER *. **Les premiers Principes.** 1 fort volume in-8................ 10 fr.

HERBERT SPENCER*. **Principes de biologie.** 2 forts vol. in-8. 20 fr.
— * **Principes de psychologie.** 2 vol. in-8............ 20 fr.
— * **Introduction à la Science sociale.** 1 v. in-8 cart. 6ᵉ édit. 6 fr.
— * **Principes de sociologie.** 3 vol. in-8.............. 32 fr. 50
— * **Classification des sciences.** 1 vol. in-18, 2ᵉ édition. 2 fr. 50
— * **De l'éducation intellectuelle, morale et physique.** 1 vol. in-8, 4ᵉ édit............. 5 fr.
— * **Essais sur le progrès.** 1 vol. in-8................ 7 fr. 50
— **Essais de politique.** 1 vol. in-8................ 7 fr. 50
— **Essais scientifiques.** 1 vol. in-8................ 7 fr. 50
— * **Les bases de la morale évolutionniste.** 1 vol. in-8.... 6 fr.
— **L'Individu contre l'État.** 1 vol in-18................ 2 fr. 50
BAIN*. **Des sens et de l'intelligence.** 1 vol. in-8.... 10 fr.
— * **La Logique inductive et déductive.** 2 vol. in-8.... 20 fr.
— * **L'Esprit et le corps.** 1 vol. in-8, cartonné, 2ᵉ édit..... 6 fr.
— * **La Science de l'éducation.** 1 vol. in-8............. 6 fr.
— **Les Émotions et la volonté.** 1 vol. in-8 cartonné..... 10 fr.
DARWIN*. **Ch. Darwin et ses précurseurs français**, par M. de QUATREFAGES. 1 vol. in-8.. 5 fr.
— *. **Descendance et Darwinisme**, par Oscar SCHMIDT. 1 vol. in-8 cart. 4ᵉ édit......... 6 fr.
— **Le Darwinisme**, par E. DE HARTMANN. 1 vol. in-18...... 2 fr. 50
— **Les Récifs de corail**, structure et distribution, par Ch. DARWIN. 1 vol. in-8............. 8 fr.

FERRIER. **Les fonctions du cerveau.** 1 vol. in-8...... 10 fr.
CHARLTON BASTIAN. **Le cerveau, organe de la pensée chez l'homme et les animaux.** 2 vol. in-8. 12 fr.
CARLYLE. **L'Idéalisme anglais**, étude sur Carlyle, par H. TAINE. 1 vol. in-18.......... 2 fr. 50
BAGEHOT*. **Lois scientifiques du développement des nations.** 1 vol. in-8, cart. 3ᵉ édit.... 6 fr.
DRAPER. **Les conflits de la science et de la religion.** 1 vol. in-8. 6 fr.
RUSKIN (JOHN) *. **L'Esthétique anglaise**, étude sur J. Ruskin, par MILSAND. 1 vol. in-18 ... 2 fr. 50
MATTHEW ARNOLD. **La Crise religieuse.** 1 vol. in-8.... 7 fr. 50
MAUDSLEY*. **Le Crime et la folie.** 1 vol. in-8. cart. 5ᵉ édit... 6 fr.
— **La Pathologie de l'esprit.** 1 vol in-8.............. 10 fr.
FLINT *. **La Philosophie de l'histoire en France et en Allemagne.** 2 vol in-8..... 15 fr.
RIBOT (Th.). **La Psychologie anglaise contemporaine** (James Mill, Stuart Mill, Herbert Spencer, A. Bain, G. Lewes, S. Bailey, J.-D. Morell, J. Murphy), 2ᵉ éd. 1 vol. in-8................ 7 fr. 50
LIARD*. **Les Logiciens anglais contemporains** (Herschel, Whewell, Stuart Mill, G. Bentham, Hamilton, de Morgan, Beele, Stanley Jevons). 1 vol. in-18. 2ᵉ édit... 2 fr. 50
GUYAU*. **La Morale anglaise contemporaine.** 1 vol. in-8. 7 fr. 50
HUXLEY*. **Hume, sa vie, sa philosophie.** 1 vol. in-8...... 5 fr.
JAMES SULLY. **Le Pessimisme.** 1 vol. in-8........... 7 fr. 50
— **Les Illusions des sens et de l'esprit.** 1 vol. in-8, cart.. 6 fr.

PHILOSOPHIE ITALIENNE CONTEMPORAINE

SICILIANI. **Prolégomènes à la psychogénie moderne**, trad. par A. HERZEN. 1 vol. in-18. 2 fr. 50
ESPINAS *. **La philosophie expérimentale en Italie**, origines, état actuel. 1 vol. in-18. 2 fr. 50
MARIANO. **La philosophie contemporaine en Italie**, essais de philos. hégélienne. 1 v. in-18. 2 fr.50
FERRI (Louis). **Essai sur l'histoire de la philosophie en Italie au** XIXᵉ siècle. 2 vol. in-8. 12 fr.
— **La philosophie de l'association depuis Hobbes jusqu'à nos jours.** 1 vol. in-8. 7 fr. 50
MINGHETTI. **L'État et l'Église.** 1 vol. in-8................. 5 fr.
LEOPARDI. **Opuscules et pensées.** 1 vol. in-18.......... 2 fr. 50
MANTEGAZZA. **La physionomie et l'expression des sentiments.** 1 vol. in-8 cart......... 6 fr.

BIBLIOTHÈQUE D'HISTOIRE CONTEMPORAINE

Volumes in-18 brochés à 3 fr. 50. — Volumes in-8 brochés à 5 et 7 francs.

Cartonnage anglais, 50 cent. par vol. in-18, 1 fr. par vol. in-8.

Demi-reliure, 1 fr. 50 par vol. in-18, 2 fr. par vol. in-8.

EUROPE

* SYBEL (H. de). **Histoire de l'Europe pendant la Révolution française**, traduit de l'allemand par Mlle Dosquet. 6 vol. in-8. 42 fr.
Chaque volume séparément. 7 fr.

FRANCE

* BLANC (Louis). **Histoire de Dix ans.** 5 vol. in-8. (V. P.) 25 fr.
Chaque volume séparément. 5 fr.
— 25 pl. en taille-douce. Illustrations pour l'*Histoire de Dix ans*. 6 fr.
* BOERT. **La Guerre de 1870-1871**, d'après le colonel fédéral suisse Rustow. 1 vol. in-18. (V. P.) 3 fr. 50
* CARLYLE. **Histoire de la Révolution française.** Traduit de l'anglais. 3 vol. in-18. Chaque volume. 3 fr. 50
* CARNOT (H.), sénateur. **La Révolution française**, résumé historique. 1 vol. in-18, nouvelle édit. (V. P.) 3 fr. 50
* ÉLIAS REGNAULT. **Histoire de Huit ans** (1840-1848). 3 vol. in-8. 15 fr.
Chaque volume séparément. 5 fr.
— 14 planches en taille-douce, illustrations pour l'*Histoire de Huit ans*. 4 fr.
* GAFFAREL (P.), professeur à la Faculté des lettres de Dijon. **Les Colonies françaises.** 1 vol. in-8, 2e édit. (V. P.) 5 fr.
* LAUGEL (A.). **La France politique et sociale.** 1 vol. in-8. 5 fr.
ROCHAU (De). **Histoire de la Restauration.** 1 vol. in-18, traduit de l'allemand. 3 fr. 50
* TAXILE DELORD. **Histoire du second Empire** (1848-1870). 6 volumes in-8. 42 fr.
Chaque volume séparément. 7 fr.
WAHL, professeur au lycée Lakanal. **L'Algérie.** 1 vol. in-8. (V. P.) 5 fr.
LANESSAN (de), député. **L'expansion coloniale de la France** (Études économiques, politiques et géographiques sur les établissements français d'outre-mer). 1 fort vol. in-8, avec cartes. 1886. 12 fr.

ANGLETERRE

* BAGEHOT (W.). **La Constitution anglaise.** Traduit de l'anglais. 1 volume in-18. (V. P.) 3 fr. 50
— * **Lombard-street.** Le marché financier en Angleterre. 1 vol. in-18. 3 fr. 50
* GLADSTONE (E. W.). **Questions constitutionnelles** (1873-1878). — Le prince-époux. — Le droit électoral. Traduit de l'anglais, et précédé d'une introduction par Albert Gigot. 1 vol. in-8. 5 fr.
* LAUGEL (Aug.). **Lord Palmerston et lord Russel.** 1 vol. in-18. 3 fr. 50
* SIR CORNEWAL LEWIS. **Histoire gouvernementale de l'Angleterre depuis 1770 jusqu'à 1830.** Traduit de l'anglais. 1 vol. in-8. 7 fr.
* REYNALD (H.), doyen de la Faculté des lettres d'Aix. **Histoire de l'Angleterre depuis la reine Anne jusqu'à nos jours.** 1 vol. in-18, 2e édit. (V. P.) 3 fr. 50
* THACKERAY. **Les Quatre George.** Traduit de l'anglais par Lefoyer. 1 vol. in-18. (V. P.) 3 fr. 50

ALLEMAGNE

* BOURLOTON (Ed.). **L'Allemagne contemporaine.** 1 vol. in-18.   3 fr. 50
* VÉRON (Eug.). **Histoire de la Prusse,** depuis la mort de Frédéric II jusqu'à la bataille de Sadowa. 1 vol. in-18, 3ᵉ édit. (V. P.)   3 fr. 50
— * **Histoire de l'Allemagne,** depuis la bataille de Sadowa jusqu'à nos jours. 1 vol. in-18, 2ᵉ édit. (V. P.)   3 fr. 50

AUTRICHE-HONGRIE

* ASSELINE (L.). **Histoire de l'Autriche,** depuis la mort de Marie-Thérèse jusqu'à nos jours. 1 vol. in-18, 2ᵉ édit. (V. P.)   3 fr. 50
SAYOUS (Ed.), professeur à la Faculté des lettres de Toulouse. **Histoire des Hongrois** et de leur littérature politique, de 1790 à 1815. 1 vol. in-18.   3 fr. 50

ESPAGNE

* REYNALD (H.). **Histoire de l'Espagne** depuis la mort de Charles III jusqu'à nos jours. 1 vol. in-18. (V. P.)   3 fr. 50

RUSSIE

HERBERT RARRY. **La Russie contemporaine.** Traduit de l'anglais. 1 vol. in-18.   3 fr. 50
CRÉHANGE (M.). **Histoire contemporaine de la Russie.** 1 vol. in-18.   3 fr. 50

SUISSE

* DAENDLIKER. **Histoire du peuple suisse.** Trad. de l'allem. par Mᵐᵉ Jules FAVRE, et précédé d'une Introduction de M. Jules FAVRE. 1 vol. in-8. (V. P.)   5 fr.
DIXON (H.). **La Suisse contemporaine.** 1 vol. in-18, traduit de l'anglais. (V. P.)   3 fr. 50

AMÉRIQUE

DEBERLE (Alf.). **Histoire de l'Amérique du Sud,** depuis sa conquête jusqu'à nos jours. 1 vol. in-18. 2ᵉ édit. (V. P.)   3 fr. 50
* LAUGEL (Aug.). **Les États-Unis pendant la guerre.** 1861-1864. Souvenirs personnels. 1 vol. in-18.   3 fr. 50

---

* BARNI (Jules). **Histoire des idées morales et politiques en France au dix-huitième siècle.** 2 vol. in-18. (V. P.) Chaque volume.   3 fr. 50
— * **Les Moralistes français au dix-huitième siècle.** 1 vol. in-18 faisant suite aux deux précédents. (V. P.)   3 fr. 50
— **Napoléon Iᵉʳ et son historien M. Thiers.** 1 vol. in-18.   3 fr. 50
BEAUSSIRE (Émile), de l'Institut. **La Guerre étrangère et la Guerre civile.** 1 vol. in-18.   3 fr. 50
* DESPOIS (Eug.). **Le Vandalisme révolutionnaire.** Fondations littéraires, scientifiques et artistiques de la Convention. 2ᵉ édition, précédée d'une notice sur l'auteur par M. Charles BIGOT. 1 vol. in-18. (V. P.)   3 fr. 50
* CLAMAGERAN (J.), sénateur. **La France républicaine.** 1 vol. in-18.   3 fr. 50
* DUVERGIER DE HAURANNE. **La République conservatrice.** 1 volume in-18.   3 fr. 50
LAVELEYE (E. de), correspondant de l'Institut. **Le Socialisme contemporain.** 1 vol. in-18, 3ᵉ édit.   3 fr. 50
MARCELLIN PELLET, ancien député. **Variétés révolutionnaires.** 1 vol. in-18, précédé d'une Préface de A. RANC.   3 fr. 50
SPULLER (E.). **Figures disparues,** portraits contemporains, littéraires et politiques. 1 vol. in-18.   3 fr. 50

BIBLIOTHÈQUE HISTORIQUE ET POLITIQUE

Volumes in-8.

* ALBANY DE FONBLANQUE. **L'Angleterre, son gouvernement, ses institutions.** Traduit de l'anglais sur la 14ᵉ édition par M. F. C. DREYFUS, avec Introduction par M. H. BRISSON. 1 vol. — 5 fr.
BENLOEW. **Les Lois de l'Histoire.** 1 vol. — 5 fr.
* DESCHANEL (E.). **Le Peuple et la Bourgeoisie.** 1 vol. 5 fr.
DU CASSE. **Les Rois frères de Napoléon Iᵉʳ.** 1 vol. 10 fr.
MINGHETTI. **L'État et l'Église.** 1 vol. 5 fr.
LOUIS BLANC. **Discours politiques** (1848-1881). 1 vol. 7 fr. 50
PHILIPPSON. **La Contre-révolution religieuse au XVIᵉ siècle.** 1 vol. 10 fr.
HENRARD (P.). **Henri IV et la princesse de Condé.** 1 vol. 6 fr.
NOVICOW. **La Politique internationale**, précédé d'une Préface de M. Eugène VÉRON. 1 fort vol. 7 fr.
DREYFUS (F. C.). **La France, son gouvernement, ses institutions.** 1 vol. (*Sous presse.*)

RECUEIL DES INSTRUCTIONS

DONNÉES

AUX AMBASSADEURS ET MINISTRES DE FRANCE

DEPUIS LES TRAITÉS DE WESTPHALIE JUSQU'A LA RÉVOLUTION FRANÇAISE

Publié sous les auspices de la Commission des archives diplomatiques au Ministère des affaires étrangères.

Beaux volumes in-8 cavalier, imprimés sur papier de Hollande :

I. — AUTRICHE, avec Introduction et notes, par Albert SOREL... 20 fr.
II. — SUÈDE, avec Introduction et notes, par A. GEFFROY, membre de l'Institut... 20 fr.

La publication se continuera par les volumes suivants :

ANGLETERRE, par M. A. Baschet.
PRUSSE, par M. E. Lavisse.
RUSSIE, par M. A. Rambaud.
TURQUIE, par M. Girard de Rialle.
ROME, par M. Hanotaux.
HOLLANDE, par M. H. Maze.
ESPAGNE, par M. Morel Fatio.
DANEMARK, par M. Geffroy.

SAVOIE ET MANTOUE, par M. Armingaud.
NAPLES ET PARME, par M. J. Reinach.
PORTUGAL, par le vicomte de Caix de Saint-Aymour.
VENISE, par M. Jean Kaulek.
POLOGNE, par M. Louis Farges.

INVENTAIRE ANALYTIQUE

DES ARCHIVES DU MINISTÈRE DES AFFAIRES ÉTRANGÈRES

Publié sous les auspices de la Commission des archives diplomatiques

I. — **Correspondance politique de MM. de CASTILLON et de MARILLAC, ambassadeurs de France en Angleterre (1538-1540)**, par M. JEAN KAULEK, avec la collaboration de MM. Louis Farges et Germain Lefèvre-Pontalis. 1 beau volume in-8 raisin sur papier fort .... **16** francs.
Le même, sur papier de Hollande .... **20** —

Volumes en préparation :

Suisse. PAPIERS DE BARTHÉLEMY, vol. I, année 1792, par M. J. KAULEK.
Angleterre, 1546-1549. AMBASSADE DE M. DE SELVE.

PUBLICATIONS HISTORIQUES ILLUSTRÉES

HISTOIRE ILLUSTRÉE DU SECOND EMPIRE, par Taxile DELORD. 6 vol. in-8 colombier.
    Chaque vol. broché, 8 fr. — Cart. doré, tr. dorées.   11 fr. 50
    L'ouvrage est complet. On peut se procurer les livraisons de 8 pages au prix de 10 centimes.

HISTOIRE POPULAIRE DE LA FRANCE, depuis les origines jusqu'en 1815. — Nouvelle édition. — 4 vol. in-8 colombier avec 1323 gravures sur bois dans le texte.
    Chaque vol., avec gravures, broché, 7 fr. 50 — Cart. doré, tranches dorées.. 11 fr.

ANTHROPOLOGIE ET ETHNOLOGIE

EVANS (John). **Les âges de la pierre.** 1 vol. grand in-8, avec 467 figures dans le texte. 15 fr. — En demi-reliure.   18 fr.

EVANS (John). **L'âge du bronze.** 1 vol. grand in-8, avec 540 figures dans le texte, broché, 15 fr. — En demi-reliure.   18 fr.

GIRARD DE RIALLE. **Les peuples de l'Afrique et de l'Amérique.** 1 vol. in-18.   60 cent.

HARTMANN (R.). **Les peuples de l'Afrique.** 1 vol. in-8, avec fig.   6 fr.

HARTMANN (R.). **Les singes anthropoïdes.** 1 vol. in-8 avec fig.   6 fr.

JOLY (N.). **L'homme avant les métaux.** 1 vol. in-8 avec 150 figures dans le texte et un frontispice. 4ᵉ édit.   6 fr.

LUBBOCK (Sir John). **Les origines de la civilisation.** État primitif de l'homme et mœurs des sauvages modernes. 1877. 1 vol. gr. in-8, avec figures et planches hors texte. Trad. de l'anglais par M. Ed. BARBIER. 2ᵉ édit. 1877, 15 fr. — Relié en demi-maroquin, avec tr. dorées. 18 fr.

PIÉTREMENT. **Les chevaux dans les temps préhistoriques et historiques.** 1 fort vol. gr. in-8.   15 fr.

DE QUATREFAGES. **L'espèce humaine.** 1 vol. in-8. 6ᵉ édit.   6 fr.

WHITNEY. **La vie du langage.** 1 vol. in-8. 3ᵉ édit.   6 fr.

ZABOROWSKI. **L'anthropologie**, son histoire, sa place, ses résultats. 1 brochure in-8.   1 fr. 25

CARETTE (le colonel). **Études sur les temps antéhistoriques.** Première étude : *Le langage*. 1 vol. in-8. 1878.   8 fr.

CELSE. **Éléments d'anthropologie.** Notion de l'homme comme organisme vivant, et classification des sciences anthropologiques fondamentales. Tome I. 1 vol. in-8.   5 fr.

REVUE PHILOSOPHIQUE
DE LA FRANCE ET DE L'ÉTRANGER

Dirigée par TH. RIBOT
Agrégé de philosophie, Docteur ès lettres

(11ᵉ année, 1886.)

La REVUE PHILOSOPHIQUE paraît tous les mois, par livraisons de 6 ou 7 feuilles grand in-8, et forme ainsi à la fin de chaque année deux forts volumes d'environ 680 pages chacun.

CHAQUE NUMÉRO DE LA *REVUE* CONTIENT :

1° Plusieurs articles de fond; 2° des analyses et comptes rendus des nouveaux ouvrages philosophiques français et étrangers; 3° un compte rendu aussi complet que possible des *publications périodiques* de l'étranger pour tout ce qui concerne la philosophie; 4° des notes, documents, observations, pouvant servir de matériaux ou donner lieu à des vues nouvelles.

Prix d'abonnement :

Un an, pour Paris, 30 fr. — Pour les départements et l'étranger, 33 fr.
La livraison........................ 3 fr.

Les années écoulées se vendent séparément 30 francs, et par livraisons de 3 francs.

REVUE HISTORIQUE

Dirigée par G. MONOD
Maître de conférences à l'École normale, directeur à l'École de hautes études.

(11ᵉ année, 1886.)

La REVUE HISTORIQUE paraît tous les deux mois, par livraisons grand in-8 de 15 ou 16 feuilles, de manière à former à la fin de l'année trois beaux volumes de 500 pages chacun.

CHAQUE LIVRAISON CONTIENT :

I. Plusieurs *articles de fond*, comprenant chacun, s'il est possible, un travail complet. — II. Des *Mélanges et Variétés*, composés de documents inédits d'une étendue restreinte et de courtes notices sur des points d'histoire curieux ou mal connus. — III. Un *Bulletin historique* de la France et de l'étranger, fournissant des renseignements aussi complets que possible sur tout ce qui touche aux études historiques. — IV. Une *analyse des publications périodiques* de la France et de l'étranger, au point de vue des études historiques. — V. Des *Comptes rendus critiques* des livres d'histoire nouveaux.

Prix d'abonnement :

Un an, pour Paris, 30 fr. — Pour les départements et l'étranger, 33 fr.
La livraison.................... 6 fr.

Les années écoulées se vendent séparément 30 francs, et par fascicules de 6 francs. Les fascicules de la 1ʳᵉ année se vendent 9 francs.

---

*Table des matières contenues dans les cinq premières années de la
Revue historique (1876 à 1880), par* CHARLES BÉMONT. 1 vol. in-8,
3 fr. (pour les abonnés de la *Revue*, 1 fr. 50).

ANNALES DE L'ÉCOLE LIBRE
DES
SCIENCES POLITIQUES
RECUEIL TRIMESTRIEL
Publié avec la collaboration des professeurs et des anciens élèves de l'école
PREMIÈRE ANNÉE, 1886

COMITÉ DE RÉDACTION :

M. Émile BOUTMY, de l'Institut, directeur de l'École; M. Léon SAY, de l'Institut, ancien ministre des Finances; M. ALF. DE FOVILLE, chef du bureau de statistique au ministère des Finances, professeur au Conservatoire des arts et métiers; M. R. STOURM, ancien inspecteur des Finances et administrateur des Contributions indirectes; M. Alexandre RIBOT, ancien député; M. Gabriel ALIX; M. L. RENAULT, professeur à la Faculté des lettres de Paris; M. A. VANDAL, auditeur de 1re classe au Conseil d'État, Directeurs des groupes de travail, professeurs à l'École.

Secrétaire de la rédaction : M. Aug. ARNAUNÉ, docteur en droit.

La première livraison des **Annales de l'École libre des sciences politiques** a paru le 15 janvier 1886.

Les sujets traités embrassent tout le champ couvert par le programme d'enseignement de l'École : *Économie politique, finances, statistique, histoire constitutionnelle, droit international, public et privé, droit, administratif, législations civile et commerciale privées, histoire législative et parlementaire, histoire diplomatique, géographie économique, ethnographie,* etc.

La direction du Recueil se propose de ne négliger aucune des questions qui présentent, tant en France qu'à l'étranger, un intérêt pratique et actuel. L'esprit et la méthode en sont strictement scientifiques.

Les *Annales* contiennent en outre des notices bibliographiques et des correspondances de l'étranger.

Cette publication présente donc un intérêt considérable pour toutes les personnes qui s'adonnent à l'étude des sciences politiques. La place en est marquée dans toutes les Bibliothèques des Facultés, des Universités et des grands corps délibérants.

MODE DE PUBLICATION ET CONDITIONS D'ABONNEMENT

Les *Annales de l'École libre des sciences politiques* paraissent depuis le 15 janvier 1886, tous les trois mois (15 janvier, 15 avril, 15 juillet et 15 octobre), par fascicules gr. in-8, de 160 pages chacun.

Les conditions d'abonnement sont les suivantes :

Un an (du 15 janvier)
- Paris .... 16 francs.
- Départements et étranger. 17 —
- La livraison. .... 5 —

BIBLIOTHÈQUE SCIENTIFIQUE INTERNATIONALE

Publiée sous la direction de M. Émile ALGLAVE

La *Bibliothèque scientifique internationale* est une œuvre dirigée par les auteurs mêmes, en vue des intérêts de la science, pour la populariser sous toutes ses formes, et faire connaître immédiatement dans le monde entier les idées originales, les directions nouvelles, les découvertes importantes qui se font chaque jour dans tous les pays. Chaque savant expose les idées qu'il a introduites dans la science, et condense pour ainsi dire ses doctrines les plus originales.

On peut ainsi, sans quitter la France, assister et participer au mouvement des esprits en Angleterre, en Allemagne, en Amérique, en Italie, tout aussi bien que les savants mêmes de chacun de ces pays.

La *Bibliothèque scientifique internationale* ne comprend pas seulement des ouvrages consacrés aux sciences physiques et naturelles, elle aborde aussi les sciences morales, comme la philosophie, l'histoire, la politique et l'économie sociale, la haute législation, etc.; mais les livres traitant des sujets de ce genre se rattachent encore aux sciences naturelles, en leur empruntant les méthodes d'observation et d'expérience qui les ont rendues si fécondes depuis deux siècles.

Cette collection paraît à la fois en français, en anglais, en allemand et en italien : à Paris, chez Félix Alcan ; à Londres, chez C. Kegan, Paul et Cie ; à New-York, chez Appleton ; à Leipzig, chez Brockhaus ; et à Milan, chez Dumolard frères.

LISTE DES OUVRAGES PAR ORDRE D'APPARITION

VOLUMES IN-8, CARTONNÉS A L'ANGLAISE, A 6 FRANCS.

Les mêmes en demi-reliure veau, avec coins, tranche supér. dorée, non rognés .... 10 francs.

* 1. J. TYNDALL. **Les glaciers et les transformations de l'eau**, avec figures. 1 vol. in-8. 5e édition.   6 fr.
* 2. BAGEHOT. **Lois scientifiques du développement des nations** dans leurs rapports avec les principes de la sélection naturelle et de l'hérédité. 1 vol. in-8. 5e édition.   6 fr.
* 3. MAREY. **La machine animale**, locomotion terrestre et aérienne, avec de nombreuses fig. 1 vol. in-8. 4e édition.   6 fr.
  4. BAIN. **L'esprit et le corps**. 1 vol. in-8. 4e édition.   6 fr.
* 5. PETTIGREW. **La locomotion chez les animaux**, marche, natation. 1 vol. in-8, avec figures.   6 fr.
* 6. HERBERT SPENCER. **La science sociale**. 1 v. in-8. 7e édit.   6 fr.
* 7. SCHMIDT (O.). **La descendance de l'homme et le darwinisme.** 1 vol. in-8, avec fig. 5e édition.   6 fr.
* 8. MAUDSLEY. **Le crime et la folie**. 1 vol. in-8. 5e édit.   6 fr.

* 9. VAN BENEDEN. **Les commensaux et les parasites dans le règne animal.** 1 vol. in-8, avec figures. 3ᵉ édit. 6 fr.
* 10. BALFOUR STEWART. **La conservation de l'énergie**, suivi d'une Étude sur la *nature de la force* par M. P. de Saint-Robert, avec figures. 1 vol. in-8. 4ᵉ édition. 6 fr.
  11. DRAPER. **Les conflits de la science et de la religion.** 1 vol. in-8. 7ᵉ édition. 6 fr.
  12. L. DUMONT. **Théorie scientifique de la sensibilité.** 1 vol. in-8. 3ᵉ édition. 6 fr.
* 13. SCHUTZENBERGER. **Les fermentations.** 1 vol. in-8, avec fig. 4ᵉ édition. 6 fr.
* 14. WHITNEY. **La vie du langage.** 1 vol. in-8. 3ᵉ édit. 6 fr.
  15. COOKE et BERKELEY. **Les champignons.** 1 vol. in-8, avec figures. 3ᵉ édition. 6 fr.
* 16. BERNSTEIN. **Les sens.** 1 vol. in-8, avec 91 fig. 4ᵉ édit. 6 fr.
* 17. BERTHELOT. **La synthèse chimique.** 1 vol. in-8. 5ᵉ édit. 6 fr.
* 18. VOGEL. **La photographie et la chimie de la lumière**, avec 95 figures. 1 vol. in-8. 4ᵉ édition. 6 fr.
* 19. LUYS. **Le cerveau et ses fonctions**, avec figures. 1 vol. in-8. 4ᵉ édition. 6 fr.
* 20. STANLEY JEVONS. **La monnaie et le mécanisme de l'échange.** 1 vol. in-8. 4ᵉ édition. 6 fr.
* 21. FUCHS. **Les volcans et les tremblements de terre.** 1 vol. in-8, avec figures et une carte en couleur. 4ᵉ édition. 6 fr.
* 22. GÉNÉRAL BRIALMONT. **Les camps retranchés et leur rôle dans la défense des États**, avec fig. dans le texte et 2 planches hors texte. 3ᵉ édit. 6 fr.
* 23. DE QUATREFAGES. **L'espèce humaine.** 1 vol. in-8. 7ᵉ édit. 6 fr.
* 24. BLASERNA et HELMHOLTZ. **Le son et la musique.** 1 vol. in-8, avec figures. 3ᵉ édition. 6 fr.
* 25. ROSENTAHL. **Les nerfs et les muscles.** 1 vol. in-8, avec 75 figures. 3ᵉ édition. 6 fr.
* 26. BRUCKE et HELMHOLTZ. **Principes scientifiques des beaux-arts.** 1 vol. in-8 avec 39 figures. 3ᵉ édition. 6 fr.
* 27. WURTZ. **La théorie atomique.** 1 vol. in-8. 4ᵉ édition. 6 fr.
* 28-29. SECCHI (le Père). **Les étoiles.** 2 vol. in-8, avec 63 figures dans le texte et 17 planches en noir et en couleur hors texte. 2ᵉ édit. 12 fr.
  30. JOLY. **L'homme avant les métaux.** 1 vol. in-8 avec figures. 4ᵉ édition. 6 fr.
* 31. A. BAIN. **La science de l'éducation.** 1 vol. in-8. 5ᵉ édition. 6 fr.
* 32-33. THURSTON (R.). **Histoire des machines à vapeur**, précédée d'une Introduction par M. Hirsch. 2 vol. in-8, avec 140 figures dans le texte et 16 planches hors texte. 2ᵉ édition. 12 fr.
* 34. HARTMANN (R.). **Les peuples de l'Afrique.** 1 vol. in-8, avec figures. 2ᵉ édition. 6 fr.
* 35. HERBERT SPENCER. **Les bases de la morale évolutionniste.** 1 vol. in-8. 3ᵉ édition. 6 fr.
  36. HUXLEY. **L'écrevisse**, introduction à l'étude de la zoologie. 1 vol. in-8, avec figures. 6 fr.
  37. DE ROBERTY. **De la sociologie.** 1 vol. in-8. 2ᵉ édition. 6 fr.
* 38. ROOD. **Théorie scientifique des couleurs.** 1 vol. in-8 avec figures et une planche en couleur hors texte. 6 fr.

39. DE SAPORTA et MARION. **L'évolution du règne végétal** (les Cryptogames). 1 vol. in-8 avec figures. 6 fr.
40-41. CHARLTON BASTIAN. **Le cerveau, organe de la pensée chez l'homme et chez les animaux.** 2 vol. in-8, avec figures. 12 fr.
42. JAMES SULLY. **Les illusions des sens et de l'esprit.** 1 vol. in-8 avec figures. 6 fr.
43. YOUNG. **Le Soleil.** 1 vol. in-8, avec figures. 6 fr.
44. DE CANDOLLE. **L'origine des plantes cultivées.** 3ᵉ édition. 1 vol. in-8. 6 fr.
45-46. SIR JOHN LUBBOCK. **Fourmis, Abeilles et Guêpes.** Études expérimentales sur l'organisation et les mœurs des sociétés d'insectes hyménoptères. 2 vol. in-8 avec 65 figures dans le texte, et 13 planches hors texte, dont 5 coloriées. 12 fr.
47. PERRIER (Edm.). **La philosophie zoologique avant Darwin.** 1 vol. in-8 avec fig. 2ᵉ édition. 6 fr.
48. STALLO. **La matière et la physique moderne.** 1 vol. in-8, précédé d'une Introduction par FRIEDEL. 6 fr.
49. MANTEGAZZA. **La physionomie et l'expression des sentiments.** 1 vol. in-8 avec huit planches hors texte. 6 fr.
50. DE MEYER. **Les organes de la parole et leur emploi pour la formation des sons du langage.** 1 vol. in-8 avec 51 figures, traduit de l'allemand et précédé d'une Introduction par O. CLAVEAU. 6 fr.
51. DE LANESSAN. **Introduction à l'étude de la botanique** (le Sapin). 1 vol. in-8, avec 143 figures dans le texte. 6 fr.
52-53. DE SAPORTA et MARION. **L'évolution du règne végétal** (les Phanérogames). 2 vol. in-8, avec 136 figures. 12 fr.
54. TROUESSART. — **Les microbes, les ferments et les moisissures.** 1 vol. in-8 avec 107 figures dans le texte. 6 fr.
55. HARTMANN (R.). **Les singes anthropoïdes, et leur organisation comparée à celle de l'homme.** 1 vol. in-8 avec 63 figures dans le texte. 6 fr.
56. SCHMIDT (O.). **Les mammifères dans les temps primitifs.** 1 vol. avec figures. 6 fr.

OUVRAGES SUR LE POINT DE PARAITRE :

ROMANES. **L'intelligence des animaux.** 2 vol. avec figures.
BINET et FÉRÉ. **Le magnétisme animal.** 1 vol. avec figures.
BERTHELOT. **La philosophie chimique.** 1 vol.
MORTILLET (de). **L'origine de l'homme.** 1 vol. avec figures.
OUSTALET (E.). **L'origine des animaux domestiques.** 1 vol. avec figures.
PERRIER (E.). **L'embryogénie générale.** 1 vol. avec figures.
BEAUNIS. **Les sensations internes.** 1 vol. avec figures.
CARTAILHAC. **La France préhistorique.** 1 vol. avec figures.
POUCHET (G.). **La vie du sang.** 1 vol. avec figures.
DURAND-CLAYE (A.). **L'hygiène des villes.** 1 vol. avec figures.

LISTE DES OUVRAGES
DE LA
BIBLIOTHÈQUE SCIENTIFIQUE INTERNATIONALE
PAR ORDRE DE MATIÈRES.

Chaque volume in-8, cartonné à l'anglaise.......... 6 francs.
En demi-rel. veau avec coins, tranche supérieure dorée, non rogné. 10 fr.

SCIENCES SOCIALES

* Introduction à la science sociale, par Herbert Spencer. 1 vol. in-8, 7ᵉ édit. 6 fr.
* Les Bases de la morale évolutionniste, par Herbert Spencer. 1 vol. in-8, 3ᵉ édit. 6 fr.
Les Conflits de la science et de la religion, par Draper, professeur à l'Université de New-York. 1 vol. in-8, 7ᵉ édit. 6 fr.
Le Crime et la Folie, par H. Maudsley, professeur de médecine légale à l'Université de Londres. 1 vol. in-8, 5ᵉ édit. 6 fr.
* La Défense des États et les camps retranchés, par le général A. Brialmont, inspecteur général des fortifications et du corps du génie de Belgique. 1 vol. in-8 avec nombreuses figures dans le texte et 2 pl. hors texte, 3ᵉ édit. 6 fr.
* La Monnaie et le mécanisme de l'échange, par W. Stanley Jevons, professeur d'économie politique à l'Université de Londres. 1 vol. in-8, 4ᵉ édit. (V. P.) 6 fr.
La Sociologie, par de Roberty. 1 vol. in-8, 2ᵉ édit. (V. P.) 6 fr.
* La Science de l'éducation, par Alex. Bain, professeur à l'Université d'Aberdeen (Écosse). 1 vol. in-8, 4ᵉ édit. (V. P.) 6 fr.
* Lois scientifiques du développement des nations dans leurs rapports avec les principes de l'hérédité et de la sélection naturelle, par W. Bagehot. 1 vol. in-8, 5ᵉ édit. 6 fr.
* La Vie du langage, par D. Whitney, professeur de philologie comparée à Yale-College de Boston (Etats-Unis). 1 vol. in-8, 3ᵉ édit. (V. P.) 6 fr.

PHYSIOLOGIE

Les Illusions des sens et de l'esprit, par James Sully. 1 vol. in-8. (V. P.) 6 fr.
* La Locomotion chez les animaux (marche, natation et vol), suivie d'une étude sur l'*Histoire de la navigation aérienne*, par J.-B. Pettigrew, professeur au Collège royal de chirurgie d'Édimbourg (Écosse). 1 vol. in-8 avec 140 figures dans le texte. 6 fr.
* Les Nerfs et les Muscles, par J. Rosenthal, professeur de physiologie à l'Université d'Erlangen (Bavière). 1 vol. in-8 avec 75 figures dans le texte, 3ᵉ édit. (V. P.) 6 fr.
* La Machine animale, par E.-J. Marey, membre de l'Institut, professeur au Collège de France. 1 vol. in-8 avec 117 figures dans le texte, 4ᵉ édit. (V. P.) 6 fr.
* Les Sens, par Bernstein, professeur de physiologie à l'Université de Halle (Prusse). 1 vol. in-8 avec 91 figures dans le texte, 4ᵉ édit. (V. P.) 6 fr.
Les Organes de la parole, par H. de Meyer, professeur à l'Université de Zurich, traduit de l'allemand et précédé d'une introduction sur l'*Enseignement de la parole aux sourds-muets*, par O. Claveau, inspecteur général des établissements de bienfaisance. 1 vol. in-8 avec 51 figures dans le texte. 6 fr.
La Physionomie et l'expression des sentiments, par P. Mantegazza, professeur au Muséum d'histoire naturelle de Florence. 1 vol. in-8 avec figures et 8 planches hors texte, d'après les dessins originaux d'Edouard Ximenès. 6 fr

PHILOSOPHIE SCIENTIFIQUE

* **Le Cerveau et ses fonctions**, par J. Luys, membre de l'Académie de médecine, médecin de la Salpêtrière. 1 vol. in-8 avec figures, 5ᵉ édit. (V. P.) 6 fr.

Le Cerveau et la Pensée chez l'homme et les animaux, par Charlton Bastian, professeur à l'Université de Londres. 2 vol. in-8 avec 184 fig. dans le texte. 12 fr.

Le Crime et la Folie, par H. Maudsley, professeur à l'Université de Londres. 1 vol. in-8, 5ᵉ édit. 6 fr.

L'Esprit et le Corps, considérés au point de vue de leurs relations, suivi d'études sur les *Erreurs généralement répandues au sujet de l'esprit*, par Alex. Bain, professeur à l'Université d'Aberdeen (Écosse). 1 vol. in-8, 4ᵉ édit. (V. P.) 6 fr.

* **Théorie scientifique de la sensibilité**: *le Plaisir et la Peine*, par Léon Dumont. 1 vol. in-8, 3ᵉ édit. 6 fr.

La Matière et la Physique moderne, par Stallo, précédé d'une préface par Ch. Friedel, de l'Institut. 1 vol. in-8. 6 fr.

ANTHROPOLOGIE

* **L'Espèce humaine**, par A. de Quatrefages, membre de l'Institut, professeur d'anthropologie au Muséum d'histoire naturelle de Paris. 1 vol. in-8, 8ᵉ édit. (V. P.) 6 fr.

* **L'Homme avant les métaux**, par N. Joly, correspondant de l'Institut, professeur à la Faculté des sciences de Toulouse. 1 vol. in-8 avec 150 figures dans le texte et un frontispice, 3ᵉ édit. (V. P.) 6 fr.

* **Les Peuples de l'Afrique**, par R. Hartmann, professeur à l'Université de Berlin. 1 vol. in-8 avec 93 figures dans le texte, 2ᵉ édit. (V. P.) 6 fr.

Les Singes anthropoïdes, et leur organisation comparée à celle de l'homme, par R. Hartmann, professeur à l'Université de Berlin. 1 vol. in-8 avec 63 figures dans le texte. 6 fr.

ZOOLOGIE

* **Descendance et Darwinisme**, par O. Schmidt, professeur à l'Université de Strasbourg. 1 vol. in-8 avec figures, 5ᵉ édit. 6 fr.

Les Mammifères dans les temps primitifs, par O. Schmidt, 1 vol. in-8, avec figures. 6 fr.

Fourmis, Abeilles et Guêpes, par sir John Lubbock, membre de la Société royale de Londres. 2 vol. in-8 avec figures dans le texte et 13 planches hors texte, dont 5 coloriées. (V. P.) 12 fr.

L'Écrevisse, introduction à l'étude de la zoologie, par Th.-H. Huxley, membre de la Société royale de Londres et de l'Institut de France, professeur d'histoire naturelle à l'École royale des mines de Londres. 1 vol. in-8 avec 82 figures. 6 fr.

* **Les Commensaux et les Parasites dans le règne animal**, par P.-J. Van Beneden, professeur à l'Université de Louvain (Belgique). 1 vol. in-8 avec 82 figures dans le texte. (V. P.) 6 fr.

La Philosophie zoologique avant Darwin, par Edmond Perrier, professeur au Muséum d'histoire naturelle de Paris. 1 vol. in-8, 2ᵉ édit. (V. P.) 6 fr.

BOTANIQUE — GÉOLOGIE

Les Champignons, par Cooke et Berkeley. 1 vol. in-8 avec 110 figures, 3ᵉ édition. 6 fr.

L'Évolution du règne végétal, par G. de Saporta, correspondant de l'Institut, et Marion, professeur à la Faculté des sciences de Marseille.
    I. *Les Cryptogames*. 1 vol. in-8 avec 85 figures dans le texte. 6 fr.
    II. *Les Phanérogames*. 2 vol. in-8 avec 136 figures dans le texte. 12 fr.

* **Les Volcans et les Tremblements de terre**, par Fuchs, professeur à l'Université de Heidelberg. 1 vol. in-8 avec 36 figures et une carte en couleur, 4ᵉ édition (V. P.) 6 fr.

L'Origine des plantes cultivées, par A. de Candolle, correspondant de l'Institut. 1 vol. in-8, 3ᵉ édit. 6 fr.

Introduction à l'étude de la botanique (le Sapin), par J. DE LANESSAN, professeur agrégé à la Faculté de médecine de Paris. 1 vol. in-8 avec figures dans le texte. (V. P.) 6 fr.

Microbes, Ferments et Moisissures, par le docteur L. TROUESSART. 1 vol. in-8 avec 108 figures dans le texte. (V. P.) 6 fr.

CHIMIE

Les Fermentations, par P. SCHUTZENBERGER, membre de l'Académie de médecine, professeur de chimie au Collège de France. 1 vol. in-8 avec figures, 4ᵉ édit. 6 fr.

* La Synthèse chimique, par M. BERTHELOT, membre de l'Institut, professeur de chimie organique au Collège de France. 1 vol. in-8, 5ᵉ édit. 6 fr.

* La Théorie atomique, par Ad. WURTZ, membre de l'Institut, professeur à la Faculté des sciences et à la Faculté de médecine de Paris. 1 vol. in-8, 4ᵉ édit., précédée d'une introduction sur la *Vie et les travaux* de l'auteur, par CH. FRIEDEL, de l'Institut. 6 fr.

ASTRONOMIE — MÉCANIQUE

* Histoire de la Machine à vapeur, de la Locomotive et des Bateaux à vapeur, par R. THURSTON, professeur de mécanique à l'Institut technique de Hoboken, près de New-York, revue, annotée et augmentée d'une Introduction par HIRSCH, professeur de machines à vapeur à l'École des ponts et chaussées de Paris. 2 vol. in-8 avec 160 figures dans le texte et 16 planches tirées à part. (V. P.) 12 fr.

* Les Étoiles, notions d'astronomie sidérale, par le P. A. SECCHI, directeur de l'Observatoire du Collège Romain. 2 vol. in-8 avec 68 figures dans le texte et 16 planches en noir et en couleurs, 2ᵉ édit. (V. P.) 12 fr.

Le Soleil, par C.-A. YOUNG, professeur d'astronomie au Collège de New-Jersey. 1 vol. in-8 avec 87 figures. (V. P.) 6 fr.

PHYSIQUE

La Conservation de l'énergie, par BALFOUR STEWART, professeur de physique au collège Owens de Manchester (Angleterre), suivi d'une étude sur la *Nature de la force*, par P. DE SAINT-ROBERT (de Turin). 1 vol. in-8 avec figures, 4ᵉ édit. 6 fr.

* Les Glaciers et les Transformations de l'eau, par J. TYNDALL, professeur de chimie à l'Institution royale de Londres, suivi d'une étude sur le même sujet, par HELMHOLTZ, professeur à l'Université de Berlin. 1 vol. in-8 avec nombreuses figures dans le texte et 8 planches tirées à part sur papier teinté, 5ᵉ édit. (V. P.) 6 fr.

* La Photographie et la Chimie de la lumière, par VOGEL, professeur à l'Académie polytechnique de Berlin. 1 vol. in-8 avec 95 figures dans le texte et une planche en photoglyptie, 4ᵉ édit. (V. P.) 6 fr.

La Matière et la Physique moderne, par STALLO. 1 vol. in-8. 6 fr.

THÉORIE DES BEAUX-ARTS

* Le Son et la Musique, par P. BLASERNA, professeur à l'Université de Rome, suivi des *Causes physiologiques de l'harmonie musicale*, par H. HELMHOLTZ, professeur à l'Université de Berlin. 1 vol. in-8 avec 41 figures, 3ᵉ édit. (V. P.) 6 fr.

Principes scientifiques des Beaux-Arts, par E. BRUCKE, professeur à l'Université de Vienne, suivi de *l'Optique et les Arts*, par HELMHOLTZ, professeur à l'Université de Berlin. 1 vol. in-8 avec figures, 3ᵉ édit. (V. P.) 6 fr.

* Théorie scientifique des couleurs et leurs applications aux arts et à l'industrie, par O. N. ROOD, professeur de physique à Colombia-College de New-York (Etats-Unis). 1 vol. in-8 avec 130 figures dans le texte et une planche en couleurs. (V. P.) 6 fr.

PUBLICATIONS

HISTORIQUES, PHILOSOPHIQUES ET SCIENTIFIQUES

qui ne se trouvent pas dans les Bibliothèques précédentes.

ALAUX. **La religion progressive.** 1 vol. in-18. 3 fr. 50
ACCLAVE. **Des Juridictions civiles chez les Romains.** 1 volume in-8. 2 fr. 50
ALTMEYER (J. J.). **Les précurseurs de la réforme aux Pays-Bas.** 2 forts volumes in-8°. 12 fr.
ARRÉAT. **Une éducation intellectuelle.** 1 vol. in-18. 2 fr. 50
ARRÉAT. **La morale dans le drame, l'épopée et le roman.** 1 vol. in-18. 1883. 2 fr. 50
BALFOUR STEWART et TAIT. **L'univers invisible.** 1 vol. in-8, traduit de l'anglais. 7 fr.
BARNI. Kant, Voy. pages 4, 7, 11 et 30.
BARNI. **Les martyrs de la libre pensée.** 1 vol. in-18. 2ᵉ édit. 3 fr. 50
BARNI. **Napoléon Iᵉʳ.** 1 vol. in-18, édition populaire. 1 fr.
BARTHÉLEMY SAINT-HILAIRE. Aristote. Voy. pages 2 et 6.
BAUTAIN. **La philosophie morale.** 2 vol. in-8. 12 fr.
BÉNARD (Ch.). **De la philosophie dans l'éducation classique.** 1862. 1 fort vol. in-8. 6 fr.
BÉNARD. Voy. page 6, Schelling et Hégel. Voy. pages 7 et 8.
BERTAUT. **J. Saurin, et la prédication protestante jusqu'à la fin du règne de Louis XIV.** 1 vol. in-8. 5 fr.
BERTAULD (P.-A.). **Introduction à la recherche des causes premières. — De la méthode.** 3 vol. in-18. Chaque volume, 3 fr. 50
BLACKWELL (Dʳ Elisabeth). **Conseils aux parents sur l'éducation de leurs enfants au point de vue sexuel.** In-18. 2 fr.
BLANQUI. **L'éternité par les astres.** In-8. 2 fr.
BLANQUI. **Critique sociale**, capital et travail. Fragments et notes. 2 vol. in-18. 1885. 7 fr.
BOUCHARDAT. **Le travail**, son influence sur la santé (conférences faites aux ouvriers). 1 vol. in-18. 2 fr. 50
BOUILLET (Ad.). **Les Bourgeois gentilshommes. — L'armée de Henri V.** 1 vol. in-18. 3 fr. 50
BOUILLET (Ad.). **Types nouveaux.** 1 vol. in-18. 2 fr. 50
BOUILLET (Ad.). **L'arrière-ban de l'ordre moral.** 1 vol. in-18. 3 fr. 50
BOURBON DEL MONTE. **L'homme et les animaux.** 1 vol. in-8. 5 fr.
BOURDEAU (Louis). **Théorie des sciences, plan de science intégrale.** 2 vol. in-8. 20 fr.
BOURDEAU (Louis). **Les forces de l'industrie**, progrès de la puissance humaine. 1 vol. in-8. 1884. 5 fr.
BOURDEAU (Louis). **La conquête du monde animal.** 1 vol. in-8. 1885. 5 fr.
BOURDET (Eug.). **Principes d'éducation positive**, précédé d'une préface de M. Ch. Robin. 1 vol. in-18. 3 fr. 50
BOURDET. **Vocabulaire des principaux termes de la philosophie positive.** 1 vol. in-18. 3 fr. 50
BOURLOTON (Edg.) et ROBERT (Edmond). **La Commune et ses idées à travers l'histoire.** 1 vol. in-18. 3 fr. 50
BROCHARD (V.). **De l'Erreur.** 1 vol. in-8. 3 fr. 50
BUCHNER. **Essai biographique sur Léon Dumont.** 1 vol. in-18. (1884). 2 fr.
BUSQUET. **Représailles**, poésies. 1 vol. in-18. 3 fr.
CADET. **Hygiène, inhumation, crémation.** In-18. 2 fr.

CHASSERIAU (Jean). **Du principe autoritaire et du principe rationnel.** 1 vol. in-18. 3 fr. 50

CLAMAGERAN. **L'Algérie,** impressions de voyage. 3ᵉ édit. 1 vol. in-18. 1884. 3 fr. 50

CLOOD. **L'enfance du monde,** simple histoire de l'homme des premiers temps. In-12. 1 fr.

CONTA. **Théorie du fatalisme.** 1 vol. in-18. 4 fr.

CONTA. **Introduction à la métaphysique.** 1 vol. in-18. 3 fr.

COQUEREL (Charles). **Lettres d'un marin à sa famille.** 1 vol. in-18. 3 fr. 50

COQUEREL fils (Athanase). **Libres études** (religion, critique, histoire, beaux-arts). 1 vol. in-8. 5 fr.

CORLIEU (le docteur). **La mort des rois de France,** depuis François Iᵉʳ jusqu'à la Révolution française, études médicales et historiques. 1 vol. in-18. 3 fr. 50

CORTAMBERT (Louis). **La religion du progrès.** In-18. 3 fr. 50

COSTE (Adolphe). **Hygiène sociale contre le paupérisme** (prix de 5000 fr. au concours Pereire). 1 vol. in-8. 6 fr.

COSTE (Adolphe). **Les questions sociales contemporaines,** comptes rendus du concours Pereire, et études nouvelles sur le *paupérisme, la prévoyance, l'impôt, le crédit, les monopoles, l'enseignement,* avec la collaboration de MM. BURDEAU et ARRÉAT pour la partie relative à l'enseignement. 1 fort. vol. in-18. 10 fr.

DANICOURT (Léon). **La patrie et la république.** In-18. 2 fr. 50

DANOVER. **De l'esprit moderne.** 1 vol. in-18. 1 fr. 50

DAURIAC. **Psychologie et pédagogie.** 1 br. in-8. 1884. 1 fr.

DAVY. **Les conventionnels de l'Eure.** 2 forts vol. in-8. 18 fr.

DELBOEUF. **Psychophysique,** mesure des sensations de lumière et de fatigue ; théorie générale de la sensibilité. In-18. 3 fr. 50

DELBOEUF. **Examen critique de la loi psychophysique,** sa base et sa signification. 1 vol. in-18. 1883. 3 fr. 50

DELBOEUF. **Le sommeil et les rêves,** considérés principalement dans leurs rapports avec les théories de la certitude et de la mémoire. 1 vol. in-18. 3 fr. 50

DESTREM (J.). **Les déportations du Consulat.** 1 br. in-8. 1 fr. 50

DOLLFUS (Ch.). **De la nature humaine.** 1868. 1 vol. in-8. 5 fr.

DOLLFUS (Ch.). **Lettres philosophiques.** In-18. 3 fr.

DOLLFUS (Ch.). **Considérations sur l'histoire.** Le monde antique. 1 vol. in-8. 7 fr. 50

DOLLFUS (Ch.). **L'âme dans les phénomènes de conscience.** 1 vol. in-18. 3 fr. 50

DROZ (Ed.). **Étude sur le scepticisme de Pascal,** considéré dans le livre des pensées. 1 vol. in-8. 6 fr.

DUBOST (Antonin). **Des conditions de gouvernement en France.** 1 vol. in-8. 7 fr. 50

DUCROS. **Schopenhauer et les origines de sa métaphysique,** ou les Origines de la transformation de la chose en soi, de Kant à Schopenhauer. 1 vol. in-8. 1883. 3 fr. 50

DUFAY. **Études sur la destinée.** 1 vol. in-18. 1876. 3 fr.

DUMONT (Léon). **Le sentiment du gracieux.** 1 vol. in-8. 3 fr.

DUNAN. **Essai sur les formes à priori de la sensibilité.** 1 vol. in-8. 1884. 5 fr.

DUNAN. **Les arguments de Zénon d'Élée contre le mouvement.** 1 br. in-8. 1884. 1 fr. 50

DU POTET. **Manuel de l'étudiant magnétiseur.** Nouvelle édition. 1 vol. in-18. 3 fr. 50

DU POTET. **Traité complet de magnétisme,** cours en douze leçons. 4ᵉ édition. 1 vol. in-8 de 634 pages. 8 fr.

DURAND-DÉSORMEAUX. **Réflexions et pensées**, précédées d'une Notice sur la vie, le caractère et les écrits de l'auteur, par Ch. YRIARTE. 1 vol. in-8. 1884. 2 fr. 50
DURAND-DÉSORMEAUX. **Études philosophiques**, théorie de l'action, théorie de la connaissance. 2 vol. in-8. 1884. 15 fr.
DUTASTA. **Le Capitaine Vallé**, ou l'Armée sous la Restauration. 1 vol. in-18. 1883. 3 fr. 50
DUVAL-JOUVE. **Traité de Logique**. 1 vol. in-8. 6 fr.
DUVERGIER DE HAURANNE (Mme E.). **Histoire populaire de la Révolution française**. 1 vol. in-18. 3e édit. 3 fr. 50
Éléments de science sociale. Religion physique, sexuelle et naturelle. 1 vol. in-18. 4e édit. 1885. 3 fr. 50
ÉLIPHAS LÉVI. **Dogme et rituel de la haute magie**. 2e édit., 2 vol. in-8, avec 24 fig. 18 fr.
ÉLIPHAS LÉVI. **Histoire de la magie**. 1 vol. in-8, avec fig. 12 fr.
ÉLIPHAS LÉVI. **Clef des grands mystères**. 1 vol. in-8. 12 fr.
ÉLIPHAS LÉVI. **La science des esprits**. 1 vol. in-8. 7 fr.
ESPINAS. **Idée générale de la pédagogie**. 1 br. in-8. 1884. 1 fr.
ESPINAS. **Du sommeil provoqué chez les hystériques**. Essai d'explication psychologique de sa cause et de ses effets. 1 brochure in-8. 1 fr.
ÉVELLIN. **Infini et quantité**. Étude sur le concept de l'infini dans la philosophie et dans les sciences. 1 vol. in-8. 2e édit. (*Sous presse.*)
FABRE (Joseph). **Histoire de la philosophie**. Première partie : Antiquité et moyen âge. 1 vol. in-12. 3 fr. 50
FAU. **Anatomie des formes du corps humain**, à l'usage des peintres et des sculpteurs. 1 atlas de 25 planches avec texte. 2e édition. Prix, figures noires. 15 fr.; fig. coloriées. 30 fr.
FAUCONNIER. **Protection et libre échange**. In-8. 2 fr.
FAUCONNIER. **La morale et la religion dans l'enseignement**. in-8. 75 c.
FAUCONNIER. **L'or et l'argent**. 1 brochure in-8. 2 fr. 50
FERBUS (N.). **La science positive du bonheur**. 1 vol. in-18. 3 fr.
FERRIÈRE (Em.). **Les apôtres**, essai d'histoire religieuse, d'après la méthode des sciences naturelles. 1 vol. in-12. 4 fr. 50
FERRIÈRE. **L'âme est la fonction du cerveau**. 2 vol. in-18. 1883. 7 fr.
FERRIÈRE. **Le paganisme des Hébreux jusqu'à la captivité de Babylone**. 1 vol. in-18. 1884. 3 fr. 50
FERRON (de). **Institutions municipales et provinciales** dans les différents États de l'Europe. Comparaison. Réformes. 1 vol. in-8. 1883. 8 fr.
FERRON (de). **Théorie du progrès**. 2 vol. in-8. 7 fr.
FERRON. **De la division du pouvoir législatif en deux chambres**, histoire et théorie du Sénat. 1 vol. in-8. 8 fr.
FIAUX. **La femme, le mariage et le divorce**, étude de sociologie et de physiologie. 1 vol. in-18. 3 fr. 50
FONCIN. **Essai sur le ministère Turgot**. 1 fort vol. gr. in-8. 8 fr.
FOX (W.-J.). **Des idées religieuses**. In-8. 3 fr.
FRIBOURG (E.). **Le paupérisme parisien**. 1 vol. in-12. 1 fr. 25
GALTIER-BOISSIÈRE. **Sématotechnie**, ou Nouveaux signes phonographiques. 1 vol. in-8 avec figures. 3 fr. 50
GASTINEAU. **Voltaire en exil**. 1 vol. in-18. 3 fr.
GAYTE (Claude). **Essai sur la croyance**. 1 vol. in-8. 3 fr.
GEFFROY. **Recueil des instructions données aux ministres et ambassadeurs de France en Suède**, depuis les traités de Westphalie jusqu'à la Révolution française. 1 fort vol. in-8 raisin sur papier de Hollande. 20 fr.
GILLIOT (Alph.). **Études sur les religions et institutions comparées**. 2 vol. in-12, tome Ier. 3 fr. — Tome II. 5 fr.
GOBLET D'ALVIELLA. **L'évolution religieuse chez les Anglais, les Américains, les Indous**, etc. 1 vol. in-8. 1883. 8 fr.

GRESLAND. **Le génie de l'homme**, libre philosophie. 1 fort vol. gr. in-8. 1883. 7 fr.
GUILLAUME (de Moissey). **Nouveau traité des sensations**. 2 vol. in-8. 15 fr.
GUILLY. **La nature et la morale**. 1 vol. in-18. 2ᵉ édit. 2 fr. 50
GUYAU. **Vers d'un philosophe**. 1 vol. in-18. 3 fr. 50
HAYEM (Armand). **L'être social**. 1 vol. in-18. 2ᵉ édit. 3 fr. 50
HERZEN. **Récits et Nouvelles**. 1 vol. in-18. 3 fr. 50
HERZEN. **De l'autre rive**. 1 vol. in-18. 3 fr. 50
HERZEN. **Lettres de France et d'Italie**. In-18. 3 fr. 50
HUXLEY. **La physiographie**, introduction à l'étude de la nature, traduit et adapté par M. G. Lamy. 1 vol. in-8 avec figures dans le texte et 2 planches en couleurs, broché, 8 fr. — En demi-reliure, tranches dorées. 11 fr.
ISSAURAT. **Moments perdus de Pierre-Jean**. In-18. 3 fr.
ISSAURAT. **Les alarmes d'un père de famille**. In-8. 1 fr.
JACOBY. **Études sur la sélection dans ses rapports avec l'hérédité chez l'homme**. 1 vol. gr. in-8. 14 fr.
JANET (Paul). **Le médiateur plastique de Cudworth**. 1 vol. in-8. 1 fr.
JEANMAIRE. **L'idée de la personnalité dans la psychologie moderne**. 1 vol. in-8. 1883. 5 fr.
JOIRE. **La population, richesse nationale; le travail, richesse du peuple**. 1 vol. in-8. 1886. 5 fr.
JOYAU. **De l'invention dans les arts et dans les sciences**. 1 vol. in-8. 5 fr.
JOZON (Paul). **De l'écriture phonétique**. In-18. 3 fr. 50
KAULEK (Jean). **Correspondance politique de MM. de Castillon et de Marillac**, ambassadeurs de France en Angleterre (1538-1542). 1 fort vol. gr. in-8. 16 fr.
KRANTZ (Emile). **Essai sur l'Esthétique de Descartes**, rapports de la doctrine cartésienne avec la littérature classique du XVIᵉ siècle. 1 vol. in-8. 1882. 6 fr.
LABORDE. **Les hommes et les actes de l'insurrection de Paris devant la psychologie morbide**. 1 vol. in-18. 2 fr. 50
LACHELIER. **Le fondement de l'induction**. 1 vol. in-8. 3 fr. 50
LACOMBE. **Mes droits**. 1 vol. in-12. 2 fr. 50
LAFONTAINE. **L'art de magnétiser** ou le Magnétisme vital, considéré au point de vue théorique, pratique et thérapeutique. 5ᵉ édition, 1886. 1 vol. in-8. 5 fr.
LAGGROND. **L'Univers, la force et la vie**. 1 vol. in-8. 1884. 2 fr. 50
LA LANDELLE (de). **Alphabet phonétique**. In-18. 2 fr. 50
LANGLOIS. **L'homme et la Révolution**. 2 vol. in-18. 7 fr.
LA PERRE DE ROO. **La consanguinité et les effets de l'hérédité**. 1 vol. in-8. 5 fr.
LAURET (Henri). **Philosophie de Stuart Mill**. 1 vol. in-8. 6 fr.
LAURET (Henri). **Critique d'une morale sans obligation, sans sanction**. 1 br. in-8. 1 fr. 50
LAUSSEDAT. **La Suisse**. Études méd. et sociales. In-18. 3 fr. 50
LAVELEYE (Em. de). **De l'avenir des peuples catholiques**. 1 br. in-8. 21ᵉ édit. 25 c.
LAVELEYE (Em. de). **Lettres sur l'Italie** (1878-1879). 1 volume in-18. 3 fr. 50
LAVELEYE (Em. de). **Nouvelles lettres d'Italie**. 1 vol. in-8. 1884. 3 fr.
LAVELEYE (Em. de). **L'Afrique centrale**. 1 vol. in-12. 3 fr.
LAVELEYE (Em. de). **La péninsule des Balkans** (Vienne, Croatie, Bosnie, Serbie, Bulgarie, Roumélie, Turquie, Roumanie). 2 vol. in-12. 1886. 10 fr.
LAVELEYE (Em. de). **La propriété collective du sol en différents pays**. 1 br. in-8. 2 fr.
LAVELEYE (Em. de) et HERBERT SPENCER. **L'état et l'individu, ou Darwinisme social et Christianisme**. 1 vol. in-8. 1 fr.

LAVERGNE (Bernard). **L'ultramontanisme et l'État.** 1 vol. in-8.
1 fr. 50

LEDRU-ROLLIN. **Discours politiques et écrits divers.** 2 vol. in-8 cavalier. 12 fr.

LEGOYT. **Le suicide.** 1 vol. in-8. 8 fr.

LELORRAIN. **De l'aliéné au point de vue de la responsabilité pénale.** 1 brochure in-8. 2 fr.

LEMER (Julien). **Dossier des jésuites et des libertés de l'Église gallicane.** 1 vol. in-18. 3 fr. 50

LITTRÉ. **De l'établissement de la troisième république.** 1 vol. gr. in-8. 1881. 9 fr.

LOURDEAU. **Le Sénat et la magistrature dans la démocratie française.** 1 vol. in-18. 3 fr. 50

MAGY. **De la science et de la nature.** 1 vol. in-8. 6 fr.

MARAIS. **Garibaldi et l'armée des Vosges.** In-18. (V. P.) 1 fr. 50

MASSERON (I.). **Danger et nécessité du socialisme.** 1 vol. in-18. 1883. 3 fr. 50

MAURICE (Fernand). **La politique extérieure de la République française.** 1 vol. in-12. 3 fr. 50

MAX MULLER. **Amour allemand.** 1 vol. in-18. 3 fr. 50

MAZZINI. **Lettres de Joseph Mazzini** à Daniel Stern (1864-1872), avec une lettre autographiée. 3 fr. 50

MENIÈRE. **Cicéron médecin.** 1 vol. in-18. 4 fr. 50

MENIÈRE. **Les consultations de Mme de Sévigné**, étude médico-littéraire. 1884. 1 vol. in-8. 3 fr.

MESMER. **Mémoires et aphorismes**, suivis des procédés de d'Eslon. In-18. 2 fr. 50

MICHAUT (N.). **De l'imagination.** 1 vol. in-8. 5 fr.

MILSAND. **Les études classiques et l'enseignement public.** 1 vol. in-18. 3 fr. 50

MILSAND. **Le code et la liberté.** In-8. 2 fr.

MORIN (Miron). **De la séparation du temporel et du spirituel.** In-8. 3 fr. 50

MORIN (Miron). **Essais de critique religieuse.** 1 fort vol. in-8. 1885. 5 fr.

MORIN. **Magnétisme et sciences occultes.** 1 vol. in-8. 6 fr.

MORIN (Frédéric). **Politique et philosophie.** 1 vol. in-18. 3 fr. 50

MUNARET. **Le médecin des villes et des campagnes.** 4e édition. 1 vol. grand in-18. 4 fr. 50

NOEL (E.). **Mémoires d'un imbécile**, précédé d'une préface de M. Littré. 1 vol. in-18. 3e édition. 3 fr. 50

OGER. **Les Bonaparte** et les frontières de la France. In-18. 50 c.

OGER. **La République.** In-8. 50 c.

OLECHNOWICZ. **Histoire de la civilisation de l'humanité**, d'après la méthode brahmanique. 1 vol. in-12. 3 fr. 50

PARIS (le colonel). **Le feu à Paris et en Amérique.** 1 volume in-18. 3 fr. 50

PARIS (comte de). **Les associations ouvrières en Angleterre** (Trades-unions). 1 vol. in-18. 7e édit. 4 fr.
    Édition sur papier fort, 2 fr. 50. — Sur papier de Chine, broché, 12 fr. — Rel. de luxe. 20 fr.

PELLETAN (Eugène). **La naissance d'une ville** (Royan). 1 vol. in-18, cart.   1 fr. 40

PELLETAN (Eug.). **Jarousseau, le pasteur du désert.** 1 vol. in-18 (couronné par l'Académie française), toile, tr. jaspées.   2 fr. 50

PELLETAN (Eug.). **Élisée, voyage d'un homme à la recherche de lui-même.** 1 vol. in-18.   3 fr. 50

PELLETAN (Eug.). **Un roi philosophe, Frédéric le Grand.** 1 vol. in-18.   3 fr. 50

PELLETAN (Eug.). **Le monde marche** (la loi du progrès). In-18. 3 fr. 50

PELLETAN (Eug.). **Droits de l'homme.** 1 vol. in-12.   3 fr. 50

PELLETAN (Eug.). **Profession de foi du XIXe siècle.** 1 vol. in-12.   3 fr. 50

PELLETAN (Eug.). **Dieu est-il mort ?** 1 vol. in-12.   3 fr. 50

PELLETAN (Eug.). **La mère.** 1 vol. in-8, toile, tr. dorées.   4 fr. 25

PELLETAN (Eug.). **Les rois philosophes.** 1 vol. in-8, toile, tranches dorées.   4 fr. 25

PELLETAN (Eug.). **La nouvelle Babylone.** 1 vol. in-12.   3 fr. 50

PENJON. **Berkeley,** sa vie et ses œuvres. 1 vol. in-8.   7 fr. 50

PEREZ (Bernard). **L'éducation dès le berceau.** 1 vol. in-8.   5 fr.

PEREZ (Bernard). **Thiery Tiedmann. — Mes deux chats.** 1 brochure in-12.   2 fr.

PEREZ (Bernard). **Jacotot et sa méthode d'émancipation intellectuelle.** 1 vol. in-18.   3 fr.

PEREZ (Bernard). — Voyez page 5.

PETROZ (P.). **L'art et la critique en France** depuis 1822. 1 vol. in-18.   3 fr. 50

PETROZ. **Un critique d'art au XIXe siècle.** 1 vol. in-18.   1 fr. 50

PHILBERT (Louis). **Le rire,** essai littéraire, moral et psychologique. 1 vol. in-8. (Ouvrage couronné par l'Académie française, prix Monthyon.)   7 fr. 50

POEY. **Le positivisme.** 1 fort vol. in-12.   4 fr. 50

POEY. **M. Littré et Auguste Comte.** 1 vol. in-18.   3 fr. 50

POULLET. **La campagne de l'Est** (1870-1871). 1 vol. in-8 avec 2 cartes, et pièces justificatives.   7 fr.

QUINET (Edgar). **Œuvres complètes.** 28 volumes in-18. Chaque volume............   3 fr. 50

    Chaque ouvrage se vend séparément :

* I. — Génie des Religions. — De l'Origine des dieux (nouvelle édition).

* II. — Les Jésuites. — L'Ultramontanisme. — Introduction à la Philosophie de l'Humanité (nouvelle édition) avec Préface inédite. — Essai sur les Œuvres de Herder.

III. — Le Christianisme et la Révolution française. Examen de la vie de Jésus-Christ, par STRAUSS.

IV. — Les Révolutions d'Italie.

* V. — Marnix de Sainte-Aldegonde.

* VI. — Les Roumains. — Allemagne et Italie. — Mélanges.

VII. — Ahasverus.

VIII. — Prométhée. — Les Esclaves.

Œuvres d'Edgar Quinet (*suite*).

IX. — Mes Vacances en Espagne.

* X. — Histoire de mes idées.

XI. — L'Enseignement du Peuple. — La Croisade romaine. — L'État de siège. — Œuvres politiques, *avant l'exil*.

* XII-XIII-XIV. — La Révolution. 3 vol.

* XV. — Histoire de la campagne de 1815.

XVI. — Napoléon (poème). (*Epuisé*).

XVII-XVIII. — Merlin l'Enchanteur. 2 vol.

* XIX-XX. — Correspondance, *lettres à sa mère*. 2 vol.

* XXI-XXII. — La Création. 2 vol.

XXIII. — Le Livre de l'exilé. — Œuvres politiques, *pendant l'exil*. — Le Panthéon. — Révolution religieuse au xixe siècle.

XXIV. — Le Siège de Paris et la Défense nationale. — Œuvres politiques, *après l'exil*.

XXV. — La République, conditions de régénération de la France.

* XXVI. — L'Esprit nouveau.

* XXVII. — La Grèce moderne. — Histoire de la poésie. — Épopées françaises du xxe siècle.

XXVIII. — Vie et Mort du génie grec.

Les tomes XI, XVII, XVIII, XIX et XX peuvent être fournis en format in-8 à 6 fr. le volume broché; reliure toile, 1 franc de plus par volume.

RÉGAMEY (Guillaume). **Anatomie des formes du cheval**, à l'usage des peintres et des sculpteurs. 6 planches en chromolithographie, publiées sous la direction de Félix Régamey, avec texte par le Dr Kuhff.   8 fr.

RIBERT (Léonce). **Esprit de la Constitution** du 25 février 1875. 1 vol. in-18.   3 fr. 50

ROBERT (Edmond). **Les domestiques**. In-18.   3 fr. 50

SECRÉTAN. **Philosophie de la liberté**. 2 vol. in-8.   10 fr.

SECRÉTAN. **Le droit de la femme**. 1 broch. in-12.   1 fr. 20

SIEGFRIED (Jules). **La misère, son histoire, ses causes, ses remèdes**. 1 vol. grand in-18. 3e édition. 1879.   2 fr. 50

SIÈREBOIS. **Psychologie réaliste**. Étude sur les éléments réels de l'âme et de la pensée. 1876. 1 vol. in-18.   2 fr. 50

SMEE. **Mon Jardin**. Géologie, botanique, histoire naturelle. 1 magnifique vol. gr. in-8, orné de 1300 gr. et 25 pl. hors texte. Broché. 15 fr. — Demi-rel., tranches dorées.   18 fr.

SOREL (Albert). **Le traité de Paris du 20 novembre 1815**. 1 vol. in-8.   4 fr. 50

SOREL (Albert). **Recueil des instructions données aux ambassadeurs et ministres de France en Autriche**, depuis les traités de Westphalie jusqu'à la Révolution française. 1 fort vol. gr. in-8, sur papier de Hollande.   20 fr.

STUART MILL (J.). **La République de 1848**, traduit de l'anglais, avec préface par Sadi Carnot. 1 vol. in-18.   3 fr. 50

TÉNOT (Eugène). **Paris et ses fortifications** (1870-1880). 1 vol. in-8. 5 fr.

TÉNOT (Eugène). **La frontière (1870-1881).** 1 fort vol. grand in-8. 8 fr.

THIERS (Édouard). **La puissance de l'armée par la réduction du service.** 1 vol. in-8. 1 fr. 50

THULIÉ. **La folie et la loi.** 2ᵉ édit. 1 vol. in-8. 3 fr. 50

THULIÉ. **La manie raisonnante du docteur Campagne.** Brochure in-8. 2 fr.

TIBERGHIEN. **Les commandements de l'humanité.** 1 vol. in-18. 3 fr.

TIBERGHIEN. **Enseignement et philosophie.** 1 vol. in-18. 4 fr.

TIBERGHIEN. **Introduction à la philosophie.** 1 vol. in-18. 6 fr.

TIBERGHIEN. **La science de l'âme.** 1 vol. in-12. 3ᵉ édit. 6 fr.

TIBERGHIEN. **Éléments de morale univ.** 1 vol. in-12. 2 fr.

TISSANDIER. **Études de Théodicée.** 1 vol. in-8. 4 fr.

TISSOT. **Principes de morale.** 1 vol. in-8. 6 fr.

TISSOT. — Voy. Kant, page 7.

TISSOT (J.). **Essai de philosophie naturelle.** Tome Iᵉʳ. 1 vol. in-8. 12 fr.

VACHEROT. **La science et la métaphysique.** 3 vol. in-18. 10 fr. 50

VACHEROT. — Voy. pages 4 et 6.

VALLIER. **De l'intention morale.** 1 vol. in-8. 3 fr. 50

VALMONT (V.). **L'espion prussien,** roman anglais. 1 vol. in-18. 3 fr. 50

VAN DER REST. **Platon et Aristote.** 1 vol. in-8. 10 fr.

VÉRA. **Introduction à la philosophie de Hegel.** 1 vol. in-8, 2ᵉ édition. 6 fr. 50

VERNIAL. **Origine de l'homme,** d'après les lois de l'évolution naturelle. 1 vol. in-8. 3 fr.

VILLIAUMÉ. **La politique moderne.** 1 vol. in-8. 6 fr.

VOITURON (P.). **Le libéralisme et les idées religieuses.** 1 volume in-12. 4 fr.

WEILL (Alexandre). **Le Pentateuque selon Moïse et le pentateuque selon Esra,** avec *vie, doctrine et gouvernement authentique de Moïse.* 1 fort vol. in-8. 7 fr. 50

WEILL (Alexandre). **Vie, doctrine et gouvernement authentique de Moïse,** d'après des textes hébraïques de la Bible jusqu'à ce jour incompris. 1 vol. in-8. 3 fr.

X***. **La France par rapport à l'Allemagne.** Étude de géographie militaire. 1 vol. in-8. 1884. 6 fr.

YUNG (Eugène). **Henri IV écrivain.** 1 vol. in-8. 5 fr.

BIBLIOTHÈQUE UTILE

92 VOLUMES PARUS.

Le volume de 190 pages, broché, 60 centimes.

Cartonné à l'anglaise ou cartonnage toile dorée, 1 fr.

Le titre de cette collection est justifié par les services qu'elle rend et la part pour laquelle elle contribue à l'instruction populaire.

Les noms dont ses volumes sont signés lui donnent d'ailleurs une autorité suffisante pour que personne ne dédaigne ses enseignements. Elle embrasse l'*histoire*, la *philosophie*, le *droit*, les *sciences*, l'*économie politique* et les *arts*, c'est-à-dire qu'elle traite toutes les questions qu'il est aujourd'hui indispensable de connaître. Son esprit est essentiellement démocratique; le langage qu'elle parle est simple et à la portée de tous, mais il est aussi à la hauteur des sujets traités. La plupart de ces volumes sont adoptés pour les Bibliothèques par le *Ministère de l'Instruction publique, le Ministère de la guerre, la Ville de Paris, la Ligue de l'enseignement*, etc.

HISTOIRE DE FRANCE.

* **Les Mérovingiens**, par BUCHEZ, anc. présid. de l'Assemblée constituante.
* **Les Carlovingiens**, par BUCHEZ.
Les Luttes religieuses des premiers siècles, par J. BASTIDE, 4ᵉ édit.
Les Guerres de la Réforme, par J. BASTIDE. 4ᵉ édit.
La France au moyen âge, par F. MORIN.
* **Jeanne d'Arc**, par Fréd. LOCK.
Décadence de la monarchie française, par Eug. PELLETAN. 4ᵉ édit.
* **La Révolution française**, par CARNOT, sénateur (2 volumes).
* **La Défense nationale en 1792**, par P. GAFFAREL.
* **Napoléon Iᵉʳ**, par Jules BARNI.
* **Histoire de la Restauration**, par Fréd. LOCK. 3ᵉ édit.
* **Histoire de la marine française**, par Alfr. DONEAUD. 2ᵉ édit.
* **Histoire de Louis-Philippe**, par Edgar ZEVORT. 2ᵉ édit.
Mœurs et Institutions de la France, par P. BONDOIS. 2 volumes.
Léon Gambetta, par J. REINACH.

PAYS ÉTRANGERS.

* **L'Espagne et le Portugal**, par E. RAYMOND. 2ᵉ édition.
Histoire de l'empire ottoman, par L. COLLAS. 2ᵉ édit.
* **Les Révolutions d'Angleterre**, par Eug. DESPOIS. 3ᵉ édit.
Histoire de la maison d'Autriche, par Ch. ROLLAND. 2ᵉ édit.
L'Europe contemporaine (1789-1879), par P. BONDOIS.
Histoire contemporaine de la Prusse, par Alfr. DONEAUD.
Histoire contemporaine de l'Italie, par Félix HENNEGUY.
Histoire contemporaine de l'Angleterre, par A. REGNARD.

HISTOIRE ANCIENNE.

La Grèce ancienne, par L. COMBES, conseiller municipal de Paris. 2ᵉ éd.
L'Asie occidentale et l'Égypte, par A. OTT. 2ᵉ édit.
L'Inde et la Chine, par A. OTT.
Histoire romaine, par CREIGHTON.
L'Antiquité romaine, par WILKINS (avec gravures).

GÉOGRAPHIE.

*Torrents, fleuves et canaux de la France, par H. BLERZY.
*Les Colonies anglaises, par le même.
Les Iles du Pacifique, par le capitaine de vaisseau JOUAN (avec 1 carte).
*Les Peuples de l'Afrique et de l'Amérique, par GIRARD DE RIALLE.
*Les Peuples de l'Asie et de l'Europe, par le même.
*Géographie physique, par GHIKIE, prof. à l'Univ. d'Edimbourg (avec fig.).
*Continents et Océans, par GROVE (avec figures).
Les Frontières de la France, par P. GAFFAREL.
*Notions d'astronomie, par L. CATALAN, prof. à l'Université de Liège. 4ᵉ édit.

COSMOGRAPHIE.

*Les Entretiens de Fontenelle sur la pluralité des mondes, mis au courant de la science par BOILLOT.
*Le Soleil et les Étoiles, par le P. SECCHI, BRIOT, WOLF et DELAUNAY. 2ᵉ édit. (avec figures).
*Les Phénomènes célestes, par ZURCHER et MARGOLLÉ.
A travers le ciel, par AMIGUES.
Origines et Fin des mondes, par Ch. RICHARD. 3ᵉ édit.

SCIENCES APPLIQUÉES.

*Le Génie de la science et de l'industrie, par B. GASTINEAU.
*Causeries sur la mécanique, par BROTHIER. 2ᵉ édit.
Médecine populaire, par le docteur TURCK. 4ᵉ édit.
Petit Dictionnaire des falsifications, avec moyens faciles pour les reconnaître, par DUFOUR.
Les Mines de la France et de ses colonies, par P. MAIGNE.
La Médecine des accidents, par le docteur BROQUÈRE.
La Machine à vapeur, par H. GOSSIN, avec figures.
La Navigation aérienne, par G. DALLET (avec figures).

SCIENCES PHYSIQUES ET NATURELLES.

Télescope et Microscope, par ZURCHER et MARGOLLÉ.
*Les Phénomènes de l'atmosphère, par ZURCHER. 4ᵉ édit.
*Histoire de l'air, par Albert LÉVY.
*Hygiène générale, par le docteur L. CRUVEILHIER. 6ᵉ édit.
*Histoire de la terre, par le même.
*Principaux faits de la chimie, par SAMSON, prof. à l'Éc. d'Alfort. 5ᵉ édit.
Les Phénomènes de la mer, par E. MARGOLLÉ. 5ᵉ édit.
*L'Homme préhistorique, par L. ZABOROWSKI. 2ᵉ édit.
*Les grands Singes, par le même.
Histoire de l'eau, par BOUANT.
*Introduction à l'étude des sciences physiques, par MORAND. 5ᵉ édit.
*Le Darwinisme, par E. FERRIÈRE.
*Géologie, par GEIKIE (avec fig.).
*Les Migrations des animaux et le Pigeon voyageur, par ZABOROWSKI.
*Premières notions sur les sciences, par Th. HUXLEY.
La Chasse et la Pêche des animaux marins, par le capitaine de vaisseau JOUAN.
Les Mondes disparus, par L. ZABOROWSKI (avec figures).
Zoologie générale, par H. BEAUREGARD, aide-naturaliste au Muséum (avec figures).

PHILOSOPHIE.

La Vie éternelle, par ENFANTIN. 2ᵉ éd.
Voltaire et Rousseau, par Eug. NOEL. 3ᵉ édit.
*Histoire populaire de la philosophie, par L. BROTHIER. 3ᵉ édit.
*La Philosophie zoologique, par Victor MEUNIER. 2ᵉ édit.
*L'Origine du langage, par L. ZABOROWSKI.
Physiologie de l'esprit, par PAULHAN (avec figures).
L'Homme est-il libre? par RENARD.
La Philosophie positive, par le docteur ROBINET. 2ᵉ édit.

ENSEIGNEMENT. — ÉCONOMIE DOMESTIQUE.

* De l'Éducation, par Herbert Spencer.
La Statistique humaine de la France, par Jacques Bertillon.
Le Journal, par Hatin.
De l'Enseignement professionnel, par Corbon, sénateur. 3e édit.
* Les Délassements du travail, par Maurice Cristal. 2e édit.
Le Budget du foyer, par H. Leneveux.
* Paris municipal, par le même.
* Histoire du travail manuel en France, par le même.
L'Art et les artistes en France, par Laurent Pichat, sénateur. 4e édit.
Économie politique, par Stanley Jevons. 3e édit.
* Le Patriotisme à l'école, par Jourdy, capitaine d'artillerie.
Histoire du libre échange en Angleterre, par Mongredien.
Premiers Principes des beaux-arts, par John Collier (avec fig.).

DROIT.

* La Loi civile en France, par Morin. 3e édit.
La Justice criminelle en France, par G. Jourdan. 3e édit.

BIBLIOTHÈQUE UTILE

TIRAGE SPÉCIAL POUR RÉCOMPENSES

Beaux volumes in-12 de 190 à 200 pages.

Brochés. 1 franc. — Imitation toile, tranches blanches. 1 fr. 10
Toile, tranches dorées ou rouges.................... 1 fr. 50

Napoléon Ier, par J. Barni, membre de l'Assemblée nationale.
Les Colonies anglaises, par Blerzy, anc. élève de l'École polytechnique. (V. P.)
* Torrents, fleuves et canaux de la France, par le même. (V. P.)
* Europe contemporaine depuis 1792 jusqu'à nos jours, par Bondois, professeur au lycée de Versailles.
La Botanique en 10 leçons, par Le Monnier, professeur à la Faculté des sciences de Nancy, avec 124 figures.
Morceaux choisis de littérature française, par Mme Collin, inspectrice des écoles de la Ville de Paris. (V. P.)
* La Défense nationale en 1792, par P. Gaffarel, professeur à la Faculté des lettres de Dijon. (V. P.)
* La Géographie physique, par Geikie, professeur à l'Université d'Édimbourg, avec gravures. (V. P.)
* Notions de Géologie, avec figures dans le texte, par le même. (V. P.)
* Premières Notions sur les sciences, par Huxley, de la Société royale de Londres. (V. P.)
Le Patriotisme à l'école, guide populaire d'éducation militaire, par Jourdy, chef d'escadron d'artillerie, avec grav. (V. P.)
Les Migrations des animaux et le Pigeon voyageur, par Zaborowski. (V. P.)
Histoire de Louis-Philippe, par E. Zevort, recteur de l'Académie de Caen. (V. P.)
Les Phénomènes célestes, par Zurcher et Margollé, anciens officiers de marine. (V. P.)
Les Révolutions d'Angleterre, par Eugène Despois. (V. P.)
Léon Gambetta, par Joseph Reinach, avec gravures.
Les Peuples de l'Asie et de l'Europe, par Girard de Rialle. (V. P.)
Les Peuples de l'Afrique et de l'Amérique, par Girard de Rialle. (V. P.)
Continents et Océans, par Crove, avec gravures. (V. P.)

www.ingramcontent.com/pod-product-compliance
Lightning Source LLC
Chambersburg PA
CBHW071317150426
43191CB00007B/649